传统体育文化研究

CHUANTONG·TIYU·WENHUA·YANJIU

王昕光 赵云鹏 吴 伟 著

山西出版传媒集团

山西经济出版社

图书在版编目(CIP)数据

传统体育文化研究 / 王昕光，赵云鹏，吴伟著. —
太原：山西经济出版社，2020.12

ISBN 978-7-5577-0787-3

Ⅰ.①传… Ⅱ.①王… ②赵… ③吴… Ⅲ.①民族形
式体育—体育文化—研究—中国 Ⅳ.①G852.9

中国版本图书馆 CIP 数据核字(2020)第 263602 号

传统体育文化研究

著　　者：王昕光　赵云鹏　吴　伟
责任编辑：宁姝峰
特约编辑：张素琴　张玲花　许　琪　庄凌玲
装帧设计：马静静

出 版 者：山西出版传媒集团·山西经济出版社
地　　址：太原市建设南路 21 号
邮　　编：030012
电　　话：0351—4922133(市场部)
　　　　　0351—4922085(总编室)
E — mail：scb@sxjjcb.com(市场部)
　　　　　zbs@sxjjcb.com(总编室)
网　　址：www.sxjjcb.com

经 销 者：山西出版传媒集团·山西经济出版社
承 印 者：三河市铭浩彩色印装有限公司

开　　本：787mm×1092mm　1/16
印　　张：20.5
字　　数：360 千字
版　　次：2021 年 8 月　第 1 版
印　　次：2021 年 8 月　第 1 次印刷
书　　号：ISBN 978-7-5577-0787-3
定　　价：98.00 元

前　言

　　传统体育文化是中华民族优秀传统文化的重要组成部分，在长期的发展历程中，其自身也在不断进行改革、创新。现阶段，随着社会环境的不断变化、人民思想观念的不断更新、体育全球化的不断发展，全面推动包括体育文化在内的传统体育事业的发展，使传统体育有机融入我国现代化建设和精神文明建设，不断巩固传统体育在世界体育中的地位，具有重要意义。鉴于此，特撰写《传统体育文化研究》一书，旨在进一步明确传统体育文化中诸多理论概念，完善发展体系，促进传统体育文化与现代社会相融合。

　　本书在全面、系统阐述传统体育基本知识和发展历程的基础上，对传统体育文化的内涵、功能、产业化发展等进行了深入分析和研究，同时，结合当前我国传统体育的发展环境以及社会发展趋势，探讨了传统体育的发展走向、发展问题及发展对策。整本书突出了传统体育理论研究的系统性、严谨性和传统体育发展研究的文化性和时代性，是关于传统体育文化理论与创新发展的科学读本。

　　全书共十章内容，分别从理论解读和实践指导两方面对传统体育文化进行了深入研究。第一章为传统体育文化的多元理论，着重阐述了传统体育文化的基本理论、文化属性、文化内涵及传统体育文化与其他文化的关系；第二章研究了构建传统体育文化未来发展体系的问题，包括发展走向、存在的问题以及应对策略等；第三章对传统体育文化的传承问题进行了分析，这部分问题决定了传统体育文化在当下和未来的可持续发展状况；第四章和第五章分别研究了传统体育文化的对外传播和国际化传播问题，这是弘扬我国传统体育文化的重要手段和渠道，同时也是展现国家软实力的有效方法；第六章则对传统体育文化的产业化发展进行了研究，这是现代几乎任何想成为具有一定影响力的体育项目的必然发展路径；第七章至第十章分别对传统武术、传统养生项目、传统搏击以及各民族地区的传统体育项目的学练方法进行了指导。

　　本书由太原学院王昕光、海南医学院赵云鹏、山西金融职业学院吴伟撰写完成，并由三人统稿。具体分工如下：

　　王昕光：第五章、第七章、第十章第一节至第二节，共计 12 万字；

　　赵云鹏：第八章、第九章、第十章第三节至第四节，共计 12 万字；

　　吴伟：第一章至第四章、第六章，共计 12 万字。

　　本书的撰写还参考了许多专家和学者的相关著作和研究，在此向他们表示感谢！由于时间有限，书中难免存在不妥之处，恳请广大读者批评指正。

作　者

2020 年 10 月

目　录

第一章　传统体育文化的多元理论…………………………………… 1

　　第一节　传统体育文化基本理论………………………………… 1

　　第二节　传统体育的文化属性…………………………………… 1

　　第三节　传统体育的文化内涵…………………………………… 3

　　第四节　传统体育文化与其他文化的关系 …………………… 10

第二章　传统体育文化未来发展的体系构建研究 ………………… 29

　　第一节　传统体育文化的未来发展走向 ……………………… 29

　　第二节　传统体育文化发展中存在的问题 …………………… 33

　　第三节　传统体育文化体系构建的原则与策略 ……………… 34

第三章　传统体育文化传承体系的构建研究 ……………………… 39

　　第一节　传统体育文化传承要素分析 ………………………… 39

　　第二节　传统体育文化传承体系的构建 ……………………… 47

　　第三节　传统体育文化传承的反思与发展 …………………… 56

第四章　传统体育文化对外传播的现状与相关问题探讨 ………… 62

　　第一节　传统体育文化的起源与发展 ………………………… 62

　　第二节　传统体育文化对外传播的必要性及条件 …………… 73

　　第三节　传统体育文化对外传播的现状 ……………………… 75

　　第四节　传统体育文化对外传播的相关问题 ………………… 77

　　第五节　跆拳道文化对外传播对我国民族传统体育文化的启示…… 82

第五章　传统武术文化的国际化传播与发展研究 ………………… 84

　　第一节　传统武术国际化传播的历程 ………………………… 84

　　第二节　传统武术国际化传播与发展的现实问题 …………… 90

　　第三节　新时期传统武术国际化传播的理念与模式构建 …… 96

　　第四节　新时期传统武术国际化传播与发展的实例………… 105

第六章　传统体育文化的产业化发展研究…………………………… 112

第一节　传统体育对社会经济的推动………………………… 112

第二节　传统体育产业化发展的条件………………………… 116

第三节　传统体育与体育旅游的融合与发展………………… 121

第七章　传统体育文化之武术文化学练实践研究……………… 130

第一节　传统武术基本理论………………………………… 130

第二节　传统武术基本动作与套路动作学练方法…………… 145

第三节　传统武术器械类学练方法………………………… 175

第八章　传统体育文化之运动养生文化学练实践研究………… 192

第一节　五禽戏学练方法…………………………………… 192

第二节　六字诀学练方法…………………………………… 200

第三节　八段锦学练方法…………………………………… 205

第四节　易筋经学练方法…………………………………… 212

第九章　传统体育文化之搏击文化学练实践研究……………… 221

第一节　散打学练方法……………………………………… 221

第二节　摔跤学练方法……………………………………… 243

第三节　擒拿学练方法……………………………………… 268

第十章　各民族地区传统体育文化学练实践研究……………… 285

第一节　东北及内蒙古地区常见民族传统体育项目学练方法…… 285

第二节　西北地区常见民族传统体育项目学练方法………… 297

第三节　西南地区常见民族传统体育项目学练方法………… 303

第四节　中东南地区常见民族传统体育项目学练方法……… 309

参考文献………………………………………………………… 319

第一章　传统体育文化的多元理论

传统体育文化涉及诸多内容,自然就使其基本理论展现出多元化的特点。对这些理论有基本了解且做深入研究有利于进一步弘扬和传播传统体育在国内外的文化影响。为此,本章就重点对传统体育文化的基本理论、文化属性、文化内涵以及其与其他文化的关系等内容进行分析。

第一节　传统体育文化基本理论

传统体育文化是各民族在其不断发展与进步的过程中所形成的全部的体育文化。对传统体育文化的研究,主要包括三个方面,即传统体育的文化属性、传统体育的文化内涵以及传统体育与其他文化的关系。

传统体育与其他文化的关系主要表现在三个方面,即传统体育与多元生态文化圈、传统体育与民俗、传统体育与经济文化类型。其中,生态环境是传统体育文化生存和发展不可或缺的重要因素,如鄂伦春族的滑雪、打靶、赛皮爬犁等传统体育项目就与其周围的生态环境密不可分;民俗对传统体育文化也有着至关重要的影响,如布依族的"丢花包"、瑶族的"抛花包"、壮族的"抛绣球"等就与各民族的婚姻习俗密切相关;经济文化类型在很大程度上影响着传统体育文化的发展,如蒙古族、维吾尔族、哈萨克族等的赛马、叼羊、姑娘追等传统体育项目就是在其游牧畜牧业的基础上产生发展起来的。

第二节　传统体育的文化属性

一、强调整体性与和谐性的统一

传统体育以"天人合一"为哲学基础,以自给自足的农业经济为土壤,强调整体性与和谐性的统一。中国人"推天道以明人事",把"天"作为认识自己和构建人生理想的参照物。因此,天人关系是我国传统文化的一个基本命题。

在传统体育文化的范畴中,人和自然在本质上是统一的。传统体育文化的突出特点在于重精神和过程,轻物质和结果。此外,我国传统体育注重以整体的概念描述人体的运动过程,探讨各种活动状态与外部世界的联系。例如,气功、太极拳等,都是通过意识活动和肢体锻炼达到"与天地神相交通",反映了传统体育注重整体效益,追求身心、机体与自然协调发展的健身价值观。传统体育项目的锻炼,多采用基本功练习与完整练习相结合的方法,这充分体现了中华民族追求"形神俱练,内外兼修""采天地之气,铸金刚之身"的理念和顺其自然、追求平衡的主体化思维方式。

二、推崇伦理教化的价值取向

受儒家传统文化的影响,我国传统体育非常重视伦理教化,以展示道德理念为标准,把道德作为人的最大价值和最高需要。于是,传统体育就化身为"成德成圣,完成圆善"的一种手段,坚持"寓教于体,寓教于乐"的原则,追求在竞争中实现道德的培养与升华。如儒家先哲推崇的射礼,要求射者"内志直,外体直,持弓矢牢固,而后可以言中";唐代木射的取胜标记为"仁、义、礼、智、信、温、良、恭、俭、让";韩愈议论马球运动时也曾指出"苟非德义,则必有害";司马光曾说过"夫投壶者不使之过,亦不使之不及,所以为中也。不使之偏颇流散,所以为正也。中正,道之根底也";约成书于元明期间的《蹴鞠图谱》以专章论述在蹴鞠中如何体现儒家思想,提出踢球应以"仁义"为主等。这些规范和衡量民族体育的价值标准,鲜明地体现出了传统体育伦理教化的意图。

三、追求宽厚、和平的文化理念

传统体育活动与各个民族的民俗、民风、生活习惯联系密切,有着深层次的文化追求。人们通过传统体育活动,可以感受精神的愉悦、营造和谐的生存氛围。通常,传统体育活动多以强身健体为目的,这些活动大都安排在业余时间进行,将体育寓于娱乐之中,具有很强的表演性和娱乐性。例如,黎族的跳竹竿、苗族的划龙舟等活动,具有浓郁的民族特色和欢快气氛。

中国人历来讲究性情自然,"知其心者,知其性也,知其性则知人"。因此,传统体育崇尚中庸之道,信守顺其自然,讲究对身体的保和养、对内部的锻炼和保持内部的平衡。同时,传统体育文化带有安于现状、缺乏竞争、倡导守柔不争的特点,缺少竞争精神,不利于传统体育的长远发展。

传统体育文化属于我国传统文化的重要组成部分,它不断汲取传统文化的特性,使其具备与特定的文化环境相一致的文化属性,同时也反映出了传统文化的特点和深远影响。

四、具有森严的等级制度

古人认为整个自然界及人类社会都是遵循一种自然演进的规律而产生的,只有整个社会严格遵循特定的等级制度,才能达到天下稳定的社会目标。

在传统体育文化发展的过程中,礼无疑是用来区别和规范上下、长幼的重要手段。如"西周的射礼,有大射、宾射、燕射、乡射之分,有弓箭、箭靶、伴奏乐曲、司职人员的等级区别";《宋史·礼志》上规定了打马球的各种仪式,如果皇帝参加比赛,则第一球一定要让其打进;古代的武术高手在交手过招时,也要点到为止,不战而胜,坚持礼让在先。另外,由于女子在封建社会的地位极为低下,因此,其参加体育活动的权力和条件受到多方限制。这些都说明了我国传统体育文化中渗透着浓厚的封建等级观念。

第三节 传统体育的文化内涵

一、传统体育的物质文化内涵

我国传统体育项目众多,有着丰富的物质文化内涵,这不仅表现在众多项目方面,同时还表现在运动器材、设备、文献典籍、出土文物等多个方面。

(一)中华传统体育项目

民俗是产生传统体育的土壤,据《中华传统体育志》中记载:目前,有977条传统体育项目被发掘,其中汉族有301条,各少数民族有676条。在这些传统体育项目中,龙舟、武术、气功、风筝等已经走出国门,成为世界文化的一部分。由于各传统体育项目都是在生产劳动中产生的,且表现出人类需求的相似性、各民族地理和生态环境对人的制约性,因此,传统体育呈现出多种特点,并以它的丰富和发达为世界所瞩目。

(二)运动器材、器械设备

在我国 900 多种传统体育项目中,有相当一部分项目需要借助相关器械、器材来进行和完成。如经常借助的器械和器材主要有刀、枪、弓、箭等,这些器械和器材都是在最初的生产劳动过程中产生,并在人类的发展过程中不断得到改进和完善的。这些运动器材和器械凝聚了历代人民的智慧,反映出中华传统体育的文化内涵。

例如,风筝是我国古代重要的发明之一,也是世界上最早的人造飞行器物,深受大众喜爱,非常具有中国特色。由于风筝在我国分布极为广泛,放风筝也就成了一种大众化的传统体育项目。其中,北京、天津和潍坊的风筝最具特色。北京风筝中以金氏风筝和哈氏风筝最为出名,两者的做工完全不同,前者造型雄伟、画工粗犷,后者骨架精巧、画工素整;天津风筝中最著名的当属魏元泰和周树泰做的风筝,但他们两个人所做的风筝有着不同的风格和特色,魏元泰做的风筝品种众多、精巧别致、生动优美、形态不一、别具一格,而周树泰则以"三百梅花竹眼硬膀蝴蝶"为代表,他是第一位使汉字风筝飞上天的人,促进了风筝艺术的发展;潍坊风筝样式种类繁多,构造精美,工艺精巧,浑厚淡雅。

(三)传统体育的文献典籍

文字的出现使人类在短时间内掌握文化遗产成为可能,促进了人类文化的传播与发展。虽然一部分传统体育是通过人与人之间的传承与学习而得以延续和保留的,但我们对传统体育的了解和认识,在相当大的程度上还是需要参考和依赖各种文献典籍。不同时期的文献记载有着不同的内容,反映了传统体育发展的情况。因此,文献资料法是我们研究传统体育的主要方法。

自古以来,关于传统体育的古代文献典籍相当浩繁。如《周礼》记载着乐舞和射、御的考核内容;《礼记·月令》记载着"五戎"(弓矢、殳、矛、戈、戟五种兵器)和"马政"(驭马驾车技术);商代的《尚书·洪范》记载着"寿""康宁""考终命"的概念;《战国策·齐策》:"临淄甚富而实,其民无不吹竽鼓瑟,击筑弹琴,斗鸡走犬,六博蹋鞠者。"《蹴鞠》25 篇,通过记载蹴鞠的竞赛与训练,让后人对当时的体育运动情形有了一定的了解。东汉人李尤则在《鞠城铭》中记载了蹴鞠竞赛的场地规则等方面的内容。明代汪云程的《蹴鞠图谱》记载着我国古代蹴鞠活动的竞赛规则、技术名称、技术要领、场地器材、球戏术语等内容。

宋代及其以后的文献典籍则以养生学为主,较为有名的专著有《圣济总录》《摄生论》《红炉点雪》《遵生八笺》《寿世保元》《养生四要》《寿世编》《勿药元诠》等。到了近代,记载传统体育的有关史料数量更多,并且记载的方式也更加丰富,为传统体育研究提供了宝贵的文献资料。其中,《中国传统体育志》是一部有关各民族传统体育的大百科全书。这本书内容丰富,包括977条传统体育项目,涉及武术、气功养生健身、棋类、文娱等几大门类,具有极高的参考价值。

(四)出土的文物、壁画及民族服饰

传统体育起源于早期的生产劳动,是人类生产、生活最原始的记录与反映。在语言产生之前,因为体育活动具有直观、形象的特点,所以,人们可以通过简单的线条、人物简画记录各种社会活动。各种陶瓷制品及建筑壁画都大量记载了各民族早期的传统体育活动的情况,成为人们早期体育活动的一个佐证,也是人们正确再现历史的最重要的资料。

例如,古代各种石窟中绘有精美的佛教故事图,或者绘有古人应用弓箭的行为等。敦煌古墓群的画像砖,保存着大量弓箭文化。另外,在河南洛阳出土发掘的大量文物,有助于人们了解古代投掷运动的发展。

另外,民族服饰属于服饰文化,也是体育文化的一部分。因为很大一部分传统体育项目是在传统节日举行的,在民族传统节日的时候,人们都要盛装出席,形成一道特殊的风景线。因此,民族服饰就具有了强烈的文化象征意义。

二、传统体育的精神文化内涵

受我国传统文化和思想的影响,传统体育也表现出与传统文化相同或相似的文化内涵,具体表现在以下几个方面。

(一)追求人与自然的和谐与统一

在我国传统经济和儒家“天人合一”“气一元论”的影响下,人们在处理人与自然的关系时,就一直遵循着整体性和和谐性的原则。传统体育也强调人与自然的和谐,注重整体效益,追求人体运动与外部世界的协调发展。传统体育不主张事物的极限发展,多采用基本功练习与完整练习相结合的

方法进行体育锻炼,强调在意念的主导下,通过身体活动来达到体育运动追求的最高境界。

(二)守内、尚礼、恋土的民族情结

由于传统体育在漫长的封建社会中,长期受到传统的农业型经济、高度统一的中央集权制以及与此相适应的儒家文化的影响和作用,逐渐形成了独一无二的特色。在封建社会,学校的教学内容以治人、济世为主,片面地重视德育教育,并且将脑力劳动与体力劳动分开来,这样不仅制约教学事业的发展,而且也不利于人的全面均衡发展。传统体育在这种社会状况下,是无法实现自身发展的,更不能推动政治、经济制度的发展。由此可见,学校体育在整个古代都处于被忽视的地位,地位低下,只有养生、保健类体育在封建统治者以德为先思想的统治下,得到了较大发展。经济基础决定上层建筑,教育是生产力和科学知识再生产的手段,也是科学知识转化成生产力的必经途径,而在封建社会,生产力水平低、学校教育落后,甚至完全禁止休闲娱乐体育,严重制约了传统体育的发展。

(三)重教化、讲等级,崇文而尚柔

由于长期受到儒家文化的影响,我国传统体育表现出"在目的作用上的伦理教化的价值趋向;尊卑有别的等级观念;崇文尚柔的运动形态"。

汉朝以后的历代封建帝王和儒家先哲,都把人的最高需要和最大价值归于道德需要和道德价值。"内圣外王"的贤人是这一时期人们人生的追求目标和理想境界。但是过于重视伦理教化,扭曲了原本正常的思想观念,往往使人难以实现其理想追求。这种思想严重制约了古代体育的发展,体育的价值也没有被全面认识,尤其是抹杀了体育的健康、娱乐等价值与功能,不利于人的身心健康发展。比如,踢球要以"仁义"为主,射礼要求做到"内志正,外体直",投壶要求做到"不使之过,亦不使之不及,所以为中也。不使之偏颇流散,所以为正也。中正,道之根底也"。

另外,尊卑有别的等级观念渗透在传统体育中,包括体育用品的使用和体育活动的次序。例如,我国古代在进行体育活动时,需要遵循"君臣之礼,长幼之序"的体制要求,严重影响了体育的公平竞争性。由于受传统思想观念"寡欲不争""中庸""以柔克刚""贵和"等的影响,传统体育表现出力量、刚强、竞争不足而舒缓、柔弱、平和有余的特点。但这种特征不符合体育的本质特征,阻碍了我国传统体育的发展。

(四)倡导阴柔与静态之美

在中国古代,以孔孟为代表的文化被认为是一种阴柔文化。它要求人们在思想上做到"乐而不淫""哀而不伤",达到"心宁、志逸、气平、体安"的状态;在做人上做到多"隐",达到情感含蓄而不外露的境界。因此,中国古代文化追求静极之物,例如太极是万物之体,万物的最高之母便是静态中的太极。太极拳理论、气功文化皆追求静和自然。这种静态变化,追求内在美高于外在美,静态美高于动态美,追求封闭的系统胜于开放的系统。对于温文尔雅的太极拳,最为生动形象的描述是"四两拨千斤",这反映了中华民族追求技巧,以柔、静为美。

(五)重功利、轻嬉戏

在中国古代,知识分子以"齐家、治国、平天下"为一生的最高理想。因此,在科举制、八股取士的时代,知识分子们都把精力投入到争取功名利禄中,即希望步入仕途,得到高官厚禄。当时,学子们学习的内容是根据考试内容制定的而不管其是否有用,这种强烈的功利观严重制约和影响着传统体育的发展。

(六)群体价值本位

在我国传统文化思想中,尊尊亲亲的宗法观念占据着统治地位。这种传统文化的主要特征主要表现在:以家庭、家族为本位外推,把尊尊亲亲的价值观念扩大和延伸到整个社会群体之中,这也就造就了传统文化以社会群体为本位的价值取向。在这样的价值取向的影响下,以个人为基础的竞争在传统体育中,不仅得不到较为充分的发展,而且也在一定程度上受到限制。

三、传统体育的制度文化内涵

(一)古代传统体育体制的共性

古代传统体育的相同体制,具体来说表现在以下几个方面。

1. 重文轻武,崇文尚柔

自汉武帝采纳董仲舒"罢黜百家,独尊儒术"的建议之后,处于思想统治地位的便是儒家思想了。这导致官学中关于武艺的教学内容逐渐减少,后来则基本上被排除了,并且形成了重文轻武、崇文尚柔的学风。这一学风在当时产生了很大影响,甚至波及了士风、社会风气。

在汉代之后,重文轻武、崇文尚柔的思想愈演愈烈。到了南朝时,国民的身体素质可谓每况愈下。据相关资料记载,当时的许多贵族子弟"肤脆骨柔,不堪行步,体羸气弱,不耐寒暑,其死仓猝者,往往而然"。进入北宋后,在宋明理学的影响下,重文轻武、崇文尚柔之风发展极盛。

总体来说,受儒家正统思想的影响,整个封建社会以"经学"取士的用人标准对传统体育的发展造成了严重的阻碍。与此同时,儒家文化重视非理性教育功能,从而在根本上造成了传统体育的非正常发展。

2. 具有等级性

自汉代以后,由于儒家"礼乐观"的影响出现了"重功利,轻嬉戏"的社会思想倾向和重伦理教化的价值倾向,从而严重制约了体育的健康发展。关于体育,儒家学者认为其并非成德成圣、完成圆善的必要手段,应该加以制约,不能任其发展。后来,这一思想逐渐被极端化发展,认为被统治者不能随意进行体育活动,从而使体育运动具有了等级性的特点。总体来说,古代社会中的体育处处受礼的束缚,并且被戴上了"等级"的帽子,进而造成了传统体育的扭曲发展。

(二)古代传统体育的体制

1. 夏—春秋时期体育的体制

在这一时期,由于生产和分工的发展、文字和私学的产生、频繁的战争、宗教制度的形成等,体育得到了进一步发展,并且在很大程度上具体化了。

在这一时期,融多种功能于一体的体育也逐渐呈现出分化趋势,具体体现为体育形式呈现出多样化,如军事、娱乐、保健等;教育中出现了专门的体育教育内容,如"射、御"等。

在这一时期,体育在国家军队中的地位和作用也有了很大提高,这主要体现在日常的身体训练方面。《礼记·月令》中记载了当时军队训练的情形:"天子易教于田猎,以习五戎,班马政。"这里所说的"五戎"是五种兵器,即弓矢、殳、矛、戈、戟,"马政"就是指驭马技术。

2. 战国—两汉时期体育的体制

在战国时期,为了更好地参与战事,取得胜利,"公民兵"制度开始被推行。经过一段时间的发展,贵族统治阶级对军事的垄断局面被打破,这在很大程度上推动了军事体育的发展。另外,在这一时期,由于兵种的划分更加具体化,对训练方法也提出了一定的要求,专门分类训练成为主要的训练方式,从而在很大程度上推动了军事体育的进一步发展。随着军事体育的不断发展和具体化,娱乐体育也开始获得了发展,出现了很多受到人们喜爱的娱乐体育项目,如蹴鞠、围棋、射箭、弹棋、斗兽、投壶、击鞠、赛马等。

在秦统一六国后,封建的中央集权的国家开始建立起来了。到了汉代后,由于"罢黜百家,独尊儒术"的实行,教育体育发展出现了停滞不前的现象,而且统治者对具有娱乐功能的体育活动大加挞伐,从而严重束缚了体育的发展。不过,汉代对"百戏"的发展十分重视,而"百戏"在发展、兴盛的同时,带动了我国各项运动形式的发展与竞技形式的演进,这对于体育的进一步发展是极有帮助的。

在这一时期,由于统治者的提倡,乐舞、方仙术以及行气养生术等也获得了较大发展。

3. 魏晋—五代时期体育的体制

我国古代体育的空前繁荣时期,就是魏晋、南北朝、隋唐至五代这一阶段。原因在于,这一时期各个朝代都对阻碍体育发展的体制进行了废除,并且实行了一系列推动体育进一步发展的有效措施,从而在很大程度上促进了体育,尤其是武术的发展。

魏晋以后,传统儒学的"礼乐观"在玄学、佛学以及北方少数民族习俗的不断冲击下受到了一定遏制,这为体育的进一步发展奠定了重要的思想基础。

到了隋唐时期,由于经济发展快速、政治稳定,形成了全国性的传统节令活动。同时,这一时期以球戏和节令民俗活动为代表的休闲体育活动得到了较快发展。另外,唐代时武则天创立了武举制,在很大程度上促进了军事体育的发展,并使社会中形成了尚武的风气,再加上出现了融音乐、舞蹈、杂技等体育、艺术为一体的综合训练机构——教坊,从而极大地促进了唐代体育的进一步发展和兴盛。

在这一时期,武术、养生理论等也得到了较快发展,从而进一步丰富了体育的内容。

4. 宋—清时期体育的体制

在这一时期,由于宋明理学和"八股取士"制度的影响,重文轻武的社会风气盛行,严重影响了体育的发展和进步。尽管如此,这一时期的军事体育和教育体育还是获得了一定的发展。

在宋代时,出现了专门的军事学校——武学,并且将学习内容细化,分为理论和实践两部分,此外还实行了严格的升留级制度;在进行军官选拔时,实行考试制。另外,这一时期,军队训练中实行了教法格、教头保甲制等,在构成了一个从上到下按统一规格训练的训练网的同时,也对军事体育的发展起到了积极的推动作用。

在宋代以后,武术运动出现了较好的发展势头,并且形成了一个较为独立的体系。另外,在这一时期,休闲娱乐体育也有了进一步的发展。瓦舍就是这一时期进行各种娱乐、休闲体育活动的场所。除此之外,“社”的产生,也在一定程度上促进了休闲娱乐体育的发展,如“英略社”“踏弩社”“园社”“水弩社”“齐云社”等。不过,即使在休闲娱乐体育的带动下,传统体育活动也只能在原有的轨道上前行,无法冲破旧体系的束缚。

在整个宋清时期,养生术、炼养术也逐渐成了一种运动保健和康复手段,广为开展并受到人们的推崇。另外,引导术也获得了进一步的发展,出现了八段锦和易筋经等。

第四节　传统体育文化与其他文化的关系

传统体育文化不是孤立发展的,它与节日文化、宗教文化、旅游文化和奥林匹克文化之间具有非常密切的关系,在不同的历史时期都得到了一定的发展。

一、传统体育文化与节日文化

作为四大文明古国之一,我国有着悠久的历史,孕育出了丰富多彩的历史文化,也孕育出了形式多样、内容丰富的民族传统节日。这些传统节日与因其产生的一些相关内容共同构成了独特的节日文化。节日一般都有着非常深刻的寓意,如庆祝某一时节的到来,纪念某一重要历史人物,纪念某一重要历史事件等。

我国是一个多民族的国家,不同的民族有着不同的风俗习惯和宗教信仰,因此产生了一些不同的民族节日,产生了一些不同的节日娱乐活动。在长期的历史演变中,这些多样的传统节日活动就与传统的体育活动有了不可分割的关系。总的来说,传统节日为传统体育活动提供了良好的背景条件,传统体育活动又为传统民族节日的内容增添了纷繁多姿的色彩。可见,二者互相配合,互相映衬。

(一)传统节日的形成与特征

1. 传统节日的形成

从社会发展的角度看,节日是经过长期发展并最终形成的产物。因此,它必然经历了一个从逐渐形成,到潜移默化完善,再到逐渐渗入社会生活最终成型的漫长过程。例如,我国的春节、端午节和中秋节等传统节日,都是从远古发展过来的。正是长期的历史文化积淀与凝聚才形成了今天丰富多彩的节日文化。不可否认的是,传统节日是我国古代劳动人民创造的一份宝贵的精神文化遗产。

对我国传统节日的最终形成进行一个大致的梳理可以发现,其经历了以下五个时期。

(1)发生期(先秦)

早在先秦时期,我国就已经萌发了许多节日元素。例如,春节、端午、中秋、冬至等元素都是在先秦就形成了的。在那个时期,节日一般都表现为风俗活动,它和原始崇拜、迷信禁忌、神话传奇故事、宗教信仰等有着密切的关系。其中,神话传奇故事为节日增添了许多浪漫主义色彩的内容,宗教信仰极大地冲击和影响着节日。此外,用节日来纪念一些伟大的历史人物也从先秦就开始了。

先秦时期的节日主要呈现出了以下几个特点:数量较少,内容不够丰富,时间不固定。总之,在先秦时期,我国产生了诸多传统节日的元素,并且这些元素凝聚了很多丰富的内容,增加了其深沉的历史感。

(2)定型期(汉代)

秦朝在经历了短暂的统一历史后,汉朝取而代之。汉代的大一统使得中国进入了第一个大发展时期。汉代社会经济的繁荣发展促进了各地区民族风俗的融合。例如,先秦时期产生了几个文化圈,主要包括秦文化圈、齐鲁文化圈、吴越文化圈、荆楚文化圈、巴蜀文化圈等,这些文化圈都在汉代逐渐融为一个整体。这种融合大大地促进了节日风俗的统一。除了文化圈的融合外,汉代"太初历"的确立,对先秦时期的原始崇拜和信仰产生了很大的影响,人们不再普遍进行盲目的原始崇拜。这就使节日风俗也发生了一些变化,一些新的东西被注入。不仅如此,汉代的节日风俗也受到了当时儒家伦理道德观念的极大影响。

总之,汉代的繁荣昌盛极大地促进了科学文化的发展。在这种良好的社会背景下,很多节日都已定型。例如,春节、元旦、元宵、端午、重阳等都是在汉代基本定型的。同时,现代很多节日的礼俗也主要源于汉代。

定型期的节日主要有以下两个特点:

①有一部分节日增加了纪念意义,取代了原始崇拜和信仰,如寒食节纪念贤能、忠义的介子推,端午节纪念爱国诗人屈原。这就在很大程度上增强了节日习俗的人情味和真实感。

②随着传统节日自身的发展,节日中的风俗和礼俗的差距越来越小,逐渐趋于统一,很多都被人们约定俗成地接受并沿袭下来。

(3)融合期(魏晋南北朝)

魏晋南北朝时期,我国各民族一边经历着大范围的迁徙,一边又经历着各个方面的融合。因此,这一时期的节日文化随着各种文化的相互交流与融合也发生了较大的变化。具体来说,魏晋南北朝的大融合对节日文化的影响主要表现在以下几个方面:

①北方游牧民族为中原带来了一些独特的节日活动,如骑射、蹴鞠等带有杂技技艺的节日活动。

②宗教信仰与节日的结合使得使节日深入人心,牢牢地植根于人们的生活中,从而大大推动了节日的传播和发展。例如,农历十二月八日是"腊八节",这与佛教有着密切的联系。话说农历十二月八日是佛祖成道的日子,佛祖在这一天施粥于众。此传说传到民间以后,在民间就逐渐形成了吃腊八粥的节日习俗。道教讲究阴阳,认为"奇数为阳,偶数为阴",因而节日受此影响,多取奇数日子,象征着吉利,并且为了体现阴阳均衡和谐之意,很多节日的月份和具体的日子的数字相同,如一月一日、五月五日、九月九日等。

③魏晋南北朝时期的玄学和清谈之风也深深地影响着诸多节日习俗,大大增加了当时节日风俗的内容,如高谈饮乐、诗酒风流等。

(4)高峰期(唐宋)

唐宋时期是中国古代社会生活最为繁荣的一个时期。不管是在社会经济上,还是文化发展上,这一时期都展现出了一幅欣欣向荣之景。这种发展状况大大促进了节日文化的发展。因此,这一时期被称为节日文化发展的高峰期。

从唐代伊始,节日文化中就已经很少见到原始祭拜,也很少感受到禁忌神秘的气氛了,总体上转为轻松、欢快、喜庆的气氛,伴有各种娱乐、礼仪活动,成为真正的佳节良辰。例如,春节放爆竹原本是一种用来驱除鬼怪的手段,后来演变为庆祝时代的手段,能够制造欢乐的气氛;元宵节祭神灯火原本是一种重要的祭祀活动,后来则演变成了赏灯、猜灯谜的娱乐活动;中秋节原本主要进行祭月等祭祀仪式,后来则主要进行赏月、吃月饼等活动;重阳节原本是登高避灾的祈福活动,后来演变成了秋游赏菊的休闲娱乐活动。

总之,在唐宋时期,节日文化处在了繁荣发展的高峰时期。节日风俗发生了很多变化,尤其是节日内容越来越多姿多彩。当时还出现了一些与体育密切相关的娱乐活动内容,如放风筝、拔河等,这些活动一出现就受到了人们的普遍欢迎。

(5)稳定期(明清)

唐宋以后,节日文化的发展速度趋于缓慢,而到辽、金、元时期,由于渗透进来了一些少数民族习俗,因而在一定程度上推动了节日文化的进一步发展。进入明清时期后,节日文化开始稳定发展。

明清节日风俗的变化可以归纳为以下三点:

①更加讲究节日中的礼仪性和应酬性。例如,在逢年过节的时候,人们出于礼尚往来或是其他一些什么目的会互相上门拜访,并互相赠送礼物。

②明代商品经济较为活跃,并出现了资本主义萌芽,节日风俗受此影响,祭土地神这样的以小农经济为基础的习俗开始淡化,人们不再过于重视。

③节日习俗的娱乐性特征更为显著。例如,元宵节赏灯的时间变长,宋代的赏灯时间为 5 天,而到明代时,又增加了 5 天,共 10 天。赏灯期间,白天、夜晚都非常热闹。进入清朝以后,元宵节又增加了舞龙、舞狮、旱船、秧歌、高跷、腰鼓等"百戏"活动。

从上述内容可以看出,明清节日文化虽然有变化,但变化不是特别大。

2. 传统节日的特征

(1)民族性

我国是一个具有 56 个民族的多民族国家。不同的民族在各自的发展过程中创造和保留了许多非常有特色的节日。例如,傈僳族的"刀杆节"、朝鲜族的"老人节"、傣族的"泼水节"、彝族的"火把节"、拉祜族的"月亮节"、锡伯族的"西迁节"、壮族的"三月三"、苗族的"花山节"、哈尼族的"扎勒特"、高山族的"丰收节"等。每个民族的每个节日都有其特殊的意义和独特的习俗。当然,这与每个民族的宗教信仰和生产生活方式是息息相关的。

从上述可见,节日文化是民族文化的集中展现,因而表现出了鲜明的民族性特征。

(2)地域性

我国土地辽阔,可以分为多个不同的区域,在不同的区域中,有不同的自然环境、生产活动、经济状况和文化发展状况,因而节日风俗也就不可避免地具有了地域性特点。地域不同,同一节日里各地呈现出的文化风俗也往往不同。例如,在春节时,北方人讲究吃饺子,有包住福运之意;而南方人讲究吃年糕和汤圆,有年年高(糕)和全家团圆之意。从某种程度上来说,正是地域性这一特点,才使得我国的节日习俗总是有百花齐放的繁荣局面。

（3）周期性

"节"最早指物体各段之间相连的地方,从这一意义逐渐衍生出了划分岁时的节日。很显然,节日每年都有,周而复始,年年沿袭。可见,节日本身就带有鲜明的周期性特征。正是周期性特征使得现代文明社会创造出了许多新的节日。

一般来说,节日文化随节日的周期而不断再现。因此,只出现一次或数次的庆典、仪式和活动等,我们就不能将其称为节日。

（4）传承性

节日一旦最终形成,往往就自然而然具有了一种相对的独立性和稳定性,会被世世代代传承下去。这就是节日的传承性。它不仅仅指时间上的纵向延伸,也指空间上的横向分布。现代生活中的很多节日都是在数千年前就有了的,有些节日虽然发生了很大的变化,但是仍然能够看到历史留下来的一些影子。

节日的传承性不仅使节日有了顽强的生命力,而且还能更好地维系一个民族的群体凝聚力和趋同意识。

（5）群众性

节日具有显著的群众性特征。首先,它是一个群体的成员在共同生活中集体创造而成的,会被群体所普遍遵循。其次,即使某一节日出自个人爱好或习惯以至于有意倡导,也只有被大众所接受,与大众的喜好风尚相一致,并得到大众的回应和认可,才有可能成为真正的节日。

节日是群众文化活动的高峰,尤其像春节、国庆节以及少数民族的一些重大节日,几乎每个人都会参与到节日活动中,受到节日文化的熏陶。唐代诗人崔液在《上元夜》诗中写道:"谁家见月能闲坐,何处闻灯不看来?"说的正是这种情况。

（6）纪念性

在我国众多的节日中,以纪念为主要内容的节日占据着非常大的比例。例如,春节、清明节、端午节、七夕节、中秋节、重阳节等传统节日都属于纪念性的节日。在这些节日中,节日文化的主题往往比较鲜明,既有利于传承,也有利于产生极大的教育作用。当然,纪念的对象并不一致,有的是对某个人的纪念,有的是对某件事的纪念。

（7）变异性

节日的主题内容虽然在不断地重复再现，但是随着社会的不断发展变化，节日文化多多少少也会发生一定的变化，一些节日甚至走向了消亡。总体上来说，节日文化的变异表现为积极因素占优势地位，落后的陈规陋习不断被淘汰。节日文化之所以会发生变化，主要是因为其受到了社会政治、经济和科学技术的影响。

①政治的影响。传统节日的风俗往往受到统治阶级的干预。就我国来说，历代统治者都比较重视通过民俗活动来了解民情，都比较注重通过"移风易俗"来稳定其统治。因此，不利于统治者统治的一些节日民俗活动就会被禁止，利于统治者统治的节日民俗活动则会受到提倡与推广。

②经济的影响。随着社会经济的不断发展，很多传统节日活动会被注入新的内容，因而节日文化也就自然而然地产生了变化。

③科学技术的影响。传统节日文化一开始几乎都与图腾崇拜、封建迷信、宗教信仰等挂钩，但是随着科学技术的进步，人们的思想观念不断发生变化，于是节日文化也就相应地产生了一定的变化。例如，中秋节的祭月习俗随着人们观念的转变现已变为赏月、吃月饼等习俗。

（二）传统体育文化与节日文化的文化渊源

我国是一个领土广阔和历史悠久的国家，是一个多民族国家，每一个民族都有自己独特而稳定的民俗文化。当然，这些文化都是在历经了长时间的沉淀和累积后形成的。其中一些就是传统体育文化和节日文化。传统体育文化是该民族在其不断发展与进步过程中所形成的全部的体育文化。它与节日文化有着不解的渊源。

我国有 56 个民族，每个民族都有自己的节日，在很多节日中都会出现各种传统的体育项目。例如，苗族的古龙坡会，在该节日中，苗族的各个族民会举行伴有激昂的芦笙和鼓乐声的传统体育运动会，运动会所包含的项目极为丰富，有斗马、斗鸟、赛马、舞狮、芦笙赛、踩堂歌、对唱山歌等。又如，蒙古族的那达慕大会，就是有名的传统体能运动竞技节日，在每年七、八月举行，大会上有激烈的赛马比赛和摔跤比赛，有令人赞赏不已的射箭比赛等。再如，壮族最隆重的节日就是春节，在春节期间，壮族人民会举行投绣球、打铜鼓、舞狮、打春堂、三人板鞋竞技赛、跳月舞等体育活动。除此之外，还有许多民族都有其独特的体育活动项目，如瑶族盘王节的打猴棍、侗族花炮节的抢花炮、京族哈节的跳竹杠、壮族陀螺节的打陀螺、土家族的要花棍等。这些具有鲜明民族文化特色的传统体育活动项目可以说既丰富了我国的传统节日习俗，又极大地丰富了我国的传统体育文化。当然，传统体育文化也正是在节日的带动下得到了传承与发展。

总之,节日文化与传统体育文化是相互联系在一起的,共同促进,共同发展。传统体育需要在各种传统节日中得到开展,而传统节日则是传统体育文化得以展现的舞台。

(三)传统体育文化与节日文化的发展现状

据统计,我国各少数民族传统体育项目发展到今天共有 676 项,汉族 301 项,数量和形式都极为丰富。其形式有跑跳投类、骑术类、射击类、体操类、角力类、球类、水上类、舞蹈类、武艺类、游戏类等。如今,很多传统体育也已成为节日文化的重要组成部分。例如,当人们提到春节,就会自然而然想到那异彩纷呈的"舞龙"和"舞狮";当人们提到端午节,就会联想到"赛龙舟";当人们提到重阳节,就会想到"登高";当人们提到火把节,就不会忘记彝族的"摔跤"和"赛马"。

发展到现在,节日文化具有了两个鲜明的特征,即娱乐性和社交性。而这两个特点正反映出了节日中传统体育文化蓬勃发展的态势。苗族的拉鼓节、内蒙古的那达慕大会、藏族的赛马会、世界太极拳健康大会、地方和全国性的舞狮大会、温县国际太极拳年会等,无不体现着各民族的风采和魅力。

(四)传统体育文化与节日文化的发展方向

1. 立足民族文化本位,保护民族文化

发展到现在,中华传统体育文化和节日文化正遭受着严峻的考验,很多传统体育项目已经消亡或正面临消亡,尤其一些西北民族地区和西南民族地区的体育文化更是岌岌可危。

在文化的传播与交流中,外来文化与民族传统文化一直就是一对经常存在、难以避免的矛盾。面对西方强势的政治和经济条件下的奥林匹克体育文化,我国传统民族体育文化的吸引力越来越小。然而,因传统节日而产生的各种传统体育文化是我国优秀的文化瑰宝,不应该被丢弃,不应该让其在人类文化圈中消失。我们应当通过积极的引导来促进其持续健康发展。具体来说,面对当前严峻的形势,我们应当做好以下一些工作:

第一,加紧保护民族文化,将现存的传统体育项目保护起来,以防资源的进一步流失和消亡。

第二,在接收外来文化的冲击时,要做出正确的调适,改被动适应为主动适应。

第三，在抓住机遇的同时积极应对挑战。具体到传统体育文化上，就是立足民族文化本位，保护传统体育项目，同时，紧抓时机来挖掘具有特色的传统项目，将其发展成为能走向国际、走向世界的传统体育项目，不仅可以充分展现我国的民族自我特色，而且可以大力弘扬我国的民族精神。

2. 大力拓展传统体育文化产业

从某种程度上来说，文化也是一种生产力，它能够提供生产力硬件赖以生存和发挥作用的氛围和环境，将一定的生产力、生产组织方式融合为一个宏大的生产力体系。现在社会中，"谁占据了文化发展的制高点，谁就掌握了主动权"，这句话是非常有道理的，因为文化作为一种软实力，在国与国之间的竞争中占据重要地位。

在我国，传统体育文化产业和节日文化产业已是一种具有丰富内涵和外延的重要产业。为了使传统体育文化和节日文化在新的发展环境中发挥其竞争优势，我们必须积极迎接挑战，把握住历史所带给我们的良好契机，在优越的民族政策下，转变自身发展模式和方向。同时，立足民族文化本位，通过筛选、改造、包装以及重组，大力拓展传统体育文化与节日文化互动发展的模式，促进各产业之间的良好互动。不仅如此，还要由一个带动多个，多个互相促进，使其形成具有强大生命力的、有长期和丰富效益的巨大产业链，向有组织、有计划、有目的的方向发展，使其走上科学化、规范化和社会化的发展之路，推动民族文化的发展。

例如，白族有"三月街"节日，在该节日中，人们不仅会进行各种各样的物资交流活动，而且还会举行各种传统体育活动，如秋千、赛马、射箭、赛龙舟、打霸王鞭、敲金钱鼓、耍龙灯、耍狮灯等。要想推动这一节日文化和传统体育文化的发展，我们就必须大力拓展与该节日相关的各种产业，并增加一定的特色和气势。这样才能既吸引到国内外游人前来经商、考察和旅游观光，又大大促进地方经济、文化的发展。总之，将传统体育文化和节日文化逐渐渗入经济领域，使其取得一定的地位是推动传统体育文化和节日文化发展的重要动力。

3. 批判地继承与创新

传统体育文化和节日文化是在长期的历史长河中逐渐形成的，面对如今越来越复杂多样的国际和国内社会背景，要想使它们以更好的方式存在于人们的视野中，就必须站在时代的高度对它们进行批判继承与创新。

首先，要去粗取精、去伪存真。传统体育文化和节日文化并不是完美无瑕、毫无缺点可言的。有不少传统体育文化和节日文化的内容中还存在落后、愚昧的因子,对此一定要采取抛弃的态度。而对其中的精华部分、与社会发展相适应的部分一定要给予保存。

其次,要努力开拓、大胆创新,把继承传统体育文化和节日文化与时代精神结合起来,积极挖掘整理并推广,创造出既符合现代体育的发展规律又具有鲜明时代特色的传统体育文化和节日文化。

最后,在建构新型传统体育文化和节日文化的过程中,要注意依靠科学的理论和方法指导,要实事求是,不能为了达到某些目的而彻底改变其本来的面貌。

二、传统体育文化与宗教文化

纵观我国历史就会发现,我国传统体育文化的发展受宗教文化的影响很大,这种影响也从另一方面极大地丰富了我国传统体育文化。

(一)原始宗教的遗存与传统体育

在很早以前,原始的宗教形式其实就已经出现了,最为盛行的就是自然神崇拜和祖先崇拜。

1. 自然神崇拜与传统体育

自然神崇拜出现于新石器时期,是指人们把诸如日月星辰、风云雪雨、鸟兽鱼虫乃至名山大川等自然现象和自然物看作具有生命、意志和伟大能力的神,进而加以崇拜,祈求它保护和赐予自己以福祉。传统体育活动中就有许多与自然崇拜息息相关的项目。

在原始社会,由于生产力低下,人们对许多自然现象无法理解。面对大自然的各种神秘力量,他们产生了崇拜自然的观念,认为大自然具有某种神力。例如,土家族人民在遇到不顺的年份,常常举办各种祭祀活动,如摆手舞、鼓舞等。再如,苗族人们在祭神日时,会端出猪肉、美酒,聚集在一起烧香磕头,祈求山神、天神的保佑,仪式完毕后,就会进行一些体育活动,如天地球比赛、跳芦笙舞等。

在原始社会,动物也成为人们崇拜的对象。据记载,在远古时代居住在水乡的人们常把龙图腾装饰在舟的前头,以期祛凶消灾,获得美满幸福的生活。后来,这一习俗逐渐演化成民族传统项目——赛龙舟、舞龙灯。对此,《论衡·明雩篇》就记载过,春秋时期鲁国有一种在暮春时举行的名为"雩祭"的求雨仪式,参加仪式的人要排成一长串队伍,模仿龙出水的样子,表明自己是龙的后裔,祈求龙降雨滋润大地,使谷物苗壮成长。除此之外,云南傣族把孔雀作为自己民族精神的象征,以跳孔雀舞来表达自己的理想和愿望,这也源自早期的动物崇拜。

2. 祖先崇拜与传统体育

在原始宗教的遗存中,祖先崇拜是与自然崇拜并存的另一种宗教形式。它由图腾崇拜过渡而来,是指把那些已经死去的祖先作为崇拜的对象,祈求他们保佑自己的后代。这种崇拜是基于已经死去的祖先的灵魂仍然存在,并会影响到现世及子孙生存状态的观念。因此,长期以来,祭祖都是一种常见的活动。与这种活动相关的传统体育项目也是很多的。例如,基诺族的跳大鼓,传说是他们的祖先在一次水灾中由于得到了大鼓的帮助而幸免于难,以后便繁衍了基诺族,所以每到年节,村村寨寨都要举行仪式进行跳大鼓活动,以祭祖先。随着时代的变迁,这项活动便成了人们喜闻乐见的体育活动了。

总之,各种宗教活动都与传统体育有着紧密的联系。例如,景颇族青年男女往往通过跳一种布滚戈的舞蹈,以驱鬼降魔。该舞动作粗犷豪放,极为形象生动。此外,白族在祭祀神灵或做巫事时,会跳巫舞。

(二)宗教祭祀活动与传统体育文化

我国几乎每个民族都有自己的宗教信仰。这种普遍性便不可避免地影响到了体育的产生和发展。毫无疑问,很多传统体育活动都寓于民族宗教活动之中而得到了不断的发展。

由于少数民族在宗教祭祀活动中几乎都会通过各种仪式来祭神、娱神,取悦于神灵,因而就产生了各种原始体育活动,产生了与传统体育密切相关的内容。

普米族的"转山会"就与体育文化有着密切的关系。"转山会"活动在每年七月十五举行,所包括的项目主要有爬山、摔跤、弩弓射击、火枪射击等。进行这些祭祀与娱乐活动主要是为了求得山神水神对族民的庇佑。

(三)传统体育文化与宗教文化的发展

宗教作为社会生活的一种反映,它的发展与社会的发展是相对应的。随着时代的不断变化,传统体育文化与宗教文化也发生了很多变化。例如,宗教祭祀活动中的传统体育逐渐摆脱了宗教祭祀的束缚,与节令、节日结合在一起,增加了很多娱乐性。所以,要想更好地传承与发展传统体育文化与宗教文化,就应重新认识传统体育与宗教的关系,使与宗教有紧密关系的传统体育更好地为人的健康发展而服务。以下则以道教、佛教为视点,进行一定的分析与阐释。

道教于东汉时期形成,它与传统体育是有一定的联系的。这主要从道教提出的"性命双修、形神共养"的炼养精气神理论,以及周天行气法、内丹术和导引、行气等中可以看出。这些内容深刻地影响着中国传统养生理论与实践,并奠定了中国传统养生的基本模式。

道教提出的"性命双修、形神并养"是一种生命整体优化理论。该理论把人与环境看作是不断进行物质、能量和信息交流的统一体。武术、太极、气功、八段锦、五禽戏等炼养术是具有民族特色的传统体育的代表。它们与道教的这种理论是紧密相连的。人们可以通过积极练习这些具有民族特色的传统体育来修身养性,体会道教的真义。

八段锦历史悠久,简单易学,安全可靠,适于各种人群习练,不仅可以健身祛病,还能增智开慧。发展到现在,八段锦作为传统体育教学项目已经进入众多的高等院校。对于普通老百姓来说,它更是一种非常有效的养生健身法。

佛教产生于印度,创始人是释迦牟尼。这种宗教也与传统体育有着一定的联系。例如,武术就与佛教有着非常密切的联系。这主要表现在武术的禁忌、拜师习俗,以及武术理论、技术体系等方面。被众人所熟知的少林武术就是从佛门古刹少林寺流传出来的。起初,它是以寺院为中心,由僧人来传习,后来经过历史的变迁,逐渐吸收了中国传统武术及养生、气功、民间武技等内容,于是发展成了一种成熟的武术流派。少林武术以佛教禅学为核心,主要特点是"神武归一"。

三、传统体育文化与奥林匹克文化

(一)奥林匹克文化的特征

奥林匹克文化也有广义和狭义两种含义。广义的奥林匹克文化主要包括奥林匹克运动的一切活动、仪式等;狭义的奥林匹克文化主要是指与奥林匹克运动有关的一切文艺活动和思想观念等。

1. 象征性

奥林匹克运动充分体现了人类社会的团结、进步、友谊,正如顾拜旦所说，奥林匹克运动是"一个伟大的象征"。奥运五环、会旗、会歌、会标、吉祥物等都是奥林匹克运动独具特色、区别于其他运动形式的象征性标志。这些标志既蕴含着丰富的历史文化内涵，又运用鲜明的符号表达着奥林匹克运动的思想精神，是世界人民对奥林匹克运动的深刻解读。如象征着五大洲的奥运五环，象征着团结、和谐、吉祥的奥林匹克吉祥物等。

奥林匹克运动中的这些具有象征意义的标志、图案、物品以其独特鲜明的形象表现了奥林匹克精神理念，给人们留下深刻的印象，逐渐成为广为流传的"国际语言"。

2. 丰富性

奥林匹克运动表现美的角度和形式多种多样，并且具有丰富的文化内涵。奥林匹克运动是多种艺术形式的集会，如奥林匹克建筑、绘画和雕塑以及声乐、舞蹈、文学作品等各种艺术手段和文化形式都能在奥林匹克运动中大放光彩，给人们带来视觉的享受。

3. 艺术性

奥林匹克运动是人体展示自我的一种较高的形式，而且它创造和展示的更是一种美的形态。在奥林匹克运动中，运动员通过对体能生命的极限挑战，练就了精湛的技艺，并且把自身拼搏进取的精神挖掘了出来。另外，运动员在奥林匹克运动中可以通过努力获得快乐、幸福。奥林匹克运动，如体操、跳水等项目不仅可以强身健体，同时洋溢着浓郁的艺术气息，而且也为观赛的人们带来了极高的审美愉悦。

奥林匹克运动集中体现了人体的形态美、力量美、运动美，还融入了其他多种文化艺术形式的美。人们在这些运动中不断练习、探索，推陈出新。因此，某种意义上说，奥林匹克运动也是一种大规模的美育过程，通过艺术美提高整个人类社会的精神风貌，这也是其人文性的重要表现。

4. 多元性

奥林匹克运动最初起源于希腊，经过百年的发展，现代奥林匹克运动已在全世界范围内得到了普及，奥运会的规模和影响力逐渐扩大并融入了各民族独特的文化内涵，因此，奥林匹克文化具有多元性的特点。奥运会在举办过程中会融入举办国的文化传统、审美追求，奥林匹克文化与举办国的文化相互交融，从而组成其文化的多元性；当然，奥运会在使举办国的文化得到不断丰富和发展的同时，也吸纳了一些举办国的民族传统项目使自己得到了丰富和发展。因此，奥林匹克文化不仅具有其自身的特色，同时还融合了世界各国的文化特色,极大地丰富了自身内涵,促进了奥林匹克运动的和谐及可持续发展。

5.人文性

奥运会一方面普及了竞技运动的发展,另一方面将奥林匹克运动纳入了教育和人文范围,使得奥林匹克运动成为文化的重要组成部分。因此,现代奥林匹克运动中蕴含着丰富的人文性。

6.西方性

纵观奥林匹克运动的发展历程,可以看出,西方国家举办奥运会的次数远远超过东方国家;作为奥林匹克运动的组织,国际奥委会委员的主要成员由西方人士组成;另外,西方的运动项目是奥运会的主要竞赛项目。

(二)传统体育文化与奥林匹克文化的冲突与融合

1.传统体育文化与奥林匹克文化的冲突

我国传统体育文化与奥林匹克文化的冲突主要表现为以下几个方面:

第一,受到哲学思想的影响,二者有着不同的文化内涵。我国传统体育文化因为受到中国传统思想,如"天人合一"、阴阳、八卦、五行等理论的影响,更加注重自身的统一性以及与自然界的和谐统一,具有经验、直觉、模糊等文化特性,主要体现出一种和谐的节奏、韵律,更为抽象、含蓄;奥林匹克文化受到西方哲学思想的影响,注重外在与分析,是在与自然的斗争等观念的影响下形成并发展起来的,综合运用了科学实验、解剖学、生理学等现代科学手段和知识,集中体现出一种阳刚的力量、速度之美与外在形体美。

第二,我国传统体育文化对个人修养有着很高的要求。在发展中形成了以追求"健"和"寿"为目的的民族文化性格,主要追求娱乐性、表演性,而体育运动中的竞争性被弱化;奥林匹克文化非常注重人的全面发展,而往往忽略了人在竞争中的道德修养,因此容易出现暴力,它始终向着竞争性、健美性、趣味性方向发展,而且形成了独立的体育体系。

第三,我国传统体育文化除注重个人修养外,还非常重视人格,强调通过体育锻炼来影响人的内在品质,达到精神活动的升华,从而塑造理想的人格;奥林匹克文化则更加重视人外在的形体,注重个体的自身价值,通过人体的发展体现出体育的价值,旨在通过让人在各种体育运动中实现完美人体的塑造,进而实现理想的人生。

2. 传统体育文化与奥林匹克文化的融合

民族体育文化的多元性是奥林匹克文化形成与发展的核心。世界范围内不论哪一个民族的文化都是单薄的,难以形成一座单一的文化艺术殿堂,同时也无法综合体现不同国家、不同民族的文化特点。因此,站在整体发展的角度,奥林匹克文化的发展与创新必须通过与其他传统体育文化进行交流、融合,实现体育文化的多元化,从而促进人类文明的发展。从某种程度上来说,奥林匹克文化的发展不是某一个民族文化的独立发展、空间扩张,而是不同民族体育文化间的互相融合、交流、互动。

四、传统体育文化与旅游文化

(一)旅游文化的概念及特征

1. 旅游文化的概念

旅游文化是在特定社会环境中形成的一种生活方式,是旅游者作为旅游主体在旅游活动中通过与旅游客体之间发生能动性的作用,进而形成的文化现象的统称。

旅游文化是把旅游行为、旅游产品、旅游环境等因素联系起来形成一个整体的文化系统,旅游者的旅游消费文化与旅游经营者提供的服务行为文化、旅游客体蕴含的文化以及旅游环境共同组成了场景文化。

概括来讲,可以将旅游文化理解为人类在过去以及现在创造出的与旅游有关的所有财富的总和,其中就必然包括物质财富以及精神财富。旅游文化是一种随着旅游业逐渐发展不断得到丰富的文化形态,它的发展有着坚实的理论基础和实践需要。

2. 旅游文化的特征

(1)整合性

旅游文化的整合性,主要体现在旅游文化通过协调各组织之间的关系使其达到和谐统一的状态,能够保证人们进行正常的活动、促进社会的和谐发展等。

首先,旅游者是旅游文化的主体,其对旅游文化的接受以及理解程度受到其自身年龄、审美追求、职业观念、兴趣爱好等多方面因素的影响和制约。

旅游者的旅游文化主体身份,决定了他们在旅游文化的建构过程中起着主导性作用,旅游文化因他们各自身份的不同呈现出驳杂的特点,因此,在发展过程中内部需要不断运动整合。旅游文化主体在旅游的同时也进行着文化的消费,整体上呈现出形态各异的特点。

其次,物质形态的名胜古迹以及融合在人文景观中的文化精神是旅游文化的客体。作为旅游文化的客体,它们的种类呈现出多样化的特点,既带有古代、近现代文化的印记,在同一时期中又因地域不同而表现出不同的特色。除此之外,其中还渗透着其他文化分支的精神内涵,如宗教、哲学、政治、经济等。因此,旅游文化客体对多种文化元素进行了一系列整合,进而满足了旅游者不同的文化需求、文化动机。

最后,随着经济的发展、科技的进步,旅游文化媒体在发展过程中不断得到完善,对旅游主体的衣、食、住、行、休闲、娱乐等方面的服务越来越细化。旅游文化媒体提供的旅游产品和各类服务,全面充分地开发了旅游资源,并且丰富了旅游文化的内涵。

(2)民族性

每个民族的文化观念都有其独特性,融合了其自身的文化传统、历史内涵,这就形成了民族文化,也可以称之为文化的民族性。旅游文化涉及民族文化的各个领域,同时也是各民族间进行文化交流沟通的纽带。因此,民族性是旅游文化的重要特性。

(3)大众性

文化的大众性也被称为群体性,所谓的文化大众性主要是指参与旅游活动的人数众多、身份各异。随着人们生活水平的普遍提高,人们在物质生活上的需求得到满足之后,开始追求精神上的享受,旅游成为他们普遍的选择。因此,旅游活动的群众性极其广泛,逐渐使旅游成为大众性的文化消费,旅游文化也成为一种大众文化。旅游文化具有超文化的特点,它不受地域、阶层、人种等的限制,是一种全民性的活动。旅游文化大众性的特点主要取决于旅游文化的综合性,旅游客体的独特魅力从不同程度上刺激了旅游者的旅游动机,使人们从自身的需要出发,参加到旅游活动中来。旅游文化的大众性主要表现在以下两方面:一方面是不同于社会上一些"精英化"的文化消费,更具有普遍性,各种人群都可以进行旅游活动;另一方面,旅游文化面向社会大众,是适应时代和社会发展的需要,不能由于过于高深而只能使少数人接受,相反,其出发点必须立足于大众的需求以及接受程度。

(4)娱乐性

旅游是人类社会发展到一定阶段后出现的一种基本的社会活动。娱乐性是它一个最明显的特征。旅游活动从根本上讲,就是放松身心以获得心理审美满足和自娱的过程。因此,旅游文化本质上是一种轻松娱乐的文化,是对人类好奇心的一种满足,同时也是人们获得内心愉悦、精神满足的文化。旅游活动是积极愉悦的,它能使旅游者获得不同的情感体验。在轻松愉悦的旅游活动过程中,作为旅游主体的旅游者一方面能够对外界有一个比较明晰的认识,另一方面能够在这个过程以及从对旅游客体的欣赏过程中,感受到生命的珍贵及美好,体会到外部世界的高远与广阔,进而能够以更加积极的心态去工作、生活。旅游文化的娱乐性既能满足旅游者的追求,反过来又极大地推动和催发旅游者进行新一轮的旅游活动。

(二)传统体育文化与旅游文化的关系

1. 传统体育文化能够为旅游业提供丰富的资源

旅游资源是一种永久性的知识资源,它与文化之间的关系十分密切。民族地区独特的地理风貌以及当地人民的生活方式、文化传统在历史的传承过程中,形成了极具地域特点的民族文化,与此同时,形成了传统体育文化。传统体育文化是一种积极的、进步的文化,是对科学和文明的传扬,在很大程度上优化了人们的生活方式,使得人们从人的发展角度去认识生活,追求一种文明健康的生活理念,摆脱愚昧落后的观念。它对人们形成乐观的生活态度、养成良好的行为习惯、培养社会责任感、建立良好的人际环境、缓解社会心理压力等起着重要的作用,是体育旅游资源永恒发展的源泉。

传统体育文化是民俗资源中的一种,它的文化内涵十分丰富并且具有广泛的文化外延,因而民族体育资源的不断丰富有利于促进旅游业的快速发展。把传统体育文化潜在的资源优势与生产要素联系起来,促进产业结构的优化调整,可以促进地区经济的快速发展。我国传统体育文化资源非常丰富,这为旅游业的发展提供了有利的条件,可以成为促进民族地区经济发展的新增长点。

2. 传统体育文化资源的开发有利于促进旅游经济的快速发展

传统体育文化资源在民族地区体育事业快速发展的影响下,得到了充分的开发与利用,与旅游的关系越来越密切。

传统体育文化在社会经济发展等方面的作用越来越突出,在旅游经济发展中占有重要的地位。例如,那达慕节,它带有浓厚的民族特性以及地域特点,在旅游业的发展以及旅游资源的开发影响下,它已不再只包含单纯的娱乐竞技活动,而是发展成为融合了体育竞赛、民族文化、旅游等在内的一种综合性草原活动,极大地带动了当地旅游经济的发展。近些年,内蒙古一些著名的旅游风景区通过将极具优势的自然资源以及民俗风情与传统体育文化相融合,不断推陈出新,创造性地生产出新的旅游文化资源。以传统体育文化为基础、融合科学开发理念的体育旅游开发,对传统体育文化的整合、展示、传播以及创新产生了重要的影响。

3. 传统体育文化与旅游文化的融合有利于提升旅游景点文化品位

作为旅游主体的旅游者,他们出游的目的主要在于获得一种审美追求以及求知欲的满足,往往基于一种满足高层次的增长知识的精神需求,而不仅仅停留在游山玩水获得感官上的愉悦。因此,旅游文化的经营者在开发旅游资源的过程中要重视提升文化品位、能够生产出满足旅游者文化需求的传统体育文化旅游产品,真正做到让传统体育文化与旅游紧密结合,充分展现出民族文化内涵,让游客在旅游活动中感受到民族体育文化独特的魅力。目前,一些少数民族地区通过展现本民族的活动,向游客们展示了带有民族特色的传统体育文化,如德夯民族风情园的上刀山、苗族武术等。

4. 旅游业的发展有利于促进传统体育文化的传承与弘扬

传统体育文化资源结合人文地理资源的优势极大地促进了旅游的发展,而旅游反过来也进一步推动了传统体育文化的发展。旅游活动,是旅游者观赏以及体验少数民族体育文化的重要平台,是社会群体之间进行沟通以及民族体育文化间进行交流的基础,进而促进了少数民族体育文化的发展。同时,在民族地区旅游与传统体育文化的融合过程中,当地人民群众起着重要的作用。为了更好地表现出民族文化的特色,要对其进行的一系列组织、培训、排练,对民族体育文化资源的经济性、娱乐性、健身进行科学整合,而在这些活动中,人民群众对自身民族体育文化内涵有了更加深刻的理解,这对民族体育文化的传承和保护有着重要的影响。可见,旅游活动是对民族体育文化的充分展现,同时对民族文化的弘扬发挥着重要的作用。

可以看出,旅游文化与传统体育文化二者相互影响。旅游活动一方面是对传统体育文化的消费,另一方面对传统体育文化突破地域限制进行传播与传承有着极为深远的影响。在这个过程中,各民族的文化精粹得到了完美展现并受到了弘扬。传统体育文化在发展过程中可与旅游者带来的不同文化进行碰撞并吸取其精华,进而使传统体育文化向多元化、和谐化的方向发展。

(三)传统体育文化与旅游文化的互动发展

1. 互动发展的必要性

(1)传统体育文化开发与保护的需要

目前,传统体育文化受到了后工业文化、生态文化等外来先进文化的冲击,因此对其进行开发与保护是十分必要的。通过将传统体育文化产业的发展与旅游经济的发展进行互动,能够使旅游文化有形化,能够拓宽其领域,赋予其更深层的内涵,实现由无形向有形发展,进而传承优秀部分。

(2)实现旅游产业持续发展的需要

旅游产业是一种在发展过程中不断得到丰富的生态产业,因此对于旅游产业的内容需要不断进行更新与拓展。目前,普遍认为旅游产业是一种民族人文自然生态旅游业态,因此在发展旅游产业的同时应对民族传统文化进行充分利用。旅游产业作为一种新兴产业,在国内虽然具有一定的发展规模,且有一定的品牌效应,但由于起步晚,民族特色并不鲜明、旅游服务质量不高、旅游内容单调、形式简单雷同等是其普遍存在的问题。而传统体育文化在发展进程中充分体现了民族风格和地方特色,可以使旅游者在欣赏的过程中参与其中,如舞龙、放风筝、赛龙舟、漂流等,它们大多融合了民族风俗和节日传统,是旅游产业中意蕴丰富、内涵深刻的文化资源,因此通过对传统体育文化进行合理利用,可以拓宽旅游产业的内容,使其更加丰富,有利于旅游产业的持续发展。

(3)文化产业发展的需要

在市场经济发展的社会环境下,文化产业的发展能够为我国传统体育文化产业的发展注入活力,只有这样,传统体育文化产业才能适应市场经济带来的挑战,进而提升其文化功能和地位。目前,旅游产业在我国众多文化产业中有着很好的发展前景,因此将传统体育文化产业与旅游产业联合起来实现共同发展是其必然的选择。传统体育文化能够在旅游产业的带动下进入经济领域,从而促进文化产业的繁荣与发展。

2. 互动发展的方向

传统体育文化与旅游产业之间有着诸多密切的联系,是一个有机结合的产业发展统一体。二者在发展过程中需要互相配合,协调统一。为保障传统体育文化产业与旅游产业互动发展的顺利实施,要根据实际情况建立科学合理的管理体系,制订详细的计划、明确目的、进行合理开发,避免各种不必要的浪费。

　　首先,在观念上进行转变,加强传统体育文化与旅游的相互融合。现阶段,人们对民族体育旅游的认识仍属于浅层的认识,不能认识到民族体育项目中的文化内涵。而传统体育所表现出的不同于现代都市文化的差异性,是最能吸引游客眼球并能够带来更大的经济效益的。因此,在旅游中应集中突出传统体育文化的独特性,实现民族地区旅游与传统体育文化的完美融合,进而保持旅游业的可持续发展。

　　其次,政府有关部门要重视对传统体育文化资源的保护与传承。政府部门应制定相关法规政策,在旅游业为国民经济发展带来经济效益的同时,做到对民族文化资源的保护和合理开发利用。在旅游业的发展中要充分展现出本地区的优秀民族体育文化,在民族地区旅游得到发展的过程中,对传统体育文化进行传承和保护。

　　最后,要加强对传统体育文化的生态保护。传统体育文化生态是民族文化得以发展的重要基础,同时也是实现民族地区旅游可持续发展的前提。因此,必须合理开发传统体育文化资源并对其进行保护,使其免受外来文化的干扰,保持其文化的独特性以及与其他文化的差异性,进而使具有显著民族特色的民族文化生态圈得到保护。

第二章　传统体育文化未来发展的体系构建研究

传统体育文化发展到今天，不仅带有传统文化的诸多色彩，而且与现代社会的发展相结合，展现出了与时代并进的文化特色。并且，它还会伴随着未来各个时期的社会发展而发展变化，从而具有生生不息的持久生命力。本章就重点对传统体育文化未来发展的体系构建问题进行研究。

第一节　传统体育文化的未来发展走向

现代传统体育文化体系的构建，是以追求传统体育文化现代意义上的"实现"为最终目的的，换句话说，就是完成传统体育发展从"应该"到"实现"。

传统体育文化的产生、发展与形成，经历了人类从蒙昧到文明的进化过程，具有非常重要的意义和作用，具体体现在以下两个方面：一方面，体育文化是人们感情的宣泄，是劳动、战斗技能的演习和愉悦游戏的本能反应，同时，其还包含和折射着不同社会发展时期的文化、政治、艺术、宗教等，并受到相关文化因素极大的影响；另一方面，传统体育文化不仅与人们祈求丰收、庆祝胜利、酬谢神灵乃至性爱、生育、死亡等有着直接的关系，而且也折射和涵盖着民族传统美德及历史沿革过程中的文化更迭，有着与现今社会发展协调一致的文化因子，同时又存在着极不协调的文化因子。正因为如此，才使得我们的文化继承和发展往往处在进退两难的地步。关于传统体育的发展，我们往往持不明确的目标，这就是导致我们行动盲目性的根源。换句话说，对于传统体育的发展，我们还没有具体搞清楚。在这样的情况下，是不可能采取有效的措施来促进其积极有效的发展的，因此，这也就导致我们对继承与发展后的传统体育的现代社会价值功能没有科学的认知。

文化的发展过程如果不能明了其价值和功能，它的发展就将是盲目和毫无意义的。"价值构成一种文化的基本结构。"换句话说，要想使文化顺利传承，就必须通过历史的不断肯定，否则，文化就会丧失其在当代存在的意义。价值是形成社会和社会个体情感生活的基本因素。所有文化的价值,只有满足不断进步的社会发展需要和满足人的需要,才能形成社会学中常说的"价值鼓励"并推动某一类行为,因而也才有可能奋力超越或努力维持文化的存在和发展。

传统体育文化的发展呈现出一定的趋势和走向,总的来说,可以归纳为三个方面,具体如下。

一、传统体育文化物质特征逐渐弱化的同时精神特征逐渐强化

文化最重要的属性当属物质特征与精神特征。其中,物质特征是文化的外部属性,构成物质文化的内容;而精神特征则是文化的内部属性,构成精神文化的内容。文化的物质性和精神性在传统体育文化中也有着较为突出的表现。作为生产方式与生活方式的统一体,物质特征与精神特征都充分体现出了一个民族的文化特质,同时也在一定程度上体现出了不同民族的文化特征。例如,从物质文化方面看,可以将传统体育文化分为游牧民族体育文化、农耕民族体育文化、渔猎民族体育文化、草原民族体育文化等不同的类型;从精神文化方面看,则可以将传统体育文化分为传统体育文学艺术、传统体育审美观念、传统体育伦理道德、传统体育宗教意识等类型。由于这些重要特征不同,导致传统体育文化的特点也呈现出一定的差异性,组成了传统体育文化的民族性内涵。

未来社会的发展特点在很大程度上决定着传统体育文化的未来发展。随着人们物质交往关系的加深,经济生活的联系向越来越紧密的方向发展,世界必然成为一个不可分割的整体。在这个整体当中,人们在体育活动中的相互影响更为显著,体育文化物质生活方式上的同质性也就越来越突出,必然导致体育文化物质生活的模式化、同一化和单一化。这样一来,就大大削弱了传统体育物质文化重要的民族性特征。然而,尽管人们依赖于一定的物质条件和物质手段,但是仍然十分向往和追求精神世界的充实和满足。正因为如此,在未来社会所展示的外部物质世界愈加变得相似的情况下,人们对传统体育文化内部所衍生出来的传统价值观念的重视程度就会越来越高,并力求通过挖掘这种独特的价值观,将本民族的传统体育文化特征充分体现出来。此时,传统体育文化的精神性特征就得到了进一步的强化。

因此可以说,随着未来社会全球经济一体化进程的不断加快,相较于过去,物质上的相互渗透融合将表现得更加引人注目,会进一步加剧民族性特质在物质文化上的弱化。与此同时,也会进一步强化传统体育文化的精神性特征。

二、体育文化传统特征与时代特征的互补和并存

作为一种维系文化生存的重要力量,传统是不会消亡的,只会被未来社会改造。未来文化的发展不是凭空出现的,而是在对传统的吸收与重构的基础上逐渐建立起来的。因此可以说,传统是建构未来文化体系不可缺少的因素。这并不意味着传统体育文化的解体,而是传统体育文化的再生,具体来说,可以将其认为是新传统的诞生。关于这一问题,汤因比说过这样一句话:"旧文明的解体,并不意味着一切都结束了,在解体过程中产生的统一国家、统一教会和蛮族军事集团里已经存在着新旧文明植递代兴的契机。特别是宗教,在一种人类文明崩溃和另一种文明产生前的这一危险的间歇时期,它保存了宝贵的生命胚种,充当着新文明诞生的蛹体。"①由此可以看出,传统文化就是在新旧文化的交汇、吸收、重组和碰撞中走向未来的。

对于未来的传统体育文化来说,其中不仅融入了强烈的民族性特征,同时也融入了鲜明的时代性特征,并且会逐渐形成民族传统与时代精神互补和并存的体育文化新格局。但是,并不能说明这已经是一个各种类型传统体育文化大杂烩的时代,实际上,这只是一个体育文化多质、同质和异质被重新整合的时代。所以,未来传统体育文化的价值取向也就体现为传统体育文化的包容性与涵化性。实际上,未来体育文化的演变趋势已经在当今许多民族的传统体育文化发展中得到了一定程度上的体现。从一定意义上来说,传统体育文化能够对现代体育文化的发展起到积极的促进作用和导向作用。

在中国许多少数民族地区的传统体育文化中,随处可见这种传统特征和时代特征互补并存的现象。民族之间传统体育文化的发展是存在一定差异性的,究其原因,主要有以下几点:首先,长期以来形成的社会经济发展的不平衡性;其次,各种各样的历史原因;再次,自然条件的殊异差别。这表现为,有些民族比较先进,其现代社会特征比较明显,有着较为突出的时代精神(如开放观念、商品意识、新型生活方式等);同时,也有一些民族则显得相对落后(如基诺族、布朗族、苦聪族等),甚至有一些民族一直处于较为落后的状态(如独龙族、怒族等)。但是,在中国当代这种不断迈向现代化进程的时代背景之下,为了更好地促成这些落后民族地区在脱贫致富的基础上发展民族传统体育文化,就必须根据各地区的实际情况,采取一些特殊的措

---

① 黄涛:《论民族传统体育文化的变迁、转型与未来走向》,《体育文化导刊》2006 年第 12 期。

施,并且借助于某种适当的和有效的政府行为的介入(如体育经济扶贫和体育文化扶贫等)来完成这一目标。除此之外,这一重要目标的完成,还离不开引导这些民族转变文化观念,由传统封闭的生活方式转向现代开放的生活方式,加速其文化转型。这是最根本的一项重要措施,具体来说,这是一种借助于外部因素的积极引导和影响作用下所实现的文化转型,因此,其带来社会发展的超常规性和跳跃性,并且出现跨越几个社会发展形态的特殊情况是必然的。传统体育文化的传统特质和现代体育文化的时代特征不仅是互补的,也是并存的,这能够在上述这种跨越中得到充分的体现。

三、传统体育文化多元性特征和世界性特征的汇合

多元性特征指的是传统体育文化在未来的发展中将改变过去那种单一、纯粹的本位形态,将更加以一种积极主动和开放的形态去容纳和吸收各种异质体育文化成分,形成一种既相互独立又相互联系的多元互补关系。① 可以说,这不仅是一种代表未来体育文化发展趋势的多维文化态势,同时,还是一种具有更大的兼容性和融会力的体育文化力量。由此可以看出,这种多元性文化特质与未来社会所拥有的兼容并蓄与共同发展的新型体育文化观念正好相符合。

相较于传统社会,未来社会是力求打破封闭体系的一种社会,它所建构的体育文化从根本上对传统体育文化发展非常有利。而传统社会是一种封闭式的社会,其奉行的文化都存在着一定的落后性,比如,文化优劣论、"非我族类,其心必异"的狭隘文化心理等。

传统体育文化的多元性对体育文化的发展提出了更高的要求,即要有多种不同的样式和格局。其包含的内容丰富多样,不仅有传统的东西,同时也有现代的东西;不仅有东方的东西,同时还有西方的东西。在现代社会,体育文化开始逐渐走向大融合。因此可以说,体育文化的世界性并不是由哪个国家或者民族发明出来的,更不是凭空构造出来的,而是在不同传统体育文化与时代精神的相互阐释和共同作用下,通过一种文化融合、沟通、互补和吸收的方式来实现的。由此可以看出,传统体育文化的世界性就寓于这种多元共存所达到的一种对未来的认同和理解之中。同时,传统体育文化还具有超越特定民族特点和范围的体育文化通约性。

---

① 黄涛:《论民族传统体育文化的变迁、转型与未来走向》,《体育文化导刊》2006年第12期。

第二节 传统体育文化发展中存在的问题

一、地理生态问题

传统体育文化的存在是需要一定支撑的,通常情况下,需要多个村落或者族群共同支撑。当前,在我国城镇化发展的进程中,大规模水利设施建设、高速公路、铁路等将原来相互联系紧密的村落分割开来,导致地理空间的发展状态呈现出一定的不规则性,在这样的背景下,中国乡村逐渐被分割成越来越多的地理区域。如此一来,传统文化赖以生存的地理生态环境也遭到破坏,使得传统文化的存在空间逐渐萎缩,这对于传统文化的传播与发展产生了一定的影响。因此,传统体育文化发展要面对的一个重要问题,就是城镇化问题。

二、群体年龄结构问题

我国传统体育文化主要在民间存在,特别是广大农村,其中,较具有代表性的传统体育运动项目有抢花炮、板鞋竞速、抛绣球、蚂拐舞等。过去,我国人口流动相对缓慢,传统体育项目传承人的群体年龄结构较为稳定。但是,随着改革开放的不断推进,我国人口流动速度进一步加快,越来越多的青壮年涌入城市,农村的群体年龄结构发生了一定的改变,主要表现为:老年和少年儿童比重很大,而青壮年比重较小。在城市之中,其年龄结构主要表现为两头小、中间大。人口流动的方向以向城镇单向流动为主,在这种情况下,逐渐形成广大农村与城市人群的年龄结构不均衡现象。而传统体育文化发展的主力正是青壮年,由此导致许多传统体育运动项目的发展受到限制,随着时间的不断流失,部分传统体育项目的发展和传承出现了断层,这就在一定程度上制约了相关体育文化的发展。

三、群体心理结构问题

伴随着科学技术的飞速发展,我国的现代化建设不仅带来了物质财富与信息的快速积累和转移,也导致了价值取向的多元化。同时,受区域现代化进程不均衡的影响,区域性的文化心理结构失衡的形势也逐渐形成。而文化心理结构是一种深层次的结构,对人的发展起着重要的决定性作用。在传统体育文化传承过程中,由于不同区域、不同年龄层次群体的文化心理结构存在着一定的差异性,必然导致对待民族文化的态度不同,从而对传统体育文化的传承产生了重要的影响作用。

四、体育项目的分布问题

由于受到西方现代体育的冲击,传统体育活动方式逐渐被弱化,而西方现代体育项目开始逐渐登上我国主流体育舞台。目前,我国学校体育开展的主要是西方体育项目,而传统体育项目则相对要少,而且传统体育项目的保护与开展也存在一定的困难,发展势头较西方体育要弱很多。

当前,传统体育项目在西部较为封闭的省市开展得相对多一些,还有一部分学校将传统体育项目逐渐引入学校教育中。除此之外,传统体育项目也逐渐在全国民族传统体育运动会、农民运动会等赛会中被引入,这就在一定程度上为传统体育文化的传承奠定了一定的基础。

第三节 传统体育文化体系构建的原则与策略

一、传统体育文化体系构建的原则

(一)坚持保持"民族性特质"的原则

不同民族的文化体系也是各不相同的,不管是哪一个民族,都不应该将自己的文化体系强加于其他民族。文化体系是不同民族在不同社会环境、不同历史背景中产生与发展起来的,能够反映不同文化内容的结构性特征,并且能够将其与其他民族、其他地域或国家的文化区别开来。它所体现的文化特质就是一个民族独有的特色。

尽管在全球化发展浪潮下,体育文化作为较早实现这一目标的文化因子,已基本实现了全球化的雏形(全球范围的奥林匹克运动会),但对于承载着完全民族文化情结的传统体育文化来说,它的根基和表演平台却始终与本民族的文化、政治、民俗、宗教、礼仪、道德等有着较为紧密的联系。作为原创文化的传统体育文化,与民族性格、地域环境也有着密切联系。因此,在构建传统体育的文化体系时,首先应该对其发展进程中的"民族性特质"的保持和延续进行重点考虑。只有这样,才能够使传统体育发展的根基更加巩固和坚实。所谓保持传统体育的"民族性特质",主要表现在两个方面:一方面,应该在其产生、发展的环境中,选择更好的发展途径,也就是要保持其"区域民族特性";另一方面,在向外文化渗透、碰撞和融合的进程中,应保持其原创文化精髓。只有在这种理念的指导下,才能够保证文化体系构建的客观性与科学性,使其与实际情况相符。否则,发展传统体育的美好愿望便会成为空中楼阁。

(二)坚持"文化筛选"的原则

文化具有稳定性和变动性的特点,其中,稳定性是相对的,变动性是绝对的。所谓文化变迁,是指包括文化特质、文化模式、文化结构在内的一切文化上的变化。[①] 从社会学的角度来说,文化的变迁是社会进步和发展的主要动力,同时,也是文化得以存在的基本属性。将原创文化融入现时社会中,并与现时社会的发展背景、外来相关文化进行全面的或部分的接触与碰撞,进而在接触与碰撞过程中形成鲜明的现代社会意义和价值对比,从而实现传统文化的当代转型与变迁,是文化变迁的实质所在。文化的筛选是在对传统体育文化进行再认识和发掘的过程中建立起来的,同时,其还提出了一定的要求,即在这一过程中找到一个新的传统体育文化与社会发展相适应的结合点。这一点对于我们构建传统体育发展的文化体系有着非常重要的作用。

我国的传统体育项目种类繁多,据统计,可达977种之多。这样的数量和分布将文化发展的物质基础和庞大资源系统充分体现了出来。但是,由于我们国家和民族发展历程的特殊性,民族文化在过去的历史时期较少与外来文化进行交流和碰撞,在民族体育中原创文化的含量仍占有较大比重。在众多的民族传统体育项目里,其传统成分在很大程度上决定其文化内涵、运动形式、运动器材和运动场所,以及参与运动的主体,其中或多或少地保留着封建的、不科学的或与现代社会发展不适应的成分。从现代意义上来说,这些成分的存在与时代和社会发展潮流是不相符的,在一定程度上阻碍了传统体育的现代转型和发展,是传统体育文化中的糟粕,是需要被抛弃的。所以,要发展传统体育文化,实现现代意义上的发展,坚持文化发展过程的筛选原则是非常重要且必要的。

---

① 王岗、王铁新:《民族传统体育发展的文化审视》,北京体育大学出版社,2005。

(三)坚持重塑传统体育的原则

当前,关于传统体育的重塑,最基础的理解是应该对我国传统体育进行全面的分析与综合、解构与重构、发掘与扬弃、转化与创新。要完成这一目标,就要求必须以不断发展的社会观为指导,必须以体育所承担的社会功能为出发点,以人的可持续发展为目的。通过现代体育观念,对我国传统体育实施解构、整合或重构。具体来说,应该做到两个方面的要求:首先,是以先进的体育思想、机制和观念指导传统体育进行改良;其次,加快中国传统体育现代化的进程。

只有坚持用科学的理论与方法对传统体育进行甄别、选择、更新和转化,才能使真正意义上的传统体育的复兴得以顺利实现。

传统体育重塑,必须坚持体育服务大众、服务现代社会的发展改良观。同时文化的可同化观、可融合观也是必须要建立的,否则,一定会或多或少地减弱传统体育的当代社会效用和文化效用。

传统体育资源中有合理科学的成分,有适应社会发展的积极因素,这是事实,也已经被承认。但是,关于传统体育如何发掘、利用这些资源和价值,当前还没有一个统一的说法。通常情况下,就体育发展的趋势而言,应当对传统体育从形式、作用、内容等多方面进行挖掘、整理、阐释、转化,从而使之成为世界体育的一个有机组成部分,在将其民族特性显示出来的同时,也将其鲜明的世界特性展现出来。

二、传统体育文化体系构建的策略

(一)树立传统体育是民族文化的重要组成部分的坚定信念

中华民族在漫长的人类文明历史演进过程中,创造出了辉煌灿烂的文化,我们应当引以为豪。中国传统体育中的哲学思想博大精深,内容极为丰富,形成了独立的体育体系,这主要是由于其以中国所特有的思维方式、理论形态、价值取向、精神意境和语言风格为指导。作为民族文化的遗产,传统体育存在于整个社会中,在老百姓的日常生活之中得到了更多的体现。在很久之前,人们习以为常的社会交往、家居生活、礼仪风俗、衣食住行、休闲游艺等都在很大程度上体现着中华民族丰富的想象力和智慧,而且世代相传。对于传统体育而言,在漫长的历史发展长河中,已形成了具有深厚文化底蕴的、发展自成体系的、具有代表性特征的传统体育项目,它们在中国文明史上扮演着重要的角色,承载着丰富的历史信息,成为中国五千年文明的一种象征。

因此,要进一步促进体育全球化背景下传统体育的发展,就应该有足够的信心,将传统体育是民族文化的重要遗产这一坚定的理念确定下来,并且坚信传统体育同样具有鲜明的普遍性。

(二)坚持传统体育发展中的变与不变相统一的原则

文化自身的两重性,对文化发展中变与不变的两个方面起着重要的决定性作用。文化不是僵死的,而是发展的。萨林斯在《再见悲哀的比喻:在世界近现代历史背景下的民族志》一文中指出:"在近现代历史上'传统'往往表现为一种变化的文化特殊方式。"[①]一个社会、一个民族传统文化的延续包括两个方面,一是继承,二是创新和发展,不同文化的交流和互动、融合与吸纳是构成该文化创新和发展的重要方面。

要想更好地理解和认识传统体育,首先应该确定一点,就是我们所处的环境已经跟过去有了较大的差别,今天传统体育的发展处于体育全球化的文化发展环境之中。如果我们仍坚持传统所设定的固有环境,并不断地实施传统意义上的发展,我们的视角就会变得僵化和毫无生气,那么研究的意义就毫不存在了。

当前,传统体育已有了一定的发展,要对其自身所具有的时代性、地域性和民族性的内容予以承认;同时,还要承认在与不同文化的交流中、在异质文化的影响下,其内容和形式也会发生一定的改变。如竞技武术竞赛方式的产生,花毽变为毽球运动,这就是我们应该认可的"变"。但是,需要强调的是,文化又是稳定的、延续的。在不断发展变化中,文化中具有普遍性的内容会保存和延续下来,成为贯穿整个发展过程的基本精神、基本特点,形成文化的传统,这就是我们应该追求的"不变"。

(三)对传统体育两重性应有正确的认识

从文化学理论的角度上来说,文化具有两重性是被承认的。不论是我们所讲述的"全球化的文化",还是我们所认可的"民族传统文化",都存在着文化的两重性。

随着历史的发展,文化也得到了一定程度的发展,不同时代的文化也有所不同,每一个时代的文化都有其时代特点,这是文化的时代性;同时,不同

---

① 王岗、王铁新:《民族传统体育发展的文化审视》,北京体育大学出版社,2005。

时代的文化之间又有其共性,正因为有这种共性,才形成了世代延续的传统,这是文化的普遍性。从地域和民族方面来看,不同地域和民族的文化各有其特点,这是文化的地域性和民族性;而不同地域、不同民族的文化之间也有其共性,这是文化的普遍性。正因为有这种普遍性,人类文化才得以发展。由此可以看出,所谓的文化的两重性,具体表现为三个方面,即文化的时代性、民族性与普遍性。

在体育全球化的发展进程中,只有全面深入地认识和把握传统体育文化的两重性,才能真正促进传统体育文化的传承与发展,为其未来发展创造条件。

(四)坚持传统体育发展过程中的多元一体化

全球化进程中的体育全球化发展是一种历史的必然,这是我们必须承认的,因此,不能以主观的意识支配和制止这种全球化发展趋势。当前,发展传统体育亟待解决的关键问题是,如何处理好全球化背景下和传统体育内部的体育文化多元一体化问题。

文化界对于文化的多元一体化已经形成了广泛的共识,即文化本身存在多元化。从文化的角度上来说,所谓"多元化"主要表现在两个方面:一方面,表现为具体文化形式和风格的多样化;另一方面,表现为实质性内容——坚持主体、坐标和取向之间的异质性、异向性。人类文化一直呈现出以民族主体形式为代表的多元面貌,这是众所周知的。

从体育全球化与传统体育的发展方面来说,尽管在过去的100多年里,传统体育在很大程度上受到了西方体育的影响,从而使得一部分人对此有了这样的认识,即传统体育在20世纪末快发展到了被西方体育"殖民"的境地。但是,我们也应看到,在与西方体育的碰撞、互动和融合的过程中,传统体育已逐步实现了其生命的延续和在世界范围的传播及普及推广。尽管受到了西方体育全球化较大程度的影响,但是不可否认,它仍有存活的理由,能够在我们的文化生活中占据一席地位。

第三章 传统体育文化传承
体系的构建研究

传统体育文化要想获得可持续的发展,就必须拥有关键的传承者。传承者之所以对于传统体育的传承如此重要,主要在于它是基于我国传统体育的传承方式而言的。为此,本章就重点对传统体育文化传承中的诸多要素以及相关的传承管理工作进行研究。

第一节 传统体育文化传承要素分析

传统体育文化能够传承至今是非常不容易的。为了能够顺利传承,就需要一些必不可缺的要素,如文化传承者、文化传承方式以及适当的传承环境。为更好地分析这些问题,这里以传统武术为例进行说明。

一、传统体育文化传承者

任何事物的传承都需要一个媒介,而人是最适宜的媒介。对于包括武术在内的我国众多传统体育文化项目来说,其传承都带有传统特色。但无论如何,人永远是文化传承的关键,不仅从古代到现代是这样,从现代到未来也是如此。

(一)传承者的概念

传统武术文化的传承者,指的是对传统武术文化直接参与传承、使之可以不断沿袭的个人或群体。

传承者的确定并不是一件简单的事情。在确定前,首先要对他们进行一系列步骤的培养,然后对其用不同方式进行考核或考察,最后以其对武术文化传承知识的数量与质量的掌握情况为依据来进行最终的确定。传统武术文化的不断繁荣与发展离不开传承者的努力,传承者是对传统武术文化进行保护的关键。

(二)传承者的作用

传统武术是我国的一项重要非物质文化遗产,即在保护非物质文化遗产的过程中,传统武术的传承也是需要进行关注的重要方面。传统武术的延续是通过传承得以实现的,传承的过程具有动态性的特征,人是传承武术文化的载体,传承者的工作是对传统武术文化进行保护的关键环节。

有学者认为,民间艺人与文化宝库是可以等同而言的,民间艺人的消失就意味着文化宝库的毁灭。传统武术文化的传承者也是一个文化宝库,其负载着有关传统武术文化的许多重要信息,如武术套路的习练、武术招法的运用以及一些禁忌等。传统武术由传承者的口传身教而得以代代传递、延续和发展,传承者是承载与传递传统武术文化的重要角色,他们需要不断地努力学习、练习,深入研究,博采众长,发挥自己的聪明才智和灵性,才能很好地对传统武术的文化精髓和丰富内容加以贮存与传递。

传承者是传统武术得以不断延续与发展的关键。联合国教科文组织在《保护非物质文化遗产公约》(以下简称《公约》)中对非物质文化遗产的概念进行了阐述,概念中对非物质文化遗产的"世代相传"进行了重点强调,并且提到非物质文化遗产在社区与群体能够不断得到再创造,民众对它的认同感也是持续的。《公约》中所提到的这些都是以"人"为出发点的。传承者的"世代相传"有多种途径,主要包括师徒相传、学校教育、家庭传授以及社会传承等,传承者在这些传承途径中担负着"接力棒"的职责,并发挥"接力棒"的作用。

由于传承者十分珍视自家技艺,出于一种类似自发保护知识产权的意识,其不会随便将自家的武术绝技传授给他人,因此传承传统武术的人通常是较少的并且有十分精湛的技艺。或者说,武术文化的传承是需要一代一代"接力"的,如果出现中断,就可能意味着一门武学将要走向消亡。

传统武术文化的传承者不但能够对武学加以继承,促进其延续发展,而且还能够促进传统武术的传播与创新。传统武术之所以能够发展为如今所言的流派,是因为其适合发挥个人技艺,人们可以在相关武术理论的基础上进行个性化的创造——尽管环境(学习环境、家庭环境、社会环境等)具有决定性的影响,但当事者的能力与个性也具有十分重要的作用。

(三)传承者的权利与义务

在对传承者进行评选与确定时,要提前对传承者的权利和义务做出明文规定。传承者具有依靠自己的技能开展相关活动的权利,这些活动主要包括讲学、学术研究、传艺以及创作等,法律应当保护传承者的这一权利。

传统武术传承者的权利是多样性的,具体包括传艺、讲学、学术研究以及出版、表演等,法律对这些权利的保护主要体现在民事法律和非物质文化遗产保护方面的相关制度中。传统武术方面的非物质文化遗产代表性传承者一旦经过国家认定,法律就要对其收入及生活水准进行保护。如果传承者生活有困难,政府就要给予其经济补贴。经济补贴基数在全国应该有一个统一的规定,各省可以各自的经济条件为依据规定一些与本地情况相符合的事项。对传承者实施经济补贴目的主要在于两个方面:一方面是使传统武术传承者的基本生活得到保障,使其专注于武术传承工作;另一方面,通过保护这种权利来使国人尊重其传承的事项,从而促进传统武术文化的传承和发展。

传承者的合法权利应当受到法律的保护,与此同时,法律对传承者的基本义务也要做出规定。传承者应该对自己所掌握的知识、技艺及有关的原始资料、场所、建筑物以及实物等进行完整保存,要依法开展对非物质文化遗产的展示与传播等活动。传承者应该按照师承形式或者其他方式对新的传承者进行选择与培养。如果条件允许,传承者可以通过书面著作来传承传统武术文化。

传统武术传承者要严格履行自己的义务,将个人技艺向后人传授。尤其是享有国家经济补贴的传承者更要自觉并自愿地传授技艺。这种义务体现在以下两方面:一方面是对传承技艺所必备的物质条件加以保存;另一方面是对技艺的完整性加以保持。

二、传统体育文化传承方式

传统武术流行于世,受到大多数人的喜爱,这一切的基础正是由于自身的传承和发展。传统武术能够发展至今,其必须依赖于一定的手段和方法,通过某种途径达到代代延续的目的。因此就要了解一下传统武术是通过怎样的方法和途径进行传承的。

(一)传统武术的传承方法

传统武术通常使用三种方法进行传承:口传心授、身体示范、观念影响。下面将对这三方面的内容进行分类讲解。

1. 口传心授

口传心授是传承传统武术最重要的方式,主要包括两个方面,即口传和心授。在这两个方面中,口传是授技,心授是授法。侧重点也有不同,口传重视"形",即习练方法、表现手段、演练技巧。而心授侧重的是"悟性",所谓"只可意会不可言传",这需要人们之间进行情感、心灵方面的沟通。

另外,传统武术是由实战攻防技法发展演变而来的,每个人在习练时都会有自身的感受和体会,正所谓"道可道,非常道",只有师父细致入微地筑基、固本、授技、讲道,习练者才能准确把握其中的奥妙。

2. 身体示范

身体示范也就是言传身教,与口传心授的区别就是口传心授注重内在的悟性,身体示范则是直接进行外在动作套路的教授。作为传统武术传承的重要方式,其主要是先进行言语方面的讲解,在此基础上进行相应的技术动作的演练。一般身体示范包括功力训练、套路演练、实战技击等身体文化内容,通过各种外在的形体活动,将武术中各种技巧、方法、哲理、美感等清晰地展现出来。所谓"百闻不如一看,百看不如一练",身体示范对传统武术的传承、延续至关重要。

3. 观念影响

传统武术的传承不仅仅是技艺的传承,还有武术德行的传承,即武德。观念影响使习武者受到传统武术的武德熏陶,成为合格的习武之人。观念影响这一传统武术的传承方法分为两个层面,一个是宏观层面的观念影响,另一个是微观层面的观念影响。如果人们在习练传统武术时能够形成积极向上的风气,则其会对参与其中的人施加积极、健康向上的影响,这就是宏观层面的影响。在微观层面,其观念的影响主要是指师徒之间在教授技艺的过程中,通过师父的启发、训导、以身说法等给下一代传输道德规范。

(二)传统武术的传承途径

鉴于我国传统文化的传承特性,可以总结出其传承途径,其有着非常浓厚的中国传统文化特性,这也是与西方运动教学的最大不同点。传统武术的传承途径通常为群体传承、师徒(家庭)传承、学校传承和社会传承。对于每种传承途径的分析具体如下。

1. 群体传承

群体传承是传统武术传承的基本形式之一。它是指一个群体的社会成员共同来传承某种形式的传统武术,使得传统武术得以传承、发展和创新。集体性是其基本的特点,在这一社会群体中,要有着共同的文化背景,在此基础上以传统武术作为桥梁之一,促进彼此之间的文化认同。

在传统武术的发展过程中,群体传承做出了很大的贡献。比如说太极拳的发展,在其演变过程中,很多对太极拳发展做出重大贡献的人都是从群体中涌现出来的,杨式太极拳的杨露禅、孙氏太极拳的孙禄堂、武氏太极拳的武禹襄、吴氏太极拳的吴鉴泉等,都对太极拳的发展都发挥了重大的作用。因此,集体参与是太极拳的技术和理论体系日益完善的基础。

群体传承除了是传统武术技艺的重要传承途径之外,也是中华传统文化传承和发展的途径,如民间的一些禁忌、风俗、礼仪等是由民众从生活生产中总结而得,同时又会对这一社会群体的日常生活起到一定的规范和约束作用。传统武术文化中的行为制度也同样受到一定地区的社会风俗习惯的影响,从而形成了特定的传统武术礼仪制度、行为规范、规章戒律、道德规范,即武德。"习武先修德",武德的传承便是群体传承的体现。自古人们就认为道德是为人之根本,道德追求是人生的最高理想和最终归宿。这种道德至上的观点对传统武术影响至深,因此武德在传统武术文化中占据着重要的位置。例如,少林有"练功十忌"等。

在传统武术传承发展过程中,由原生态的传统武术衍生了很多门类,这些门类大都是由群体创造的,是群体智慧的结晶。这些创新的武术又通过群体传承的途径世代流传至今,维持了我国传统武术的传统性和完整性。群体传承有多种形式,有的是在一定的文化圈之内,还有的是在一定的族群范围内,但不管是哪一群体,其都有某种相同的文化特点,由这一族群内的人共同参与。在这一群体中,会显示出相同的文化心理和共同的信仰。

2. 师徒(家庭)传承

所谓师徒传承与家庭传承在某种意义上是相同的,通常是指在某个家族或群体的范围内进行的传统武术的传授和习练活动,这一传承形式实现了技艺和文化的传播和发展。很多时候武术的传承是在家庭范围内进行的,如陈式太极拳,由陈王廷创始,一直有陈氏家族世袭传承人,但也有四面八方的人闻名而来拜师学艺,因此家庭传承也不仅限于血缘关系。

在我国传统武术的传承中,师徒传承途径占据着非常重要的位置。我国自古就有拜师收徒的故事,尤其是在传统武术方面,很多故事成为脍炙人口的经典。师徒(家庭)传承途径成为主要的传承途径与我国的传统思想有很大的关系。中国人自古家庭观念较重,重视血缘关系和家族凝聚力,张岱年先生曾说:"中国文化以家族为本位,注意个人的职责与义务;西方文化以个人为本位,注重个人的自由和权利。这是东西方文化之间很重要的一个差异。"因此,在中国人心中,家庭要远高于个人利益。按照中国的伦理关系,父慈子孝、夫唱妇随等都是对家庭每个成员的责任的规范。对于没有血缘关系的人之间,我国也有相应的伦理规范,如"师徒如父子""一日为师,终身为父"等观念。在这些观念的影响下,人与人之间的关系得到了更好的维系。传统武术从本质上来说是属于家庭传承。我国传统武术在传承过程中也有类似于家谱之类的传承图谱,上面记录着师徒之间的传承关系,这也在一定程度上反映了武术传承的"家庭化"。

虽然说师徒传承跟家庭传承有很多共同之处,但家庭传承具有封闭性的特点,这是跟师徒传承有所区别的地方。

在古代中国以农耕生活为主的社会中,家庭无疑是中国传统社会的最基本单位,在当时社会的影响下,一个由血缘关系组成的习武群体,以家族长辈的经验认知为主导,在家族内部闪烁着温情脉脉的人伦色彩。但是这种家庭传承具有很强的文化排他性。这种排他性对本门拳种的技术和理论的发展有积极作用,保持了拳种的正宗和传统,但也阻碍了与其他拳种的相互交流。

师徒(家庭)传承具有凝聚性的特点。在这种传承途径中,以"师父"为核心,在徒弟拜师以后,师徒之间就形成了一种类似于"父与子"的契约关系,同样,师兄弟之间也产生了类似于"手足兄弟"的关系。如此,虽然传人来自四面八方,但各门各派在这种关系下形成了一个"大家庭"。大家严格按照伦理关系中的尊卑长幼之序,形成了一个富有凝聚力的团队。

群体传承和师徒(家庭)传承有着一定的关系,具体来说,群体传承包含着师徒(家庭)传承。师徒(家庭)传承构成和丰富了群体传承的内容,群体传承又促进了师徒(家庭)传承的发展。师徒(家庭)传承是群体传承的基础,支撑着群体传承的发展。

3. 学校传承

学校传承与师徒传承有很多的相似之处,在学校中称教授者为"老师",这与师徒传承中的"师父"很相近,只是"老师"是职业传承,而"师父"则是义务传承。学校传承是传统武术传承的新途径,它是在武术被列为校园教育内容后形成的。目前,传统武术的自然传承环境出现了危机,学校传承成为这种社会背景下传统武术传承的选择。这种传承方式能够在一定程度上扩大传承面,从而有利于发现并培养杰出的传承人。学校传承对传统武术的发展将会起到巨大的作用,党和政府也非常重视学校传承这种途径和方法,不断完善学校传统武术教学的内容,为其发展提供了政策、资源、设施等方面的支持。在传统武术的传承上,学校传承途径将会发挥越来越大的作用,并将成为传统武术传承的重要途径之一。

4. 社会传承

上面提到的这三种传承途径属于我国传统武术的主要传承途径,在这些途径中,传统武术及其文化延续了千百年。然而,随着时间来到近现代,传承途径又获得了一定程度的拓宽。在新时代,科学技术的发展和信息传播媒介(书籍、报刊、影视等媒介)的广泛增加,让传统武术出现了另一种传承途径,那就是社会传承。

社会传承并不是自然产生的,它对于社会文化环境有着一定的要求。在良好的武术文化氛围中,可通过发行相应的出版物、举办相应的传统武术交流会等形式来对传统武术进行传播。通过这种方式能够使传统武术爱好者更好地接触到传统武术。媒体等在社会传承中起着重要作用,如一些电视台和网络组织的武林比赛、武术在线教学等,便是传统武术社会传承方式的很好体现。

三、传统体育文化传承环境

传统武术的传承需要依托一个良好的环境才能顺利进行,它受到人类生活和发展的各种自然因素和社会因素的影响。传统武术的传承环境分为两类——自然环境和社会环境,这两者之间相互影响、相互制约,统一为一个整体,体现在传承单位、传承基地和文化生态保护区三个方面。这三个方面对传统武术的传承起到了至关重要的作用。

(一)传承单位

在非物质文化遗产的相关保护措施中有关于"代表性传承单位"的提法,这就意味着同时还存在着普通的"传承单位",这两者的关系主要是精英与普通之间的关系。要成为传统武术代表性传承单位需要满足以下四个条件:

①传承单位的宗旨必须是以弘扬和保护传统武术为主,并且经常开展一些相关比赛、表演等。

②要具有一些在学术研究和技理传播方面具有一定成绩的若干名传统武术传承人,这些传承人必须积极开展和参加传承活动。

③要有一些传统武术的原始资料和实物,进行科研探索,并取得一定的成果。

④在一定范围内,得到具有代表性和有较大影响的公共人物的认可。

(二)传承基地

传承基地也是传统武术传承环境的一种表现形式,其中最为常见的便是人人都会接触到的学校。2007年武术被列为中小学体育课程的必修内容,虽然这一举措令传统武术得到了更为普及的发展,但总的来看,对于以培养武术传承人这一目标来看,其并不是最理想的培养方式。因为学校教育并不是终身制的,一旦学生离开学校并且不以传统武术为职业的话,就失去了传承意义。这也是把学校当成传承基地的缺陷。

另外,通过对一些省市的非物质文化遗产保护工作进行经验总结可知,可以利用传承单位为核心,适当外延,如某学校的武术系是传承单位,可以申报此学校为传承基地。这是一种对传统武术文化进行弘扬和传承的有效方法。

(三)文化生态保护区

传统武术文化生态保护区是一种对传统武术文化中所涉及的所有的人、物、环境进行整体保护的方式。保护范围包括相关的活动场地、相关的人群、相关的社区、相关的文化以及相关的环境等。因为涉及的范围和内容较多,所以难度很大,目前我国正处于探索的阶段。

传统武术文化生态保护区与传承单位不同,前者的灵活性较差,受到很多因素的束缚。比如说,传统武术文化生态保护区相当于传统武术的故乡,而传承单位相当于传统武术的家,家可以在故乡也可以在异乡,但是故乡必须具有更加原生态的乡土环境,不能脱离传统武术产生、发展的自然环境等条件的约束。

另外,生态保护区又不等于"武术之乡","武术之乡"的评选要具备很多严格的条件,比如乡土性、历史性和技艺性等,但是其成立后对具体的保护措施却没有严格的要求。相反,生态保护区的划分并不像武术之乡那样严格,但是成立之后,就必须严格执行相关的保护措施。

武术之乡的评选也是对传统武术传承环境进行保护的一种方式,为了达到预期的效果,通常会以举办武术竞赛的方式进行。既然是竞赛,势必会导致传统武术向竞技化转变,这对传统武术文化生态也造成了一定程度的破坏。因此,鉴于武术之乡并没有严格和可持续发展的相关措施做保障,因此还是要提倡建立传统武术文化生态保护区。

由上述可知,首先要有符合一定条件的组织和团体形成传承单位,然后以形态保存完整、具有特殊价值和鲜明特色的民族聚居村或者特定区域为基础建立传承基地或文化生态保护区,同时鼓励相关单位利用传承基地等多种形式进行传统武术的传承工作。

第二节　传统体育文化传承体系的构建

一、传统体育文化的传承性

"传承"一词最早出现于 1996 年版的《现代汉语词典》里,词义为"传授和继承"。

相关研究者认为,传承是中国传统文化的根本性特征。所以,传承是人类学、民族学、考古学、社会学、文化学等学科中的重要概念。对"传承"概念的认识,要从宏观角度进行研究并拓宽思路,从而加深对它的印象和理解。

人类的生存与发展依靠的是文化传承。文化被人类所创造,同时人类进步又是文化发展的结果,人在继承祖先所创造的文化的同时也在不断创造着新的文化,新的文化又让人类的发展成果更加丰富。从一个民族生存与发展的角度来看,文化传承是一种文化的新生,是社会中权利和义务的传递,是民族意识的加深与积累。人不仅仅是一种生物,更具有社会属性。从某种程度上来说,人的生存和发展如果仅仅依靠学习知识和创造文化是远远不够的,必须在道德、人格、情操和审美等文化精神上进行传承。比如武术文化的传承,就不能只进行招法、套路、功法等技术层面内容的传授,更为重要的是强调武术中的正义观、价值观、信义感、责任感等文化精神的继承。

传统体育文化的传承性是指其在时间上传衍的连续性,即历史的纵向延续性。20 世纪 20 年代,美国文化学家爱尔乌德在其著作《文化进化论》中写道:

"文化是由传递而普遍遗留下去的,并且渐次连接于语言媒介的团体传说中。因此,在团体中,文化是一种累积的东西;对于单独的个人来说,文化是一种和同伴交互影响后所获得或学习的思想行动的习惯。所以,从某种立场来看,文化是包括人的控制自然界和自己获得的能力。所以它不仅包括物质文明,如工具武器、衣服、房屋、机器及工业制度之全体,同时还包括非物质的或精神文明,如语言、文学、艺术、宗教、仪式、道德、法律和政治的全体。"①

传统体育文化作为中华民族物质与精神文化的纽带,许多民族传统文化中的精粹文化都被继承和保留,从根本上符合了中华民族发展的内在需求,这也是民族传统文化继承和延续的内在规律,其传承性对维系民族的凝聚力和趋同意识具有重要的作用。

二、传统体育文化传承的必要性

传统体育文化发扬了本民族的特色,组成了中华民族绚烂的历史文化。博大精深、丰富多彩的传统体育文化对于弘扬民族文化、推进社会和谐与进步具有重要的意义。

近年来,随着经济的发展、现代化和全球化浪潮的影响,传统体育文化的传播和发展受到强劲阻击,发展前景堪忧,尤其是部分少数民族的体育文化发展已经举步维艰。先进的科学技术、多样的外来文化和经济发展的诱惑已使得大部分人不再重视本民族文化的发展,导致传统体育文化资源严重流失,许多传统体育项目已经到了濒临消亡的地步,一些传承了几千年的传统体育文化项目遭受着严峻考验。如何更好地传承传统体育文化,维系其可持续发展,是目前迫切需要解决的问题。

(一)传统体育文化发展和传承的需要

一个国家的传统体育就如一个国家的名片,特殊而又重要。通过传统体育结合传统文化向全球范围内广泛传播,能最终影响国家形象、民族文化、价值思想、经济发展等。

我国传统体育文化历史悠久,它从不同的角度反映了各民族的历史、社会、文化、政治、宗教、民俗及民风等。它是民族文化的重要成分,也是中华民族五千年文化中的瑰宝。在长期的历史发展中,它通过积累、沉淀发展出内容丰富、形式多样的传统体育文化项目,许多传统体育项目经过艺术创造和后人的改进,仍经久不衰,活跃于百姓生活之中,在体育赛事、庆祝活动之中仍可寻觅到其踪影。可见传统体育文化的传承有其必要性。

---

① 〔美〕爱尔乌德:《文化进化论》,钟兆麟译,世界书局出版社,1932。

(二)保护民族非物质文化遗产的需要

近年来,针对民俗文化的发展现状,我国已经开始重视起民族传统文化的保护工作。国家相继出台了非物质文化遗产的保护措施,许多民族传统文化和传统技艺相继被列入了国家《非物质文化遗产保护名录》。虽然通过相应措施,我国在民族文化保护上取得一定的成果,但仍然面临着诸多问题和挑战。比如相关的法规制度建设还相对滞后,民族文化保护机制还不完善,大部分国人对民族传统文化的了解和认识比较浅薄等。

特别是随着现代生活的变迁和时代的发展,我国传统文化面临着外来文化的不断冲击,不同民族间同化的趋势日益明显,许多传统文化的生态环境急剧改变,发展和生存的空间越来越小。传统体育文化作为民族传统文化中的重要成分,文化流失现象十分突出,许多传统体育项目濒临失传。而传统体育文化反映了一个民族的本真,一旦失传,就等同于文化灭亡。所以,进行传统体育文化的传承是刻不容缓、势在必行的。

三、传统体育文化传承的意义

我国的体育文化是一个复杂的文化现象,它在民间呈现出三种不同形态。第一种形态为传统体育系统,主要包含武术、导引、气功、太极、狮龙舞、龙舟等内容;第二种形态为现代竞技体育系统,这种形态包括以奥林匹克运动为发展核心的多种运动项目的集合;第三种形态是指以教育为目标,全面促进学生身心健康发展的学校体育体系。上述三种形态目前都以引导群体大众的面貌出现在社会发展的各个方面,以多种形式影响着人们的品位意识。

与现代竞技运动相比,传统体育文化呈现出独具特色的文化内涵,在现代体育竞技从西方传入到我国的漫长岁月里,与其发生了一定程度的冲突,但经过长期的融合和交流后,传统体育文化不仅逐渐有了高度协调统一的人文学科内涵及其外延,同时还深刻地体现了其兼收并蓄的宽容性特征。发展到今天,传统体育文化已成为中华民族现代体育格局中的一个重要组成部分,这主要表现为两方面:一方面它正伴随着社会主义建设前进,作为一种精神渗透于社会的各个领域;另一方面它彰显着传统文化的魅力价值,为我国各族人民美好生活和"中国梦"的实现做出了积极的贡献。

四、传统体育文化的传承方式与途径

传统体育文化的传承方式和途径有很多。总体来讲，主要分为物质方式、精神方式和行为方式等。在传承的途径上，有生活方式的传承、宗教信仰的传承、节庆习俗的传承、语言与文学艺术的传承等。这里就来研究一下传统体育的传承方式与途径。

(一)传统体育文化的传承方式

1. 生活方式

这里的生活方式是指一个民族的传统体育活动与日常生活相关的内容和方面，可分为物质生活方式与精神生活方式两种，表现于传统体育活动形式之中，并且具体表现在人们的生产、劳动以及与日常生活有着密切联系的行为模式当中。

能够充分反映传统体育文化活动的生活方式是一个民族长期以来自然形成的，具有很强的稳定性，并且可以得到本民族所有人的认可。大家共同遵守这一种生活文化习性，通过传承的方式继承和发扬下去，并一直传递给子孙后代，显示出一个民族较为丰富的文化底蕴，同时也承载着本民族特有的文化观念。这种生活方式是民族物质文化与精神文化的综合体现，具有相对的稳定性，但也会随着社会的变迁而改变，并带来传统体育文化的变化与革新。可以说，传统生活方式的改变必定会引起传统体育文化的变革。

2. 宗教信仰

宗教信仰是指信奉某种宗教的人对所信仰的神圣对象的崇敬，从崇敬到认同进而产生坚定不移的信念及全身心的皈依。宗教本质上就是一种信仰，信仰是人类一种自然本能的主观反应，是人类对于世界、天地、命运、历史的整体超越性的认识，是统领其他一切意识形式的最高意识形式。总之，宗教信仰具备着特殊的社会意识形态，是一种独特的文化现象。从某种程度上来讲，宗教文化的发展历程中不仅记录了人类体育文化的发展史，同时还对传统体育文化的传承具有巨大的作用，是传统体育文化的一种传承方式。

宗教的文化传承作用是不可被忽视的,主要体现在以下方面:

(1)宗教就好比人类社会发展的一部百科全书,对承载文化、发展文化有着巨大的推动作用。这在原始宗教的内容上得到了充分的体现。相关学者指出:"原始宗教里不仅仅包含着原始哲学、原始神话、原始音乐舞蹈、原始天文历法、原始风俗民情等这些大的方面的内容,而且还包含着原始社会原始先民意识的和行为的、精神的和物质的全部内容。"[①]

(2)民族的文化价值观念在其宗教信仰中得到充分的体现。在我国一些信仰原始宗教的少数民族中,对宗教价值的认识构成了传统体育文化的重要内容。

(3)宗教的文化传承具有文化聚合作用,这个作用是最突出的。在这里主要表现为,宗教在发扬和传承传统体育文化的过程中,不但可以最直接、最有效地去引导和规范人们主动形成参加传统体育活动的行为,而且还可以对传统体育文化进行有效的控制,从而能够整合人们的文化观念,使人们对传统体育文化具有一种认同感。

3. 节庆习俗

节庆指的是在某个固定的日子,以特定节日为主题举行的传统体育文化活动,这是一种民族性的、约定俗成的、世代相传的一种文化活动。节庆习俗主要体现在每个民族特有的传统庆典活动中,它不光是一种庆祝的方式,更是传统体育文化传承的一种方式,对传承和发扬民族传统文化起到至关重要的作用。

从类型上看,节庆习俗主要可分为五种不同的类型,分别是原始崇拜类、宗教祭祖类、农事集贸类、爱情交游类和娱乐狂欢类。节庆活动把一些具有民族特色的传统体育文化项目通过清晰直观的方式表现出来,使传统体育文化显示出无穷的魅力,从而使人们有机会去了解这些灿烂文化。可见,节庆活动可视为一个民族长期以来形成的传统体育文化内容的缩影。

4. 语言与文学艺术

语言是思维的载体,也是一种文化符号,与传统体育文化具有十分密切的关系。语言不仅可以决定一个民族的思维方式,也影响着一个民族传统体育文化的建构。

美国著名语言学家萨丕尔和沃尔夫则提出"萨丕尔－沃尔夫假说",明确地提出了语言决定文化模式的观点,向传统的排斥文化作用的语言学提

---

① 杨学政:《原始宗教》,云南人民出版社,1991。

出反驳。这个著名的观点不仅影响到人们对文化（包括传统体育文化）进行重新认识和反思，逐步改变着人们之前的看法。虽然直到现在语言与民族文化的关系仍然没有确定下来，但有一点是毫无疑问的，那就是当人类没有发明文字之前，语言对传统体育文化的传承具有重要作用，这是显而易见的。

从本质上说，文学艺术是人类精神文化中的一种，其创立和发展始终贯穿于人类全部文明史的发展进程中，并且在不同的民族中表现出它独具特色的方式和特点。文学艺术对传统体育文化同样具有传承作用。文学艺术所具备的独立的精神文化体系之所以被人类在物质生产方式之外又创造出来，正是由于文学艺术除了可以满足人类精神生活的需求以外，还具有传承的功能。人类的文化传承既有物质传承也有精神传承。原始文学艺术的作用体现在把原始人的文化以一种威严、肃穆和神秘的方式表现出来，同时还将它转化为一种内在的精神力量从而对他们自身的精神世界进行影响，并传递着他们特有的、颇具民族性的传统体育文化信息。直至今天，文学艺术对传统体育文化的传承功能依然存在，同时顺应时代发展，还衍生出引导和重塑的功能。

（二）传统体育文化的传承途径

1. 宗教传承

在历史上的洪荒时代，由于生产力水平的落后，原始人对于许多自然现象无法理解，就幻想着有神灵的存在。因此，祭拜神灵就成为教化全民的活动。这种人类历史上古老而又普遍的社会文化现象，在社会和人类发展的各个方面发挥着重要的作用。

宗教对传统体育文化的影响主要体现在两个层次。一层是表层，体现出传统体育文化在宗教活动中的行为表现；另一层是深层，它通过宗教文化对人们心理的影响而折射出来，其影响主要是通过各种宗教教义、教理并以外在的仪规等形式控制着人的精神生活。我国不同民族的宗教特点也十分不同。民族传统的宗教信仰多而复杂，既有从原始社会留存下来的传统宗教，如萨满教、图腾崇拜、万物有灵等观念，又有从国外传过来的基督教、天主教等。宗教以多种方式和途径渗透到民族的发展之中，使其与民族的政治、经济、文化、艺术、教育、科技等的发展交织在一起。

在宗教活动中，传统体育文化是介于宗教、艺术与体育之间的一种身体活动。人们在宗教祭祀过程中通过身体活动形成了最初的体育活动意识，同时接收到某种精神刺激信号，这些讯号可以加强集体凝聚力，使本族人共同在身体活动当中形成本民族的文化趋同感。反过来,这种趋同感又会成为民族众多文化的黏合剂,出于对本民族文化的认同,自然会代代相传。

宗教活动对有宗教信仰的民族来说是头等大事。每逢祭祀活动,本族所有人都会参与进来。祭祀活动一般都涉及身体活动,其传播的深度和广度都是其他活动所不具备的。在这种祭祀活动中,传统体育也有所体现。例如,水族的端节是祭祀祖先的节日,在端节到来之际,水族同胞会到端坡上去举行赛马活动。端坡是村寨公共的赛马场地,有着很长的历史。水族赛马主要是为了娱乐而不像体育竞技那样强调竞争,主要是为了烘托节日气氛,同时为本族青年男女营造搭讪和约会的机会。

2. 教育传承

教育是传统体育文化传承的重要途径。教育也是个复杂的系统。任何一种文化现象都必须通过教育的途径产生并凭借教育机制来进行传承与融合,传统体育文化也不例外。教育具有传递社会生活经验并培养社会活动的功能,所以,引申到传统体育文化上来,教育可以主动通过培养具有传统体育文化传承意识和素质的人才来实现传统体育文化的传承。

原始社会的教育还没有快速发展,没有专职教师和机构,教育行为是自然形成的。教育初期的手段是言传身教,例如大量的身体模仿练习,还有重复进行的蕴含着体育行为的游戏。教育行为在许多传统体育文化项目中都烙下了印记。可以说,传统体育文化和民族教育是互相作用的,传统体育文化隶属于民族教育,反映着原始民族教育的特性,同时还依赖于民族教育进行变更。

(1)家庭教育传承

家庭教育通常是指父母对子女进行主动或非自觉的、经验的或意识的教育行为。不管是什么样的文化,家庭都是对新生一代进行各种训导和教育、完成民族文化传承的重要对象,是一个孩子快乐健康成长的摇篮。在家庭中,父母是孩子的第一任老师,要树立起榜样,运用各种方式教育好孩子。运用的教育方式有正式的、仪式性的,还有非正式的、随意的,也可能是一种情感上的关心与关爱。总之,家庭中父母会以各种方式完成自己教育子女的使命,让孩子顺利成长,成为生活中的强者。家庭教育作为教育传承的一个组成部分,是传统文化(包括传统体育文化)的重要传承机制。究其原因,可从以下四个方面概括。

①家庭教育是在孩子人生整个教育中的第一块基石。孩子的家庭教育,可以说是传统文化传承的前沿阵地,是传统文化传承的起点。

②通过家庭教育传承传统文化是我国每个家庭应当履行的义务。继

承、发展祖国的优秀传统文化是我国教育的首要、根本的任务。《中华人民共和国教育法》第一章总则第七条明确规定："教育应当继承和弘扬中华民族优秀的历史文化传统,吸收人类文明发展的一切优秀文化成果。"大家都知道文化是通过教育传播到社会群体或个体中的,家庭教育作为教育的重要载体,不论是从法律角度来看,还是站在孩子全面发展的角度来看,都要传承、弘扬传统文化。

③家庭教育传承传统文化是由其自身独特的优势决定的。家庭对人的行为习惯具有举足轻重的影响。家庭教育能将传统文化融合于日常生活中,形成传统文化的教育氛围。在这种自然状态下进行教育,对孩子人格品行的塑造、为人处世的养成及道德情操的培养将起到学校教育和社会教育无法替代的作用。除此之外,家庭教育将伴随孩子的一生,人们在生活中每时每刻都在受到家庭教育的影响。

④家庭教育的历史性。家庭教育历史悠久,可以说有了家庭的概念后,便有了家庭教育的观念。关于家庭教育的典故有很多,如"孟母三迁""岳母刺字"等。中华民族的传统家庭教育重视德育、启蒙教育,重视外界环境的影响。

(2)社会教育传承

虽然家庭教育传承固然重要,但有时这种形式也不能有效地进行传统体育文化的传承。对于绝大多数人来说,他们对传统文化观念和知识的获得,更多的是依靠蕴含于风俗习尚之中的社会教育。在节日庆典、宗教祭祀以及劳动闲暇当中,通过老一辈人的传授或文化气氛的渲染,传统体育文化的活动形式、文化精神像接力一样递交给年轻一代们,并通过反复的教导将这些民族文化在他们身上烙印下来。

体育文化的形成是人类遵循文化发展结构性规律的结果,它来自于日常生活实践,并逐渐从生产生活中独立出来,可以说体育文化具有生活性的特点。生活是传统体育文化的根,根据这样的认识,民族体育在社会范围的生活教育中才具有传承的动力。人们接触传统体育文化的途径,频率最高的有节日庆典、宗教仪式、婚丧仪式、村寨间竞赛活动等,这些都属于社会教育的范畴。这些活动不属于有计划、有目的的传承,更多的是通过社会范围的教育,潜移默化地将传统体育文化意识移植到年轻人的行为习惯里。

3. 民俗传承

(1)社会民俗传承

社会民俗的范围是指某个民族的家族、亲族、村落及各种社会职业群体的人生诸仪式以及岁时习俗等。传统体育文化不会直接创造物质利益,它更多的是属于一种精神文化。正因如此,它一般多与节日庆典结合在一起。

首先,传统体育文化项目是节日庆典中的重要组成部分,以身体活动的形式传达节日庆典的深层含义;其次,传统体育文化也可以凭借节日庆典对民族生活产生影响以达到传承目的。

传统体育文化是社会民俗的一个重要组成部分,它在社会民俗活动中的功能与价值体现在以下方面:

①活跃和丰富文化生活的功能。传统体育文化是民族节日活动中的重要内容,像划龙舟、拔河、摔跤等,不强调竞争性,也没有十分系统、严格的比赛或游戏规则,主要在于通过这些活动达到渲染节日气氛、让大家感到快乐的目的。这些民族体育活动的存在,大大地丰富了民族群众的传统文化生活。

②继承和发展民族传统文化的功能。民族文化被蕴含在许多传统体育文化项目中,有些活动与内容反映了宗教信仰,有的项目是纪念本族的民族英雄,反映本族的道德观与价值观。这些项目在发扬了优秀民族艺术传统的同时,也反映出了该民族的审美倾向。总而言之,传统体育作为民族文化的一个重要组成部分,在节日庆典中所得到的普及性的横向传播和民族心理文化定式的纵向继承,是对民族文化的一种扩散和发扬,使其在自身的继承和发展过程中得到更好的体现。

③增强民族自豪感和民族凝聚力的功能。民族自豪感的核心是民族自尊心。例如,一些少数民族人民的自豪感通常表现在对本民族英雄人物的纪念上。在纪念仪式上一般也有传统体育文化的内容呈现,如土家族的摆手舞等项目。这些传统体育文化项目的举行唤起了一代代各族人民对本民族英雄人物的崇敬和缅怀,从而进一步增进了民族自尊心与自豪感。

民族体育存在于节日庆典当中,不是一个人的参与,而是该民族普遍传承的风尚和喜好的总汇。在庆典中,人们通过举办一些传统体育项目,潜移默化地强化着本民族的共同价值标准,通过节日一年又一年地继承下去。传统体育文化对于增强民族凝聚力所起到的作用具有直观性、普适性,是其他任何形式也无法替代的。这些体育娱乐活动项目所带来的强烈的感染力,使人们对本民族的传统文化自觉地产生了认同和欣赏。

(2)口承语言民俗传承

口承语言民俗主要表现在语言文学艺术的各个方面,它包括神话传说、民俗故事、歌谣诗词、谜语民谚、民间艺术等。从表面看,这些艺术似乎与体育没有直接联系,但实际上却联系密切。许多传统体育文化项目都不是单纯的竞技活动。调查显示,我国各民族传统流传下来的与口承语言民俗有关的体育项目约有数十种,它们不仅本身与民族文化艺术没有非常严格的区分,在进行时还多以诗歌、歌谣等民间艺术形式作为辅助。与这种文化艺术形式相结合的民族体育项目,一般有着宏大的规模,参加人数众多,活动周期较长,且内容丰富、气氛热烈。

第三节 传统体育文化传承的反思与发展

一、传统体育文化传承的反思

(一)生存基础的消逝

我国地域辽阔,民族众多,每一个民族都会因为环境条件、生活习俗和生产方式的不同而形成独特的文化特性。随着时代的发展,人们更愿意看到传统体育的娱乐价值,而对其他的价值则有一定的轻视;人们的距离日益被拉近,使得传统体育文化的某些重要特征面临消失的危机;而快节奏的生活方式和繁忙的学习与工作使得如今有耐心和毅力主动去传承传统体育的人寥寥无几,同时生存观念和物质消费方式的急剧改变,导致了传统体育等许多特色文化濒临消亡和嬗变。

(二)边缘化现象严重

我国的传统体育文化是经过几千年的中华文明洗礼后才有如今的发展的。相关工作者进行不懈努力后收集的结果证明,我国传统体育文化内容丰富而深远,所有少数民族的传统体育项目加起来一共超过了 670 项,而汉族传统体育项目超过了 300 项,二者加起来接近 1000 项。然而,随着体育的日益全球化,我国传统体育文化的生存受到了极大的压力,部分少数民族的传统体育项目和文化逐渐被弱化,甚至销声匿迹,有些项目随着现代生活日渐衰落,无人问津。

(三)侵权行为的侵袭

我国传统体育文化具有广泛的影响力和深厚的文化内涵,所以文化侵权纠纷在所难免。比如大家所熟知的“少林”这一商标,国内有上百家企业进行注册和应用,几乎涉及各个行业;而在国际上,相当多的国家也在抢注“少林”或“少林寺”商标,以“少林”“少林寺”的影响力,打着“少林”的旗号,进行商业牟利。这些行为不仅仅侵占了我国的武术文化资源,同时也侵蚀了中华传统武术的知识产权及名誉权,对我国传统体育文化造成了极其恶劣的影响。

当下,我国非物质文化遗产保护的相关法律条文还很欠缺。虽有联合国教科文组织颁布的《保护非物质文化遗产公约》和国务院颁布的《关于加强我国非物质文化遗产保护工作的意见》两部法律法规条文,但时至今日,国内还没有一部保护非物质文化遗产的专门性法律。在现阶段只能在一定程度上给予传统体育文化知识产权保护,显然,这是远远不够的。

(四)创新精神不足

当前,我国传统体育文化在应对西方体育文化的冲击时,有一些不良的反应和倾向,那就是全盘西化,模仿西方的体育文化,而没有"取其精华、去其糟粕"地进行创新。要知道,西方体育文化其理论依据是西方近代科学的身体观和生命观,强调竞技特性,极其重视竞争性和功利性。这一点同倡导中庸、重文轻武的我国传统体育文化的内涵和理念是完全不同的。如果我国传统体育文化只是盲目模仿西方竞技体育文化而不顾自身文化的历史特性,不能从自身文化出发结合时代发展的趋势积极创新,那么,我国传统体育文化的传承和发展之路就会非常令人担忧。

(五)外来竞技体育文化的冲击和异化

伴随着全球化,外来竞技体育文化不断对我国传统体育文化进行侵蚀,传统体育项目及体育文化受到了不同程度的异化。当下,我国体育发展的特征十分明显,那就是足球、篮球等在内的现代竞技体育开始取代部分中国传统体育项目并成为国家重点培养的项目,使得本土传统体育项目比如太极拳、气功等的地位逐渐卑微,发展程度大不如前。

在我国的大街小巷中,活跃的竞技体育基本都是外国人发明的,如篮球、足球、跆拳道和台球等,而本土的民族体育项目则只有一些老人在坚持,缺乏年轻人的传承,传统体育的发展空间被压缩。近年来,受到各种因素的影响,如太极拳、武术馆、象棋馆等场馆发展参差不齐,部分因为资金原因经营不善,部分传统项目苟延残喘。从事各种拳术、舞龙舞狮等表演的人也逐渐老去,部分传承人对其内在的文化理念与价值观念了解不深。

要正视的是,我国传统体育文化正在被西方竞技体育竞技化和商业化的价值观所影响,体现不出文化历史的面貌,更谈不上承载民族文化的内涵和基本精神。因此,在适应全球化发展的过程中,需要不断地呼吁保护并传承我国的传统体育文化,在与其他国家传统体育文化进行交流与沟通的过程中,不断发展具有自身特色的传统体育项目。要注重文化的培养与传递,保护好先人留下来的文化瑰宝。

二、传统体育文化传承的发展

(一)与经济发展与精神文明建设充分融合

我国传统体育文化反映了中华民族特有的生活及思维方式,对中华民族的生存和发展方式起到了一定的展示作用,是中华民族文明体系中非常难得的宝藏。传统体育文化的传承发展必须要结合当前的经济发展情况及精神文明建设的实际。

传承与发展传统体育文化,要始终站在保护民族资源与文化的战略制高点上。要重视传统体育文化的经济价值,深挖潜力与潜能,以实现传统体育文化对经济发展的促进作用。

我国一直在大力推进社会主义精神文明建设,培养合格的社会主义接班人,这就要求传统体育文化的传承与发展要紧密结合当前的精神文明建设形势,高度重视传统体育文化的内涵,以构建社会主义和谐社会为出发点,充分发挥传统体育文化中优秀的精神价值,从而有效地促进我国社会主义和谐社会思想及优良道德体系的构建。

(二)完善体育文化法律保障机制

关于传统体育事业和文化的发扬和继承,首先要让其持续发展得到保障,这就需要完善体育文化法律保障机制,建立起一套法律法规。保护传统文化遗产是一项神圣而艰巨的历史任务,随着人们对传统文化遗产认识的逐渐深入,这一任务逐渐落实开来。在经济浪潮冲击的今天,传统体育文化在发展和传承中被侵权的行为让民族文化的传承者更加意识到加强传统文化保护立法的重要性。业内人士已达成共识,那就是要想更好地保护中华传统体育文化,必须有一整套与之相匹配的法律法规。法律法规作为保护传统体育最有力保障的手段,需要国家从传统体育文化的基本属性和非物质文化遗产的定位出发,从体育、文化及知识产权等角度出台相对具体的措施,通过加强相关方面的专门法律法规的设立与管理,切实使我国传统体育文化得到保护和传习并继续发展。

(三)促进体育文化体制改革

传统体育文化的传承既是为了保护,更是为了创造。传统体育文化要想获得发展就必须加快自身体制的改革和创新。民族传统体育的体制改革有以下步骤:

①要重点加强传统体育文化基础设施的建设,首先要深入基层,完成大众体育基础设施建设。要最大限度地建立一些传统体育项目的活动场馆,配以专业的大众体育指导员,以此来繁荣传统体育运动。

②要跟紧现代化市场的脉搏,充分发挥市场对资源的有效配置作用,培养具有现代化特色、适合当代人开展的传统体育项目;同时,以全球化发展为契机,与其他国家积极进行体育文化与资源的交流,积极鼓励我国传统体育文化走向世界,扩大中国传统文化的影响力度。

③要引进俱乐部及产业发展制度的成功案例,实行产业化经营、市场化运作,成立健全的资产经营责任制,积极推进公司制或股份制改造,努力培育一批有实力、有作为的传统体育文化俱乐部。

④要重视创新机制的开展,不断推进传统体育事业向管理体育方向转变,综合运用市场、法律、政治等多种途径,促进其规范化发展。

(四)以人为本,不断进行技术创新

当前,很多优秀的传统体育项目面临着"断代"的危险,其中非常重要的原因就是广大人民群众对这些项目的积极性和参与度不高。所以当下一个切实的问题就是,相关工作者必须激发起广大人民群众对民族传统体育的重视和参与,只有人民真正参与了,才能使它们远离灭绝的危险,并且继续发展下去。发展民族传统体育要以人为本,必须要以满足广大人民群众的各种物质文化需要为目标,这样才能充分调动其参与传统体育项目的积极性。

传承与发展传统体育文化还要提高技术发展水平,不断加强自身创新,提高我国传统体育文化的品位,打造民族性的体育文化品牌,以民族特色走向世界,融入世界体育发展潮流之中。换言之,传统体育文化的发展必须要从我国的历史文化背景出发,要符合各族人民和各地的实际情况,考虑到我国传统体育文化发展和传承中的整体性、民族性、地域性及独特性,以多样性发展为基础,走出一条适合我国国情的技术创新和发展之路。

（五）发展壮大传统体育文化产业

随着人类社会的发展和文明的进步，人们对体育日益重视，因此体育文化的支出往往成为本国 GDP 的增长点。目前，在西方发达国家，体育文化产业已日臻完善，并已成为各国国民经济的重要支柱。我国要想实现民族传统体育的创新和发展，就要让民族传统体育走产业化发展的道路，其具体措施有以下几个：

①培育优势产业集群。产业集群的培育需要相关工作者对传统体育文化产业进行科学合理的改造，并遵循减量化优先发展的原则，以实现更好更快发展。

②发展循环经济模式。循环经济模式在传统体育产业的发展中必须注意以消费带动整体发展，反过来，体育产业发展旺盛后又可以为体育消费者提供更好的服务。比如民族旅游业发展可以充分刺激和带动民族体育产业的繁荣，从而更好、更有效地保护传统体育文化生态。同时，民族传统体育产业的发展又可以进一步刺激民族旅游业的发展。

③要逐步形成完备的传统文化产业发展格局，利用信息化、数字化的高新技术手段进行系统布局，以之实现传统体育文化产业的跨越式发展。

④在有条件的资源充分的地区，可以考虑将传统体育产业作为支柱产业，同时建立传统体育文化产业资源评估体系，以便科学把握产业方向。

（六）加强交流，借鉴西方优秀体育文化发展模式

历史的经验证明，不同国家之间进行友好交流和合作，可以实现互惠互利，共谋发展。我国传统体育文化的传承与发展也可以采取这样的手段，必须要加强同西方发达国家的交流与合作，最终实现各自的创新和共存。世界上任何一个民族所创造的丰富多彩的传统体育文化不仅是本民族的文化，更是世界文化的重要组成部分。在经过历史的对抗与融合后，多种体育文化会慢慢回归自己固有的文化特性，而经过融合之后的文化可以实现差异共存。可以说，我国传统体育文化的发展取向应该是民族性同世界性的融合，因此，它的继承必须要以传统体育文化为基点，将自身的精华部分同现代世界体育文化优秀成果进行融合，只有这样才能构建起一种生命力更为强大的新型的体育文化体系。学习与借鉴西方优秀体育文化的发展模式是保证我国民族传统体育事业及体育文化持续发展的不竭动力。这种发展模式要注意以下三点：

①在继承传统的基础上,对文化模式进行合理、有效的改造和创新,取其精华,去其糟粕。

②在保持本民族特色内容的基础上,对西方体育的竞技性核心精神进行合理吸收与借鉴,从而追求自身文化内涵与精神发展的价值实现。

③借鉴现代体育的发展模式和优秀成果,但要注意借鉴其组织制度和现代化传播手段是用来宣传和扩大自身文化的影响力,而不是为其他文化服务。

第四章　传统体育文化对外传播的现状与相关问题探讨

我国传统体育文化对外传播是一项具有深远意义的行为。然而,目前其传播力度和多样性稍显不足,在这一过程中也有诸多问题需要解决。这就需要我们深入了解我国传统体育文化对外传播的现状并研究和解决其中的问题,本章就主要对此进行探讨。

第一节　传统体育文化的起源与发展

一、古代传统体育的发展

(一)古代传统体育的兴盛

秦汉和三国时期不论是统治思想、政治制度还是民风民俗、节日节令都为后世的发展打下了坚实的基础。体育作为社会文化的重要组成部分,也同样适应时代的要求,在继承先秦体育与引入外来体育的基础上有所扬弃,形成了后世体育发展的基本格局。

与秦汉时期相比,两晋南北朝时期的体育,无论在开展的项目方面,还是在发展的规模方面,都显得较为逊色。但是,这一时期玄学的兴起、少数民族的大量内迁,民族传统体育的发展有了一些新突破,具有鲜明的时代特征。总体而言,这一时期我国传统体育文化具有以下特点。

1. 娱乐色彩浓厚

秦始皇统一中国后,战乱结束,文化娱乐上的需要较为突出,人们开始更多地关注体育的娱乐性,特别是两晋南北朝玄学的兴起进一步冲击了礼教、军事对传统体育的束缚,使其更多地按照体育本身具有的娱乐性和竞技性特点发展。

（1）从军事项目转化来的民族传统体育

春秋战国以后，部分军事训练项目逐渐从军事中分化出来，朝竞技、表演方向发展。例如，"田忌赛马"不以进退周旋必中规矩的"五御"为务，而以竞赛速度为赌；项庄舞剑，其借口是"军中无戏乐，请以剑舞"，杀伐决斗的技艺被转化为娱宾助兴的表演手段。

百戏（角抵戏）的产生，包容了角力、举鼎、击剑、射箭、投石等有关的身体训练形式与军事技巧。百戏脱胎于西周的"讲武之礼"，当时的"讲武之礼"本是一种以比赛形式进行的军事训练或军队检阅仪式，丝毫没有娱乐的意义。到了秦二世时，百戏中增加了杂技、舞蹈等内容，并将其纳入宫廷娱乐之中。两汉以来，百戏的内容和形式又有了很大的发展。到东汉时已经成为一项内容庞杂的综合表演形式，以险、难、奇为特征而著称于世，表演者大多是经过严格训练的专职艺人。"讲武之礼"便成为一种观赏性极强的娱乐活动。

（2）从祭礼活动中兴起的传统体育

由于认识的局限性，我国许多传统体育活动的产生都与当时的宗教祭礼仪式有着密不可分的关系。王充《论衡·明雩篇》记载，春秋时期鲁国有一种在暮春时举行的名为"雩祭"的求雨仪式，参加仪式的人要排成队伍，模仿龙出水的样子。春季缺雨，鲁地人模仿龙的形象舞于水中，含有表明自己是龙的后裔，请龙降雨滋润大地，使谷物苗壮成长以降福于龙之子孙的意图。后世的舞龙灯等活动可能即源于此。

秦汉三国以后，一些原本存在于祭礼活动中的传统体育项目，逐渐摆脱了宗教祭祀的束缚，与节令、节日结合在一起，休闲娱乐的气氛日渐浓重。据专家考证，纪念屈原的龙舟竞渡在东汉时就与"农历五月五日"的端午节结合在一起，到了南北朝时期，更是发展成为全国性的节令活动。

（3）冲破礼教束缚的民族传统体育

在春秋战国时期，虽然文武分途导致社会上兴起了大量的不会舞刀弄枪的文士，但他们也有参加体育活动的需求。这一时期出现了从"射礼"演变而来的投壶活动，其烦琐、形式化与射礼完全一致，《礼记》有《投壶》一章，专记投壶之方法礼仪。到了汉魏时期，投壶进一步游戏化，且花样翻新，基本上摆脱了之前的那些繁文缛节。正如《投壶赋》中所描述的"络绎联翩，爰爰兔发，翻翻隼隼，不盈不缩，应壶顺入"的参连法、左右开弓法、交叉投掷法等。

两汉时期，田猎活动基本上摆脱了"顺时讲武"的束缚，与其他娱乐活动联系在一起，发展成为一项重要的休闲娱乐活动。尽管不少儒生因"菟狩之礼"的变质而长叹,为"违时纵欲"的田猎而苦谏,其结果依然不能使田猎回复到演礼施仪的"先王之礼",就连热衷于"礼教"的汉成帝也经不住驰骋山野所带来的身心欢娱的诱惑,未将田猎归入讲礼之类。

2. 各民族的融合

秦统一六国,结束了自春秋战国以来的兼并纷争,在各族文化长期以来互相融合的基础上,以中原农耕、周秦文化为基本模式,采取向兼并地区大量移民的方式,向全国推广开来。到了汉朝时期,我国多民族的统一国家最终得以确立。在大一统的局面下,各民族的社会经济和文化发展迅速,各民族间交往频繁。

在西晋"永嘉之乱"之后,我国经历了空前广泛的民族大融合时期。原处西、北边境的匈奴、鲜卑、羯、氐、羌等民族先后进入黄河流域,建立了政权,北方汉人大批南渡避乱,引起了南方民族成分的变动。

两晋南北朝时,匈奴、鲜卑等少数民族入主中原后,游牧民族的骑马射箭虽仍然是为战争服务,仍然是与健身结合的军事体育项目,但后来受到中原文化的影响,便常与汉族的传统节日结合在一起。例如,三月三日(上巳节)是汉族的传统节日,其产生于西周时,这一天女巫要在河边举行仪式,为人们除灾祛病,这种仪式叫"祓禊"。进入魏晋时期,"祓禊"的目的不是专为祓除不祥,而是与人们的游春活动相结合,追求健康和欢乐。此时,"祓禊"的内容不再讲究什么礼仪,主要是临水饮宴、骑马射箭。

在这一时期,长期的民族交往和融合极大地丰富了体育活动的内容,促进了传统体育活动在各地区的传播,一些地方性的活动项目开始在全国各地开展。例如,如今在我国十几个民族中流行的摔跤运动在秦汉时期有三种不同风格的方式,在当时称为角力、角抵、争跤。在湖北江陵凤凰山出土的漆绘木篦上所描绘的角力图,代表了一种风格,其特点是无固定抱法,可采用击、打、摔、拿等动作,相当于古希腊的摔角;在陕西长安客省庄出土的角力纹透雕铜饰上的角力活动代表了另一种风格,角力方法有固定搂抱的要求,即一手抱腰、一手抱腿,至今维吾尔等少数民族仍沿用这种摔跤方式;还有一种是在吉林集安洞沟出土的东汉时期的高句丽角力图,也采取固定搂抱方式,但与客省庄角力者的抱法上存在着不同,是采用双手搂住对方的腰,与后世相扑的抱法相同。

3. 棋类游戏的发展和兴盛

汉初孝惠吕后武帝时,"公卿皆武力有功之臣"的状况,开始被"公卿、大夫,士吏斌斌多文学之士"的局面所取代,开了重文士、轻武夫的先河。"重文轻武"的观念与引以为荣的士大夫地位,影响了人们对体育活动的看法,使其深深地打上了"君子劳心,小人劳力"的印记。于是,社会上形成了"雅""俗"两类不同的体育活动,其中有利于陶冶情操、修身养性的棋类游戏活动得到了王孙贵族和士大夫的喜爱。魏晋玄学的兴起,又进一步促进了这些"雅"体育的娱乐化和竞技化。相关史学考证活动表明,当时的棋类游戏主要有以下几种。

在汉代班固的《围棋赋》中有"略观围棋兮,法于用兵"的说法,可见当时仍用军事的眼光来阐述围棋的一般原则和要领。到了南北朝时,在崇尚智巧的社会风气下,围棋迎来了发展的黄金期,弈棋人员遍及社会各个阶层(包括政治家、军事家、文士名流和贵族子弟),为前代所少见,对棋艺研究之精,对后世围棋发展影响之大,也是前代所莫及。这一时期,围棋高手辈出,且出现了评定围棋水平的"品位制",以及专记棋艺的棋谱,并对原有棋制进行了改革,确立了十九道的围棋棋盘,使围棋更加变化莫测,妙趣横生,竞技性和娱乐性较强。

据史料记载,汉成帝和魏文帝都是弹棋迷。三国时期,在魏文帝曹丕的倡导下,朝臣名士无不争能,一时间掀起了"弹棋热"。曹丕和王粲等人还分别作过《弹棋赋》,由此可见当时人们对弹棋这一活动的迷恋。

先秦时期盛行的六博在汉代得到了更广泛的传播,尤其在宫闱、王府和富豪之中特别盛行。汉景帝、汉宣帝、汉桓帝以及不少大臣,都是见诸史料记载的六博好手。

汉代上流社会中流行一种叫作"格五"的棋类游戏,它是在六博的基础上发展起来的,取消了用骰子掷彩的方式,靠行棋的技术来战胜对手,这样便同六博这种带有一定赌博性的游戏区分开来,成为汉代贵族和士大夫们喜爱的一种较"雅"的一种体育活动。

樗蒲大约是在西汉时期从西域传入中原地区的,到了西晋以后,这种游戏已在皇帝和达官贵人中流行开来,晋武帝、宋武帝、周文帝以及桓温、王献之、颜师伯等人都擅长樗蒲。

握槊流行于北朝,本是西北少数民族的游戏,后传入汉族贵族之中。

双陆盛行于南朝,与握槊名称、流传地区不同,但形制一样。

(二)古代传统体育的完善

北宋时期,虽然中国南方已经统一,但北方仍由契丹、党项、女真等少数民族相继统治着,先后建立了辽、西夏、金等少数民族政权。后来的元、明、清三代中,元、清也都是少数民族政权,各民族倡导的不同体育项目加速了少数民族传统体育的发展。

1. 军事类传统体育项目空前活跃

宋、元、明、清时期，统治阶级采取了一系列的新政措施，保持了生产力进步。期间大、小规模的战争也仍然不断地发生，出于对军事训练的重视，某些与军事有关的传统体育项目愈加完善。以畜牧、狩猎为生的少数民族参与到中原战争后，进一步刺激了具有军事意义的传统体育活动的发展。

契丹族、女真族和蒙古族都是以畜牧狩猎为生的民族，其社会生活离不开骑射。因此，骑马、射箭是契丹族、女真族和蒙古族人民的基本生活技能，而统治者"因弓马之力取天下"（《元史·兵志》）进一步促进了骑术和弓箭术的发展与提高。

为了推动骑射技术的发展，辽、金、元朝设有许多包括骑射活动的节日。例如，辽国三月三日为射兔节，"三月三日为上巳国俗，刻木为兔，分朋走马射之。"（《辽史·礼志六》）其"那达慕大会"，有男子三项竞技，即射箭、骑马、摔跤比赛，获胜选手被称为勇士。此外，辽国和金国还定五月五日为射柳节。

满族是女真族的后裔，骑射不但是他们长期生活和生产的主要手段，还是清朝宫廷中主要的军事训练活动，其政治色彩相当浓厚。自顺治皇帝定都北京之后，便经常在南苑行猎；康熙继任之后，更频繁地举行行围狩猎。公元1683年，在承德府北四百里处建立木兰围场，从此"木兰围猎"作为定制，每年秋季皇帝都要率领大臣和侍卫的虎枪营到此行围，并要召集旧藩四十九旗喀尔喀诸部，分班从围。除了行围狩猎以锻炼军队的骑射本领之外，清代皇帝还经常举行专门的骑射检阅，并组织和观看射箭表演或比赛。

蒙古族把角抵（摔跤）放在与骑马、射箭同等重要的位置上，元朝统治阶级大力推崇这种活动，凡是在"那达慕大会"上获得摔跤冠军的人，都能得到"国之勇士"的称号。清王室也十分提倡摔跤，其摔跤方式与元代摔跤相同，即现在着跤衣的民族式摔跤。在清代，除了骑射和摔跤之外，冰嬉也得到了快速的发展。

2. 市民文化对传统体育的促进

在两宋时期，我国传统体育的发展呈现出新的气象，即市民体育的蓬勃发展。所谓市民体育，就是指宫廷、官僚及军队体育以外的城市中下层人民的体育活动。中国古代体育的发展，大致经历了一个从宫廷到民间、从上层社会走向下层社会的过程。

在整个中国古代社会中，宫廷体育活动的开展具有相当优越的条件，但这种贵族体育的范围很窄。相对而言，民间、村社的体育活动受到强烈的季节性影响,通常是在农闲时开展,且形式不多,再加上经济条件的限制也在一定程度上抑制了普通市民对体育活动的兴趣。在宋元时期,市民体育的兴起有力地拓宽了传统体育的发展空间,适合市民休闲娱乐需要的表演性与自娱性相结合的传统体育活动得到广泛的传播。这具体体现在以下两个方面。

(1)自娱性体育活动的开展

在宋元时期的广大百姓中,自娱性体育活动的开展相当广泛,如踢毽子、象棋、放风筝、秋千等活动更是为人们所喜爱。

踢毽子是宋代市民十分喜爱的一项体育活动,当时的临安城中还有专门制作毽子的手艺人。明代《帝京景物略·卷二·春场》中有关于踢毽子的民谣的记载:"杨柳儿活,抽陀螺;杨柳儿青,放空钟;杨柳儿死,踢毽子;杨柳儿发芽儿,打拨儿。"

象棋在宋代家喻户晓,深受广大市民的喜爱,在城市的商店里、小摊贩处,都可以买到棋子和棋盘。城市里甚至还有这样一种职业的棋手——"棋工",这些人专门以赢棋谋生。到了明清时期,下象棋还成为闺阁女子喜爱的一项活动,如杨慎《升庵长短句集·棋姬》中的诗句:"红袖乌丝罢写诗,翠蛾银烛笑谈棋。"

放风筝也是宋、元、明、清时代在市民中广泛开展的一项自娱性体育项目。在《帝京岁时纪盛·清明》载有清明扫墓后放风筝的盛况:"清明扫墓,倾城男女,纷出四郊……各携纸鸢线轴,祭扫毕,即于坟前施放较胜。"由于放风筝活动受到人们的普遍欢迎,社会中便出现了一些专门卖风筝的人,如《武林旧事·卷六·小经纪》中记载临安城制作、贩卖风筝的小手艺人"每一事率数十人,各专籍以为衣食之地"。

秋千是宋代民间非常盛行的节令体育活动。在陆游的《感旧四首末章盖思有以自广》中有"路入梁州似掌平,秋千蹴鞠趁清明"的诗句。到了明代,还有许多地方盛行荡秋千的习俗,这项体育活动成为广大妇女所喜爱的活动。在小说《金瓶梅》中,就有整整一回是描写荡秋千活动的。

除了踢毽子、象棋、放风筝、秋千等传统体育活动外,宋元明清时期市民中盛行的传统体育项目还有龙舟竞渡、跳白索(跳绳)、打砖(从投壶发展而来)等。

(2)观赏性体育项目的兴起

瓦舍,又称瓦子、瓦市,是两宋时期城市中综合性较强的娱乐场所。当时,在瓦舍里表演的节目有说唱、杂剧、讲史、杂技,也有踢球、相扑、举重、使拳等传统体育项目。《东京梦华录》《西湖老人繁胜录》都记录了诸如相扑、使棒(后来的武术)等艺人在瓦舍中卖艺的情况。城市的街头广场,则是"路歧人"献技的地方。大都市之外,许多小城镇中的艺人由于在当地难以谋生,就到瓦舍中表演各项活动。以体育表演为生的大批职业艺人的出现,是宋代观赏性传统体育兴起的标志。

随着居住在某些大城市中的职业体育艺人的大批产生,体育行会组织相继在大城市建立和发展起来。当时蹴鞠有"齐云社"(又称圆社)、相扑有"角力社"(又称相扑社)、射弩有"锦标社"等,这些行会组织主要负责协调表演体育活动的艺人与其他方方面面的关系,制定职业规则,组织"社员"进行体育训练与交流。

3. 传统武术的兴盛与发展

武术与军事武艺有着不可分解的缘分,如武术表演在北宋属于军中百戏,是"花妆轻健军士百余"来表演助兴的。明清时期,武术逐渐从军事技术中分化出来,发展成为具有健身娱乐性质的运动项目,并出现了发展高潮,技术进一步丰富,理论与方法日渐系统化。作为民族传统体育的重要组成部分,传统武术的兴盛和发展主要表现如下。

(1)武术运动的内容

在明代,"弓、弩、枪、刀、矛、剑、盾、斧、钺、戟、鞭、锏、镐、殳、叉、钯头、锦绳、白打"被称为十八般兵器,也称武艺十八事。到了清代,常用的武术兵器中又增加了锤、拐、钩、三节棍、狼牙棒等。

明代主要有宋太祖三十二势长拳等20余家拳术,到了清代已增至百种之多,如形意拳、八卦掌、查拳、花拳、六合拳等,都具有独特的风格。随着兵器、拳种的增加,各个武术项目的基本动作也丰富起来。以拳术为例,手法有砍、削、磕、靠等,步法有拓步、碾步、冲步、撤步等,除了手脚的招式之外,还有翻腾、跳跃、滚翻和旋转等身法。在这一时期,武术开始集表演性、健身性、实用性于一身,套路千变万化,丰富多彩。

(2)武术门派的分立

据黄宗羲《王征南墓志铭》中记载:"少林以拳勇名天下,然主于搏人,人亦得而乘之;有所谓内家者,以静制动,犯者应手即仆,故别少林为外家。"由此我们可以看出,当时已有"内家"与"外家"之分。

具体来说,"内家"与"外家"两派的划分主要是根据拳法的不同,同时也与其习武的出发点有一定关系。"内家"以静制动,"外家"主搏于人。"外家"主要是指少林派,因"内家"附会武当张三丰为其创始人,故也有"少林""武当"两派之说,此外还有"峨眉"等派别。也有以拳种和风格分立的,如"八卦""形意""迷踪""长拳""短打"等。

（3）武术理论的丰富

明清时期,武术著述方面有了较大的丰富和发展。这一时期的武术著作主要有程宗猷的《耕余剩技》、戚继光的《纪效新书》、吴殳的《手臂录》、王宗岳的《太极拳经》、俞大猷的《剑经》等。对这些武术著作进行综合分析,我们可以看到当时武术理论的发展状况。这主要体现表现在以下几个方面:

第一,这个时期的武术理论肯定了武术套路存在的必要性和重要性,批驳了有些人单纯从军事角度鄙薄套路为"虚套""花法"的片面性。

第二,在身体训练和因材选项上,这一时期的武术理论有了更明确的认识,如《纪效新书·赏罚》中就有身体全面训练的具体方法和要求,包括"练心之力""练手之力"和"练足之力"等。

第三,以歌诀表达技术要领,且被广泛使用,如王宗岳《太极拳经》中的太极拳歌诀有"掤、捋、挤、按须认真,上下相随人难进",突出了关键性的内容,易懂易记,易于教学和训练。

第四,在传习方法上,这些武术著述总结出了许多行之有效的经验,如"学武先学拳",《纪效新书·拳经》认为各种兵器的练习"莫不先由拳法活动身手,其拳也为武艺之源"。又如,"练习器械,由棍法开始"。

二、近代传统体育的发展

从内容和形式上来看,近代传统体育主要由两部分组成,一部分是中华民族固有的以武术作为基本内容的传统体育;另一部分是西方所传入的欧美近代体育。对我国近代传统体育的发展进行研究,主要是对西方近代体育传入中国以后,在特定的历史环境中我国民族传统体育的继承、演变和发展历程进行研究。

(一)近代传统体育观念的转变

自从鸦片战争以后,在西方列强入侵我国的同时,也将西方许多近代体育项目传入中国,同时西方体育观念对我国传统体育文化产生了非常大的冲击。在与西方体育发生碰撞的过程中,我国人民开始对在中华大地上土生土长的传统体育进行不断的重新认识、发展和改造。

早在洋务运动时期,我国人民对民族传统体育重新认识的过程就开始了。洋务派与维新派认为,西方除有强大的军事工业外,还重视体育、全民皆兵,但这种尚武、重视体育的观念并非西方国家所独有,在我国古代就有尚武之风。出于这方面的考虑,洋务派与维新派大力提倡发扬光大我国的习武传统,以强国强民。

在近代社会中,我国一些有志之士开始对民族传统体育的发展进行检讨,他们认为,由于西方各国的风俗和习惯等不同,因而其体育运动也各有其自身的特点,未必符合我国的国情。因此,发展体育,应从我国的实际情况出发。这种观点促进了体育界开始对传统文化的再认识,并开始重新评价民族传统体育的价值。也有一部分人认为,从西方国家传入中国的体育项目由于受到政治、经济、文化发展不平衡的限制,尚不能被中国人完全接受,因而应当对我国民族传统体育进行深入研究,找出其在时间上、能力上、经济上都能合算的"适宜运动"来。

随着时代的进步与发展,人们逐渐认识到不同国家的体育运动都具有其独特的特点,要想更好地发展我国的民族传统体育,就应该从我国的实际情况出发,充分吸取其他国家体育运动的优点,来促进民族传统体育的发展。从根本上来说,这些新观念正是人们对民族传统体育的重新评价和再认识,也把人们对传统体育的认识与反思推向了高潮。

(二)近代传统体育内容的改造

在对传统体育进行再认识与改造的过程中,人们不再单纯地从练兵、娱乐、礼教等意义上去认识和看待传统体育,而是认为传统体育与西方体育一样具有强身健体和教育的功能,应当受到重视。这一时期,对传统体育中的健身术和武术的研究与推进,成为近代传统体育演变过程中的重要内容。

在 20 世纪 20 年代前后,一些体育界学者开始深入研究和整理我国传统体育活动形式。例如精武体育会、北京体育研究社等都对我国的民族传统体育进行了一定的整理。特别是在继承传统的基础上,使武术成为一个独立的项目,在国内甚至是世界上得到了长远的发展。而以马良为代表的一些民族传统体育研究者,也通过对近代运动形式的利用,实现了民族传统体育活动的改造。

在这一时期出现的一些关于传统体育的重要著述也对其发展产生了重要的推动作用,如潘蛰虹的《踢毽术》和王怀琪的《正反游戏法》等。

(三)近代民间流行的传统体育活动

在近代社会中,我国民间流传着许多传统体育健身活动,主要有五禽戏、易筋经、八段锦、石担、石锁、杠子、皮条、"姑娘追""刁羊"等。其具体内容如下所述。

1. 五禽戏

五禽戏相传为东汉末年的华佗所创,是模仿虎、鹿、熊、猿、鸟五种动物的动作而编成的一套健身操。至近代,五禽戏已有多种形式,有的偏重内功,有的着重练"刚"劲,有的着重练"柔"功。

2. 易筋经

易筋经最初见于明天启四年(1624 年)的手抄本,但直到清道光年间才得到较广的流传。由于古本易筋经中许多与呼吸结合的方法含有不少糟粕,因而近代流行的主要是易筋经的肢体运动部分。

3. 八段锦

八段锦起源于宋代,流传到近代发展成多种多样,原本有文武之分,明清时流行文八段,清代徐文弼在原八段的基础上增加了四段,取名为十二段锦。

4. 石担、石锁

石担和石锁都是练力的体育运动形式。这种体育活动的练习场地易找、设施简单,因而是一种易于普及的健身活动,主要流行于乡间田野,具有相当的生命力。

5. 杠子、皮条

杠子相当于现今的"单杠"表演,皮条则与"吊环"相仿。

6. 其他

在少数民族居住地区,许多具有地域特征的民族传统体育项目也成为人们强身健体的活动内容。譬如哈萨克族的"姑娘追""刁羊"、藏族的碧秀(响箭),以及在蒙古和朝鲜等民族中广泛开展的摔跤活动等。这些民间流行的传统体育活动成为当时民间常见的、易于推广的主要锻炼形式。

综上所述,我们可以看出,自西方近代体育传入中国之后,以武术为基本内容的传统体育逐步退出了主导地位而流行于民间。在西方近代体育的冲击下,民族传统体育并没有消失,而是在新的历史条件下继续生存和发展,并且在接受西方近代体育的基础上得到了进一步完善和发展,逐步完成了在近代的转型。

三、现代传统体育的发展

中华人民共和国成立后,党和政府提出了"积极倡导,加强领导,改革提高,稳步前进"的民族体育发展方针,这就为我国各民族体育的交流与发展创造了良好的社会环境,民族传统体育迎来了新的发展机遇。从整体上来看,我国的现代传统体育大致经历了以下四个重要的发展阶段。

(一)初始整理阶段

新中国成立后,在党和政府对我国传统体育项目的支持关怀下,群众性传统体育活动蓬勃发展。

1949 年,党和政府对民族传统体育进行了大规模的整理和发掘,把具有浓厚民族色彩的少数民族体育发展成为对抗性较强的竞技运动。例如,1953年成立了中国摔跤协会。1953 年 11 月 8 日,在天津举行了民族形式体育表演及竞赛大会。1956 年在北京举行了中国式摔跤锦标赛,1957 年制定了《中国式摔跤竞赛规则》。至此,我国对摔跤的竞技性改造基本完成。在这个时期,武术是中国传统体育的代表,发展最为突出。

(二)停滞发展阶段

在三年困难时期,加上之后"文化大革命"的社会动乱,中国社会陷入穷困和政治运动中。在这段历史时期内,中国传统体育被当作"封建糟粕"进行了批斗,很多珍贵的传统文献被毁,绝大部分传统体育的研究组织解散,研究活动基本上完全停止。

但是,这一时期我国社会中的传统体育活动并没有完全停止,如军队中仍有摔跤、格斗等训练。后来,在周恩来等领导人的重视下,在各地组织举办了多次武术表演比赛和运动会,使民间武术活动逐渐恢复。

(三)改革发展阶段

党的十一届三中全会以后,全党的工作的重点转移到社会主义现代化建设上来,体育工作也转移了重点。由于拨乱反正冲破了长期"左"倾错误的严重束缚,端正了指导思想,各地区的经济有了长足的发展,传统体育项目的研究活动也随之蓬勃发展起来。

20 世纪 80 年代后,国家有关部委召开了全国少数民族体育工作座谈会,将民族体育工作重新列入工作议题,各级有关部门力排极"左"思想的干扰,积极倡导挖掘、整理民族体育,民族传统体育得到重新崛起。例如,1984年国家体育运动委员会综合蹴鞠、花毽和现代足球、排球、羽毛球运动特点,推出毽球项目。

(四)改革深化阶段

进入 20 世纪 90 年代后,随着体育运动发展的国际化、职业化,现代体育发展到了顶峰时期,其发展方向的局限、竞赛组织的不足等日益明显。党的十五大召开以后,我国体育界开始重视民族传统体育项目的研究发展。与此同时,传统体育活动在民间广泛开展起来,如北京民族体育协会根据古人的蹴鞠方法,并结合流传于我国民间的一些球法,整理挖掘出一项新兴的民族传统体育项目——蹴球。

1990 年,在北京举行的第 11 届亚运会上,武术被列为正式比赛项目,并成立了国际武术联合会。1991 年,在内蒙古举办了"国际那达慕大会"。与此同时,毽球、龙舟、风筝、围棋等项目的国际性表演和竞赛日趋增多,呈现出前所未有的快速发展态势。1998 年,教育部在对全国高等学校专业进行调整时,在体育院校原有武术专业的基础上,重新设置了民族传统体育专业,为民族传统体育的研究奠定了专业基础。

自新中国成立至今,我国传统体育项目得到了进一步丰富和完善,完成了组织建设,正确处理了继承、改造、创新与发展的关系,并通过各种形式的运动会和活动,增强了相互了解、相互学习和相互促进。事实表明,传统体育已成为我国各族人民体育生活中不可缺少的重要组成部分,并且已经逐渐成为整个人类所共有的财富。

第二节　传统体育文化对外传播的
必要性及条件

我国传统体育文化是我国悠久文明的重要组成部分。而到了 21 世纪的今天,将民族传统体育传播开来甚至将其对外传播,对于弘扬中国传统文化,对于让世界更清晰地了解我国和我国人民,都具有重要的意义。本节就重点对我国传统体育文化对外传播的必要性进行解读,并阐述了其对外传播的必备条件。

一、我国传统体育文化对外传播的必要性

(一)世界体育文化多样性发展的需要

世界文化具有多样性特征,任何民族的文化都是世界文化的重要成分,属于全人类。多样性的世界文化使得各国在文化交流中相互取长补短,同时也使人类文明成果的共享目标得以实现。体育全球化要求东西方体育文化相互借鉴和学习,从而共同发展与进步。在文化大发展、大繁荣背景下,我国要在世界范围内进一步传播与推广我国传统体育文化,使其与国际社会发展的需要相适应,从而使世界体育文化更加充实与丰富。

(二)我国传统体育文化发展的需要

我国传统体育文化博大精深,丰富多彩。在现代社会中,民族传统体育的对外传播和发展与世界体育全球化的发展趋势及理念是相符的,这对我国传统体育文化及世界体育文化的和谐发展非常有利。同时,这对民族团结、互补和共同繁荣也有积极的促进作用。我国民族传统体育充满个性魅力,对世界体育文化的发展有重要的影响。因此,我国传统体育文化必须走向世界,在对外传播背景下实现新的突破与发展。

二、我国传统体育文化对外传播的基本条件

对于推行我国传统体育文化对外传播而言,需要注意的要点有以下几点。

(一)价值观念

价值观念的认同是我国传统体育文化对外传播的首要条件,正所谓道不同不相为谋,我国传统体育文化的特征与奥林匹克的宗旨完全契合。所以,要树立文化共享的科学观念,对文化功利主义要予以坚决反对,要在共同价值观念的基础上走对外传播之路,从而达到双赢的目的。

(二)语言基础

在文化对外传播交流中,语言沟通是非常重要的前提条件,所以要有共

同的语言基础。例如,我国传统体育中的武术有许多门派,门派中还有很多套路动作,这就导致传统武术的概念有些模糊,术语不够严谨规范,很难从文化的角度将其解释清楚,甚至当地人也对此认识不深,所以很难在国际上得到传播与推广。再加上专门的研究和翻译比较少,如果只靠音译口口相传,就很难达到系统化传播的目的。

(三)文化精神

世界文化交流是一个非常漫长、循序渐进的过程,需要一代代人不间断地努力。例如,西方传教士总是坚持不懈地传播宗教文化,他们在这方面的文化精神值得我们学习。我们只有有韧劲,努力坚持,不断改进,主动融入,才能实现更好的传播与融合效果。

(四)方法技巧

我国与不同的国家、民族进行文化交流,要采用不同的策略和方法,而且交流项目不同,交流方法也不同,要避免千篇一律,更不能不加思考地走所谓的捷径。要采取可靠的方法,同时要讲究技巧。

第三节 传统体育文化对外传播的现状

一、组织管理和运作能力急需加强

(一)传统体育文化传播的组织管理状况

时至今日,对于我国传统体育文化传播的研究仍旧处于摸索阶段,还不足以在相关研究领域形成系统的、宏观的规划和体系,并且连最基础的研究组织机构、运行机制和管理措施等也尚未健全。目前,对于传统体育文化领域的研究工作由国家体育总局体育文化发展中心承担。该中心先后曾在全国建立了几十个"体育文化研究基地"。这些"体育文化研究基地"的成立大大推动了学术型组织的建设,这无疑为传统体育文化传播的研究工作奠定了基础。

这种问题的产生与我国现行的体育管理体制有关。现行的体育管理体制使政府职能高度集中,这使得民间体育组织相对薄弱,基本没有太大的研究能力和可供研究工作开展的资源。即便存在一些水平较高的民间体育文化传播机构,数量也很少且以商业运作为主,其研究重点并非在单纯的学术研究上,提升我国传统体育文化国际影响力的理念相对缺乏。官方的相关机构在平时的工作计划中并不看重对民间体育组织的管理和扶持,这就使其体育文化传播的桥梁作用没有得到充分发挥。如此无疑使得传统体育文化传播的力度、范围、效果都极为有限,难以使我国在这一领域的研究有所突破。

(二)传统体育文化传播的运作状况

由于我国缺乏传统体育文化传播方面的组织管理,使得目前对于相关问题的研究依旧处于起步阶段,表现出了主动传播意识差、研究人才匮乏、研究成果影响力小、传播渠道和形式单一等问题。现在我国的互联网技术飞速发展,然而传统体育文化的传播并没有借上这一东风。除互联网以外,传统的电影、电视剧等传播媒介都有很广泛的受众,这对于传统体育的传播来说具有很大的开发价值,如以"中国功夫"为题材的影视作品就将中国的传统武术成功地国际化了一番,成为外国人了解中国和中国文化的一张绝佳名片。不过从中也应该看到的是,这种对武术的推广更多是技术层面的,而涉及文化层面的推广依然有限。加之现有国际体育赛事基本以西方体育项目为主,包括传统武术在内的传统体育项目几乎没有影响力,这就使传统体育文化的传播更缺少可依托的载体。

二、相关理论研究滞后于传播的需要

我国国内的学术界对传统体育文化传播的研究较少,在已有的相关研究中其课题也是以基础理论为主,尚处于浅层阶段,其主要表现如研究视野较窄,更多的问题都局限于国内,没有将传统体育与世界其他国家传统体育的传播发展问题相联系,尤其缺乏针对异质文化语境下的体育文化传播研究;研究内容局限在体育文化传播的作用、特征、现象分析、历史回顾等方面,对未来的发展战略、途径等没有做出大胆研究和构想;专注于定性研究,较少参与社会调查和实证研究,对于相关研究没有深入探析其本质规律。除上述三点外,还有对西方强势体育文化传播经验的研究不足,缺乏与国际的协作研究,这不利于吸收国外前沿理论和传播实践的优势。

从总体上讲,我国传统体育文化传播的研究表现为研究队伍缺乏专业化、研究力量分散、研究方法单一、研究视域模糊、缺乏实证性研究等。如此显然不能满足我国体育强国建设进程中对体育文化国际传播之所需。此外，我国目前的体育文化体系尚未完善，基础工作没有打好，使得研究更多停留在运动技术层面，缺乏对文化层面的深入探索。如此就从整体上表现为对民族传统体育文化传播的理论研究不能对走在前面的传播实践提供方向上的指导。

三、对国际传播环境缺乏深度把握

目前的世界强势文化是以西方文化为主导的，在这种西方全球性文化传播的强势包围下，我国包括传统体育在内的传统文化要想在世界范围内占有一席之地，的确不是容易的事情。在这方面，我国面临着单向输入的困境，这使得我国传统体育文化在全球传播中没有议程设置力、新闻标准制定权和观念竞争力。众所周知，由于西方媒体长期以来对我国以及我国文化有错误解读，甚至是带有偏见，如此就会使本来就较为深奥的中国文化更加难以理解和领悟，形成难以穿越的受众心理障碍。另外，在对外传播上，还会遇到语言和文化背景差异的阻碍，这些都是影响我国传统体育文化获得良好国际传播环境的原因。传播渠道向来是传播是否顺畅的关键要素。就这一点来看，我国目前也缺乏较有国际影响力的传播媒介。鉴于我国传统体育文化的对外传播是一种异质文化语境下的传播，因此要想顺畅传播就需要打破受众的价值观、心理和审美等障碍，以使更多的人能对我国的传统文化产生认同感，解决传播中的观念性问题。上述几点问题归根结底都表现为在传统体育文化传播方面对国际传播环境缺乏有深度的把握，难以为传播提供有力的工具。

第四节　传统体育文化对外传播的相关问题

一、我国传统体育文化对外传播的具体问题

武术是我国传统体育项目中的代表，同时它也是目前开展最好、传播范围最广的传统体育运动。因此，这里就以武术运动为例来阐述我国传统体育文化对外传播过程中遇到的具体问题。

（一）准备不足

就我国目前传统体育文化传播形势来说，以武术为例，其在传播过程中加入了更多的表演性和多样性元素，这使得其原本的本质出现了变化，即更倾向于艺术而非运动。北京奥运会前期是武术进入奥运会的最佳时期，而为了满足竞技体育所必备的特点和规则，我国主推了武术散打运动，其与现代奥运会中比赛项目的要求更为接近。但当时我国武术运动管理者对向奥运会主推哪种武术形式还犹豫不决，甚至一度非常热衷主推武术套路运动。之所以做出这种决定的出发点主要有以下两点。

第一，相关部门认为散打运动与国际搏击运动太过相似，并不能很好地展现出武术文化的特色。

第二，相关部门认为对于散打运动来说，我国运动员的水平与国外运动员相比并没有绝对的优势，即便入奥成功也难以取得理想的成绩，得不偿失。

实际上我们回过头来看，当时这些想法影响了散打运动进入奥运会的进程。如果散打运动真的进入了奥运会，即便不能取得优异的成绩，但对武术的国际化来说也是一次巨大的飞跃。

（二）失真问题突出

我国的武术文化源远流长，其自古至今的传承方式都是以师徒传承为主。其中能够真正获得全部精髓的只有那些嫡系弟子才行，一般弟子所能学到的只是那些较为表面的内容。由于古代的科学水平较低，人们的认知也较浅，为此就难免被一些武术文化中的神秘因素所"感染"，分不清其是否被神化，大多都会无条件相信，所以有些武术项目包含一些神秘的魔幻因素，这就导致其在对外传播中出现了"失真失范"的问题。这个问题在过去也许还能为传统武术增添几许神秘的色彩，但在现代这种崇尚科学的时代，任何夹杂有玄异色彩的内容都普遍不会得到认可，甚至会被认为是某种欺骗。以气功为例，它本是传统武术中的一个类型，主要是通过调整呼吸、调整身体活动和调整意识来达到强身健体、防病治病、延年益寿等健身养生的目的。但由于一些认识上的偏差以及更加别有用心的企图，气功的健身功能被刻意夸大甚至神化，过去一段时间，社会上形成了伪气功泛滥的现象。还有一些所谓的"气功大师"打着气功治病的幌子坑蒙拐骗，严重影响了人民的正常生活和社会的稳定。这些都属于传统体育文化中的失真问题，正是这一问题制约了传统体育文化在国际上的健康传播。

(三)恶性竞争明显

传统体育文化在我国悠久的历史长河中发展至今,具备了很强的生命力,它历经传承发展至今已经枝繁叶茂,甚至名扬世界,对人类的体育文化产生了深远的影响。正因如此,传统体育文化的传承人都看到了其中的文化价值,为此就不免有很多真真假假、正宗与否的争论。不同分支与流派之间为了争当"正宗传承者"而展开了激烈的竞争,甚至有人不择手段采取恶性竞争手段,这最终对这些运动的健康传承与发展造成了损害。以咏春拳为例,它是南拳拳种之一,该拳种武术组织是目前世界上最大的武术组织,即国际咏春总会。目前世界上有 60 多个国家都在传播咏春拳,习练咏春拳的人数达 200 万。由于咏春拳所具有的许多实用价值,致使很多领域都将咏春拳作为特殊技能加以学习,如警用、影视和健身等领域。一时间,随着咏春拳受到热捧,各个分支为了谋取利益,纷纷自诩为正宗传人,并诋毁其他支派,其中还不乏使用武力解决问题的情况发生,这些劣迹无疑对咏春拳在国际上的进一步传播发展蒙上了一层阴影。

(四)过分竞技化

国际武术联合会对于武术运动的推广十分重视,并争取奥运会能够将其纳为正式比赛项目。为了使武术运动与"更高、更快、更强"的奥运会竞技要求相适应,国际武术联合会在竞技化、标准化的方向上对武术进行了改造,目的在于使武术运动能够拥有合乎规则的规范技术动作和统一评分标准,然后从动作难度、完成情况等方面出发对运动员的表现进行打分。但是,因为武术套路繁杂,不同门派的技法与要求有差异,所以要对其进行标准化改革非常困难,而且从现有的成果来看,并不理想,不仅没有达到预期目的,反而影响了武术的魅力。

一些奥委会工作人员认为武术和"中国式体操"没有区别,不符合奥运会"更高、更快、更强"的宗旨。而且一味按照奥运会的要求改革武术也对武术运动的发展不利,如将难度动作(腾空飞脚、旋转 720°转体等)硬性加入连绵不断、行云流水的武术套路表演中,会导致武术整体艺术风格遭到破坏,而且会给人一种不伦不类、不洋不土的感觉。

现在,跆拳道、柔道都已经成功成为奥运会比赛项目,这有利于在世界舞台上进一步广泛推广与传播这两项运动,可见国际武术联合会非常努力地向着冲进奥运会的目标推广武术。但需要注意的是,对武术的传播与推广必须尊重武术发展的规律,关于武术的竞技化改革与发展,需探索符合其发展规律与特点的专门方法,否则会导致武术在竞技化发展的道路上出现畸形或边缘化问题。此外,在改革武术标准化时,不能破坏武术的民族传统特色,传统武术不能被竞技武术取代,要让中华传统武术在对外传播中真正实现本真发展。

(五)过分商业化

现代社会的商业化气息越发浓厚,而事物只有能够适应环境,才能获得发展。我国传统体育文化也不能脱离商业化的社会而独立存在,但从其本质来看,过于看重商业化、一切以谋取利益为目的也是不行的,而是需要借助商业化的契机,对其进行合理包装,采用更加多样的营销方式,如此才能保证我国传统体育文化的发展方向正确。

目前,以武术为例的过分商业化行为已经在社会中产生了一定的恶劣影响,其中最有代表性的要数以少林寺为对象的过分商业化行为。例如,"少林寺药局"就是打着少林寺的名号创办的,但其在历史上并不存在,之所以产生主要是源于在一些民间传说、武侠小说或影视作品中会提到一些少林寺的灵丹妙药,而现实中根本没有出售少林密药的少林药局。一些不法分子就钻了这一漏洞,非法创办了所谓的少林寺药局,然而这个药局和少林武术的历史传承没有一点关系。该药局的创办目的就是牟取不正当利益,但实际上这种行为的最大危害在于对真正少林寺文化的传播造成了严重的名誉损毁。

二、制约我国传统体育文化对外传播的因素

(一)普及因素

在我国传统体育文化的对外传播与发展中,因为普及程度太低,所以传播效果不容乐观。当前,虽然我们都知道我国传统体育文化是中华民族的文化瑰宝,健身价值、文化价值等都很突出,应为全世界共享。但政府和人民对此还不够关注,基本上也只是在一些少数民族地区开展得较好,汉族地区开展得较少,在国内还不够普及,所以很难通过对外传播来提高其在世界上的普及性。再加上西方竞技体育文化的冲击,传统体育文化在我国的普及率也呈下降趋势。

（二）传播因素

从世界体育文化的宏观层面来看，目前我国传统体育文化的对外传播形式属于一种逆向传播，即从体育欠发达国家向体育发达国家的传播。而西方竞技体育文化的传播是从发达国家向欠发达国家传播，以顺向传播为主。无疑，顺向传播更有利于体育文化的对外传播发展，使得体育欠发达国家更乐于接受，而逆向传播恰恰制约了我国传统体育文化的对外传播与发展。

（三）情感因素

我国的传统体育文化植根于悠久的中华文明之中。对于传统体育文化，中国人始终有一种最纯粹的感情，即便是在当今体育文化繁茂之际，我们也不愿意挑剔传统体育文化在对外传播方面的不足之处，缺乏一定的否定力量，只想夸赞其好的一面，不愿反省与批评，此外还存在很多言过其实的宣传和研究，这些都成为制约我国传统体育文化对外传播的因素。例如，在太极拳文化传播中，往往都以保健养生作为传播的宣传点，难免给人造成太极拳包治百病、是调理身心的绝佳功法的错觉，这不仅不利于弘扬与保护太极拳文化，反而会使其对外传播进程变得缓慢。

（四）内容因素

我国的传统体育项目可谓是百家齐放、种类万千。但其中有一些项目的开展方法与现代竞技体育中的项目有些相似，如"轮子秋"和体操相似、"抢珍珠"与手球相似、龙舟运动与划船相似等。这种项目在国际竞技体育视角看来，基本属于同一类项目，并没有特别值得单独立项的价值。因此，这种内容的项目要想在国际上传播并不容易。

（五）竞赛因素

现代竞技体育的一个基本特点就在于它具有规范性，这种规范性主要通过严谨的竞赛规则来展现。然而在我国传统体育文化的发展中，竞赛体系的不完善始终是制约其拥有更大传播面的因素之一。就我国来说，目前还没有建立起一种传统体育竞赛体制，全国性比赛中具有专门性的只有"民运会"，更多的比赛还是地区级别的，这类比赛的规范程度低，赛制不严谨，存在有许多不公平的地方。正是这种系统竞赛体系的缺失，导致其很难在国际上争得一席之地，而西方竞技体育文化因为竞赛体系和体制都比较完善,所以才能成功垄断世界体育文化。因而要想使传统体育文化获得更广泛的传播,完善其所能成为竞赛项目的规则和竞赛体系就成为必须要解决的一大问题。

(六)管理因素

目前,我国对于传统体育运动的管理虽然设有一些机构,但由于各级部门对其传播意义的认识不够统一,所以在开展实际工作时,仍旧显现出工作目的模糊、管理手段单一、管理效果难以评价等问题。

第五节　跆拳道文化对外传播对我国民族传统体育文化的启示

朝鲜是跆拳道运动的发源地。公元前 1 世纪左右,高丽、新罗和百济三国在朝鲜半岛形成三国并存的状态。三国为了扩大自己的领土爆发了旷日持久的战争,跆拳道就起源于这个时期,并快速发展起来,可见其自身在当时的形成主要是为了满足战争的需要。而在今天,跆拳道运动已经成为现代竞技体育运动大家族中的一员,并且早在 20 世纪 80 年代就成功进入奥运会并成为正式比赛项目。如今,在我国,跆拳道运动在竞技领域不仅成为重要的争夺优异成绩的项目,而且在大众体育中也成为人们热捧的项目,特别是受到青少年的喜爱,这些都得益于跆拳道文化对外传播的成功。为此,研究跆拳道文化对外传播对我国传统体育文化对外传播带来的启示就显得很有意义。

一、跆拳道运动在我国竞技体育中的快速发展

近年来,跆拳道运动在我国蓬勃发展,许多城市中都开设有跆拳道道馆,练习者众多,特别是青少年练习者数量很多。在看到这项运动如此受到热捧之后,国家体育总局也将其列入到了《奥运争光计划》之中。我国的跆拳道协会成立于 1995 年 8 月,1996 年成为亚洲跆拳道联盟会员国,跆拳道运动在我国从此全面进入快速发展阶段。

在跆拳道运动越发普及的趋势影响下,国家体育总局和各省市体育局、行业体协纷纷把跆拳道列为重点发展项目,都组建了跆拳道专业队。多形式的助力使得跆拳道运动在我国无论是在竞技体育领域还是在大众体育领

域中都获得顺畅开展，特别是竞技领域中我国的跆拳道运动员在一系列世界大赛上甚至是奥运会上都取得过优异的成绩。自 1995 年年底国家跆拳道集训队成立以后，1996 年 6 月首次参加墨尔本第 12 届亚洲跆拳道锦标赛，就获得 1 枚铜牌，这是中国跆拳道运动员第一次在国际赛场上夺得名次。1999 年 6 月，在第 14 届世界跆拳道锦标赛上，我国跆拳道运动员获 1 金 1 银 2 铜的好成绩。2000 年 9 月悉尼奥运会，我国运动员陈中获得女子 67 公斤级冠军，成为我国在奥运会赛场上夺得第一枚跆拳道项目金牌的运动员。跆拳道项目自正式在我国开展以来，国内也举办了许多相关赛事，如全国跆拳道锦标赛、跆拳道冠军赛等，甚至从第 9 届全运会开始其也被列为正式比赛项目。这些赛事的影响力逐年扩大，参赛选手也逐年增多，跆拳道运动在我国整体表现出欣欣向荣的景象。

二、跆拳道运动在全民健身运动中发挥了重要推动作用

现如今，我国许多城市中的跆拳道馆如雨后春笋般出现，并且有大量爱好者报名学习跆拳道，一时间这项运动成为人们休闲健身时尚的新宠。人们对跆拳道运动的认同使得其立刻获得社会化和普及化，进而成为全民健身运动的重要项目之一。

跆拳道运动之所以能在全民健身中获得认可，还在于其本身所具有的教育意义。在跆拳道运动中，除了身体上的动作练习外，还非常注重对习练者礼仪和品德的规范教育，每一次课均要求"以礼始，以礼终"，培养人忍耐、谦逊、勇敢和坚韧不拔的意志品质。这点特别值得青少年学习和领悟。

跆拳道是朝鲜半岛国家的国术，而我国的传统武术与跆拳道相比无疑拥有更加悠久的历史，其演变历程也更加丰富，具备更加多元的价值。但对比这两项国术在当今世界的传播效果则差距很大。通过对跆拳道运动的形成历史和其国际化过程的审视，我们的确应该谦虚学习，深入探索跆拳道传承中的成功经验，为我国的传统体育的发展提供借鉴，最终使传统体育文化对外传播更加顺畅，真正走向世界，得到世界人民的认可。

第五章　传统武术文化的国际化
传播与发展研究

传统武术文化是传统体育文化中最有代表性的一项。现如今,传统武术不仅在我国有着广大参与者,而且在世界范围内也有大量拥趸。为了更好地研究传统体育文化的国际化传播与发展,本章就以传统武术文化为例进行研究。

第一节　传统武术国际化传播的历程

根据《中华武术史》中划分武术历史时期的方法,并结合武术国际化传播的特点,本书将武术的国际化传播历史划分为古代武术的国际化传播、近代武术的国际化传播和现代武术的国际化传播。

从原始社会到 1840 年属于古代武术国际化传播阶段,在此阶段武术国际化传播的目的性较弱;1840 年到 1949 年属于近代武术国际化传播时期,在这一阶段,出现了专门研究和传播武术的组织机构——中央国术馆和精武体育会,该阶段最主要的特征就是开始主动把武术推广到国外;1949 年至今是现代武术国际化传播阶段,该阶段最显著的特征就是传播途径的多样化。

一、古代武术的国际化传播

这是武术国际化传播的第一个阶段,这一阶段主要是指自在传播,其主要特点在于武术国际化传播的目的性较弱,因此也将这一阶段称为自在传播阶段。具体来说,这一传播阶段主要是指先秦至清末这一历史时期。在此阶段,由于汉代和明代都出现了大规模的中外文化交流活动,如汉代的张骞出使西域、明代的郑和下西洋等,这就使得汉代和明朝的武术国际化传播可以作为主要的研究对象。除此之外,在这一时期,由于交通条件的限制,武术向外传播的范围较窄,主要面向日本、朝鲜以及东南亚国家,中国向外迁移的人口以及前来中国学习的日本人、韩国人等是主要的传播者,民间传播和两国之间的使节是重要的传播途径,军事武艺成为传播的主要内容。这一时期武术对很多国家都产生了较大影响,其中,影响最为深远的是日本。这里就以武术传入日本为例,来对此问题加以分析和回顾。

(一)汉代武术的国际化传播情况分析

汉代时的中国,是当时世界上最强大的国家,国家统一,经济繁荣,社会稳定,统治阶级积极开展对外的交流活动。武术就是随着中日的文化交流使节逐渐传入日本的。

相扑,是日本的国技,其形成过程与武术有着较大的渊源。据记载,日本的相扑早在公元前 23 年就已经产生了。那时候,西汉角抵戏风靡,并以此招待外国使者。《后汉书》记载有关于"夫余国"的信息,"其王来朝京师,帝作黄门鼓吹、角抵戏以遣之",观看表演之后,日本使者可能就将"角抵"传回日本。[①] 这就可能使角抵通过官方途径传播到日本,形成现在的相扑。罗时铭指出:"中国相扑传入日本的时间大约在南朝的刘宋时期,即公元420 年至 479 年。中国相扑是有两条通路传向日本的,一条是通过民间交流,主要传播路线是经过吴越沿海地区进入日本九州以南一带;另一条是官方交往,以朝鲜半岛为中介,进入日本的近畿地区。"

(二)明代武术的国际化传播情况分析

1. 柔道与武术

日本武道众多,其中,柔道对当代世界的影响是最大的。作为日本传统武术,柔道的起源与武术之间的关联是非常密切的。提及柔道的起源必会提及陈元赟。陈元赟,字义都,号既白山人,年少时在少林寺学习武艺,通医道伤科针灸,是明代杰出的学者,为古代武术对外传播做出了杰出的贡献。康熙二、三年(1662—1663 年)间,陈元赟居于日本江户,向寺中僧侣传授少林派武术,后来将武术传授给了日本的武术家野七郎右卫门正胜、三浦与治右卫门义辰、矶贝次郎左卫门,三人对少林武术加以努力习练,并将少林武术融入日本柔道里,这就使柔道的内容和技术体系更加丰富。也正是因为如此,陈元赟被誉为日本柔道的创始人之一。对于此,日本学者小松原涛在

---

① 张国才:《全球化背景下中华武术的国际化传播研究》,南京师范大学出版社,2015。

其著作《陈元赟研究》中说:"我邦昔时未有拳法,归化人陈元赟善此技,传之邦人,故此技以元赟为鼻祖。"《中国古代体育文化史》一书中也对此有所记载:"柔道取以柔克刚之意,以锻炼身体,修养精神为目的,以虚静调息为术,能不战而仆敌,思想根源是出于道家,这均为陈元赟所传。"由此可以看出,中国技击理论在日本也有着较好的传播和发展。

2. 空手道与武术

通过考证,空手道是从中国福建的拳法中发源而来的。从相关的史料记载中得知,洪武五年(1372年)朱元璋派员出使琉球,并使"闽人三十六姓善操舟者,令往来朝贡",开始与之进行友好往来,中国拳法也就是在这个时候传入日本的。三十六姓福建人定居琉球后,不仅将先进的科学文化知识带了过去,同时也将福建的武术带了过去。明宪宗成化十五年(1480年),有琉球人专程到福建拜师习拳,经过数年的学习之后返回琉球,将福建南拳与琉球当地拳法结合,形成一种新的拳术,这就是空手道的萌芽。后来,随着文化交流日益频繁,"唐手"的雏形便产生了。一直到1937年,"空手道"的名称才逐渐取代了"唐手"。对于此,日本的《空手道秘诀》一书中有这样的记载:"琉球空手道,究系何时由中国传至而发展,并无明确记载。但是,一般认为,可能始于明代。当时琉球王国正式派遣使节,前往明朝接受册封。明朝的答礼使者自京城长安出,渡海到琉球时,中国拳法遂跟着大陆文化传入琉球。"

从上述内容中可以得知,武术在古代对外传播确实已经存在了。尽管传播手段单一,传播范围狭窄,却将武术对外传播之路打开了。

二、近代武术的国际化传播

这是武术国际化传播的第二个阶段,这一阶段主要是指清末至新中国成立,其主要特点在于中央国术馆和精武体育会等专门研究和传播武术的组织机构开始出现,并且开始主动把武术推广到国外。因此,近代武术的国际化传播进入了主动推广阶段。

在近代武术国际化传播的过程中,中央国术馆和精武体育会的武术传播活动是该阶段武术对外推广的主要部分。因此,就以此为出发点来做一些分析和研究。

(一)中央国术馆的武术传播活动状况分析

1928 年 3 月 24 日,中央国术馆成立,最开始被称为国术研究馆,馆址在南京西华门头条巷一号,6 月更名,馆长为张之江。1929 年,《中央国术馆组织大纲》颁布,在第一条中就将其宗旨和内容明确提了出来。"中央国术馆以提倡武术,增进民族健康为宗旨",工作内容为"一、研究武术与体育;二、传授武术与体育;三、编著关于国术及其他武术之图书;四、管理全国武术事宜"。围绕着这一重要的宗旨和内容,武术教学、举办武术国考、编辑出版武术专著和刊物等活动开始得以开展,其传播活动对于武术的国际化传播具有非常积极的推动作用。遗憾的是,1948 年中央国术馆因经济困难而被迫停办。

具体来说,中央国术馆的武术对外推广活动有很多,其中,较为具有代表性的有以下几个方面:

第一,张之江于 1933 年率领武术代表团到日本参加表演和访问,受到当地人民的热烈欢迎。结束之后,代表团又去了香港、菲律宾、新加坡等国家宣传武术。

第二,1936 年 1 月,张之江率领代表团到新加坡、菲律宾、马来西亚等国家做武术表演活动数月,受到所去国家侨胞的热烈欢迎。

第三,1936 年,武术代表队随中国体育代表团奔赴欧洲,并在柏林奥运会上亮相。这也是中央国术馆众多武术推广活动中最具意义的一次。

总的来说,中央国术馆通过武术表演的方式,使武术被更多的国家和人们所了解、认识和喜爱,这对武术的国际化传播起到非常重要的推动作用。除此之外,借奥运会之东风推动武术的传播,也是中央国术馆的重要贡献之一,开辟了借助重大体育赛事传播武术的先河。

(二)精武体育会的武术传播活动状况分析

1909 年,霍元甲在上海创办精武体育学校,1910 年改名为"精武体育会"。精武体育会以提倡武术、研究体育、铸造刚毅之国民为主旨,广泛邀请武术名师任教,以武术教学为主要活动。在 1910 年到 1920 年,精武体育会在全国范围内进行了武术推广活动,同时,还陆续建立了"精武体育会分会"。此后,精武体育会开始走出国门,在东南亚得到了广泛的发展,并且在吉隆坡、爪哇、三宝垄相继建立了精武分会组织,受其影响的人们越来越多。

精武体育会的宗旨在于"振兴中华",高举"爱国、修身、助人、正义"的旗帜,这也是其在海外得到华人华侨大力支持的一个重要原因。除此之外,精武体育会还对海外的武技传播非常重视,进一步提高了各个分会教员的水平,进一步强化了总会与分会之间的武技交流。精武体育会在传播武术过程中,采取了博采众家之长的方式,打破以往的门户之见,将南北武术熔于一炉,使传统的"师徒秘传"形式得以改变,"公诸于世"的目标得以实现。此外,精武体育会还提倡女子武术,于1917年成立了"精武女子模范团",不久后更名为"精武女子体育会"。在这一方针的指导下,香港、新加坡、吉隆坡等地,也纷纷将精武女会或女子分部建立起来,这就开创了武术国际化传播的新纪元,使武术传播的对象更加广泛,同时也使武术的传播效果得以强化。

三、现代武术的国际化传播

这是武术国际化传播的第三个阶段,也就是所谓的多元传播阶段,具体是指1949年至今,也被称为现代武术的国际化传播阶段。传播途径的极大扩展是这一阶段的主要特点所在。

在这一阶段,传播速度有了较大程度的提升,传播形式的多样化程度也越来越高,不仅有传统意义上的收徒授艺式、表演访问式传播,还有新兴起的武术比赛式、武侠影视等传播形式,这些传播途径的多样化对武术的国际化传播起到了积极的推动作用。这里主要以传播途径为主要依据来对这一阶段加以分析和阐述。

(一)出访表演式传播活动情况分析

新中国成立以后,我国政府派出大量的武术代表团赴外进行表演。1960年,新中国的第一支国际武术队出访捷克斯洛伐克,揭开了新武术国际化传播的序幕。同年底,代表队又在周恩来同志的带领下赴缅甸进行武术表演。1974年武术代表团应墨西哥邀请,去墨西哥参加演出。随后又在美、日等国进行演出。1975年,武术代表团赴英国、莫桑比克等国家的众多城市进行了70余场表演。1976年到1978年间,代表团访问了菲律宾、泰国、加纳、伊拉克等国家,进行了数百场的武术表演。

20世纪80年代,出访频率更高了。1980年赴日进行了近30场表演。1982年国家委派一批优秀的运动员和教练员去墨西哥、加拿大等国家进行援外教学。1983年,第一次到新加坡进行访问和表演。同年11月份,出访了阿曼,进行了5场武术表演。1985年奔赴墨西哥、秘鲁等国家和地区,11月份在日本东京参加了少林拳法国际友谊赛,在高松、冲绳进行武术表演。1986 年至 1988 年,又奔赴日本、阿根廷、乌拉圭、法国等国家进行表演和访问。

武术将民族性和文化性有机融合在一起,具有丰富的艺术表演价值,让所到国家的人们更加直观地认识了武术,这就为武术的国际化传播起到积极的推动作用。

(二)武术比赛式传播活动情况分析

以成立国际性的武术组织和举办国际性武术赛事的方式进行武术国际化传播,就是所谓的武术比赛式的传播活动。在"积极稳步地把武术推向世界"方针的指导下,武术协会开始将国际武术组织的筹建作为工作的重要内容,并且举办了一系列国际武术邀请赛。比如,1984 年,武术协会邀请 12 个国家和地区的武术界代表,在武汉举行了一次座谈会,由中国牵头成立国际武术联合会的提议得到了认可。1985 年,第一届国际武术邀请赛在西安举办,来自比利时、法国、英国、加拿大等 17 个国家和地区的武术代表队参加。1990 年,国际武术联合会在北京正式成立,从此武术的国际化传播步入了有组织、有计划的发展轨道。1994 年,国际武术联合会成为国际单项体联的正式会员。1999 年,国际奥委会在第 109 次大会上临时承认国际武联,于第 113 次大会上正式承认国际武联。

由此可以看出,国际性武术组织的建立具有非常重要的现实意义,这在武术的国际化传播上有着非常显著的体现,可以说,为武术的国际化传播奠定了坚实的组织基础,其是武术在世界上开始步入联合统一的道路的重要标志。武术赛事,对世界各地区的武术爱好者都有着较大的吸引力,这也对武术在世界范围内的传播与发展起到了积极的推动作用。

(三)影视作品式传播活动情况分析

武术本身具有显著的竞技性、变化性、艺术性等特点,因此,视觉效果较好,给人带来的视觉冲击也较为强烈。也正因为如此,武术才能逐渐成为影视题材,在影视屏幕上得以展现出来。比如,在 20 世纪 60 年代,电影《唐山大兄》《精武门》《猛龙过江》《龙争虎斗》《死亡游戏》等作品问世,李小龙也因此而被人们所熟知,由此,"中国功夫"在世界上引起了巨大的反响,这也吸引了越来越多的外国人积极主动地去认识、了解甚至学习武术。20 世纪 80 年代,由李连杰领衔主演的电影《少林寺》在海外上映,再一次将全世界的目光吸引到了武术上。在那之后,陆续产生《英雄》《霍元甲》《游侠》《叶问》《陈真》等大量的武侠影视作品,这使得武术的国际化传播得到了进一步的推动。同时,这些优秀的武侠影视影片不仅有对武术技法的展现,也开始注重对武术文化内涵和中国传统文化的宣扬,对于全世界更全面、更深刻地了解武术、了解中国文化起到了非常积极的推动作用。

第二节 传统武术国际化传播与发展的现实问题

武术的国际化传播已经取得了一定的成效,但是,仍然存在着一些现实问题,这些问题制约着其进一步发展和传播。具体来说,可以大致总结为以下几个方面。

一、东西方文化之间的差异性

在人类生存与发展的过程中,所处的自然环境、社会风俗和政治经济条件不同,那么在这样的环境中所形成的民族文化也会存在着一定的差异,受此影响,人们的生活习惯、价值判断和行为方式也会有所不同。

(一)中国传统文化

中国多地处内陆平原,古代的统治者多实行重农轻商的政策,具体来说,就是以农业起家,安土重迁,知足常乐,向往平均主义。在这样的环境中,人们的竞争意识就逐渐被淡化了。在人与天的价值判断上,提出了"天人合一""顺天应物""顺其自然"的主张,与自然和谐相处。

儒家思想对我国社会的发展有着非常重要的影响,对社会伦理道德规范和人际和谐影响重大。受这种文化的熏陶和影响,武术要求人在练功时与自然环境、季节气候、时辰方位相对应,这就将中国文化的"天人相合"的和谐发展理念充分体现了出来。在儒家思想的影响下,武术对武德伦理规范也非常重视。对于习武者来说,"德艺双馨""以和为贵"是其毕生所追求的目标。

(二)西方文化

西方国家多地处海洋开放型环境,其主张重商轻农,具体来说,就是注重商品和交换,崇尚竞争和冒险。多认为人在不断地征服、战胜和驾驭自然界的过程中才能寻求生存和发展。在这种文化的感染下,西方体育特别注重人与外界自然的对立与抗争,对内又源源不断地挖掘人体潜能,不断地向广袤的自然界和人的生理极限挑战,用"更快、更高、更强"的境界和理念不断地刷新着人的生理和心理极限,在习惯于征服、拼搏的过程中体现个性自我,寻求异样的惊险刺激。

从上述内容中可以得知,东西方文化之间的差异性是客观存在的。从另一个角度上来说,只有有差异才能对相互之间的交流起到一定的刺激作用。在交流过程中,应该将不同于西方竞技体育的武术调节紧张情绪、放松心境、修身养性、武德教化等方面的优点作为武术国际传播的突破口。同时,随着中西体育文化交流的不断加强,交流的内容也发生了变化,深层次的文化问题逐渐取代了物器技术层面的问题,这也进一步促进了东西方文化彼此之间深入的理解。

二、翻译和传播过程中存在的误读、曲解问题

语言和文字,是文化最主要的表现形式。语言和文字的特定含义来自不同文化背景的人们对当地生活经验的积累,以及不断反复地对这些语言和文字的理解、感受和认同。东西方的文化背景不同,这就决定了所产生的语言和文字代表的文化内涵有很大差异。对于西方人来说,他们对于东方武术的"形神兼备""修身养性""象形取意""心灵感悟"和"德艺双馨"是非常难理解的,对于武术的学习往往仅局限于形似,文化上领会"神似"则很难达成。

再者,翻译也会使不同文化地区之间的交流出现一定的问题。因此可以说,翻译的好坏会对文化交流的效果产生直接的影响。不准确的翻译会使武术动作的准确含义和所产生的意境难以体现,也使国外的习练者难以理解。比如,常见的对武术动作的表述"二龙戏珠""金鸡独立""白猿献果""天女散花""单鞭""云手"等,这些动作名称在一定程度上将中国文化的内涵反映了出来,同时,也体现出了中国人的自然观和文化观,这些都是翻译需要注意的方面。但是在实际生活中,翻译的准确性非常难保证,因此,这就对翻译的准确性提出了更高的要求。

东西方文化存在着本质上的不同,因翻译而使传播存在误读和曲解是在所难免的。但是,以此为借口,以武术文化的翻译和传播不准确为手段,人为制造事端,影响中国的国际形象的做法是坚决不被允许的。防卫性的武术传递给世界的是"中国从来就不是一个好斗的国家",可以生动地诠释中国的"和平崛起"战略,可以使世界人民深刻理解我们希冀"建设一个持久和平、共同繁荣的和谐世界"的愿望。

三、管理机制、国际宣传和经济效益创造方面存在的问题

（一）武术管理机制与现代社会的发展不相适应

目前，我国有武术协会、武术研究院和国家体育总局武术运动管理中心等武术管理机构，各省市县也成立了相应的分支机构。这些武术管理机构在武术的发展过程中做出了非常突出的贡献。但是，由于"管办一体"的管理体制的长期实施，导致了一些问题出现。比如，这些管理机构的身份，既是行政管理机构，又是各种武术赛事的具体操作者和经营者。"管办一体"的管理体制与当前武术的国际传播发展形势是不相适应的。现代竞技武术套路因缺少群众基础而无人观看，而传统武术却在国外异常火爆。因此，武术管理机制必须变革，将与现代社会发展相适应的市场经济管理体制建立起来，走武术职业化、产业化的道路，建立健全武术发展的各种法规政策制度，促使各种武术俱乐部实行产权明晰的现代企业制度，将经营者的主观能动性和积极性充分调动和发挥出来，从而使社会资本新的活力得以焕发。

近年来，通过社会资本的介入，与武术相关的商业化赛事举办得越来越多，吸引了广大群众的关注，正因为如此，武术重新回归到商业化赛事的轨道上。但是，武术的国际化传播与推广速度仍是较为缓慢的，究其原因，主要是由于当前的国家武术管理机构并不具备武术国际化普及和推广的职责和能力。武术要想达到国际化普及和推广的目标，就必须建立国家层面的对外推广机构和组织，进行整体把握，然后协调国家体育总局、文化部、教育部、财政部等各个相关部门的工作，统筹安排、合理规划、协调配合，以国际化理念为导向，在共同的努力下，完成这一历史重任。

（二）国际宣传普及程度较低，经济效益创造不理想

经过多年的国际推广，武术已经具有了一定的群众基础，国际武联成员国已达到143个，世界性、地区性的武术比赛越来越多，来华学习武术的外国人络绎不绝。但是，在这繁华表面的背后，仍然存在着一些问题，比如，各种武术比赛的参赛人数、现场观众和电视转播率都非常低，这与国际性体育项目的规定有着非常大的差距。《奥林匹克宪章》规定，只有在至少75个国家和4大洲的男子以及40个国家和3大洲的女子中广泛开展的运动项目，

才能作为夏季奥运会的比赛项目。① 除此之外,武术在世界的发展在区域和项目方面都存在着不均衡现象。武术虽然在国际武联组织上已具备了进入奥运会的地域传播基础,但是与空手道等项目相比,并没有优势。导致这一现象的原因主要有两个方面:一个是体制机制方面的原因;另一个是武术没有充分利用各种媒体加以包装与宣传,国际推广力度较小,世界上的参与人数和受关注程度有限,商业推广回报率低,产业化程度低,商业赞助有限。

要想使这一局面得到有效改善,应找准武术的国际市场卖点,在加大国际宣传普及力度的同时走市场化、产业化的道路,这是非常合理的一条途径。具体来说,可以从以下几个方面着手:

第一,将武术的技术、服饰、段位制、配套用品、教学方式以及文化宣传统一起来,形成国际市场亮点,形成能够博得世界各国眼球的重大吸引力。

第二,对武术"形神合一""身心合修"的综合健身理念进行大力宣传,走武术康复、医疗、养生的健身产业化道路。

第三,利用武术的拳种套路和文化内涵来达到发展演艺事业的目的,培育和建立武术国际文化企业,使这些企业可以运作国际性的商业竞赛和舞台剧、影视剧的制作和演出,并进行电视直播或转播,走市场化道路。

第四,将武术与旅游有机结合起来,在武术著名景点举办国际性的武术交流赛,带领武术国际友人参观武术旅游景点,并进行旅游购物,从而保证良好的经济效益。

第五,将国际性的武术用品市场、信息市场和金融市场建立起来,同时,还要成立相应的国际化公司,走企业化道路,以此来使武术产业得以发展。

第六,将世界各国的武术国际推广基地建立起来,外派教练员的力度也要进一步加大,以股份制的形式把海外武馆(校)纳入国际化的推广组织之中,并进行技术规范认证和资格认证。

四、科学化、理论化和标准化程度较低,缺乏专业化、国际化人才

(一)科学化程度较低

在中国传统思想的影响下,武术用"道气学说""太极学说""阴阳""五行""八卦""精气神学说""经络学说"等中国传统哲学来对拳理、拳法和功效加以解释,对各拳种进行诠释和解说,这就将中国文化朴素的唯物主义

---

① 黄震:《中华武术国际化传播模式研究》,河南大学,2012。

观念充分体现了出来,但在某种程度上也将封建迷信思想体现了出来,武术被赋予了一定的神秘色彩。正是这种神秘色彩,为外国人学习武术增加了非常高的难度。外国习练者具有非常理性的特点,因此,他们往往喜欢接受科学化的概念和实证实验的数据,这就对武术在国际传播中要用运动力学、生物学、生化学、生理学、心理学等现代科学原理来解释拳理拳法和用高科技的仪器与现代化的医学理论来解释健身、养生功效提出了较高的要求。同时,在武术向世界传播的过程中,一些不良方面也显现了出来,比如,有些武术门派过分自大、思想狭隘,存在多方面陋习等,这些都对武术国际传播的健康发展产生了制约甚至阻碍作用。因此,要想使武术国际化传播健康发展,相关工作者和传承人就应以开放的胸襟,拿出批判性继承的勇气,走科学化发展的道路,进行先进的、文明的、有效的传播。

(二)理论化程度较低

关于武术的研究,长期存在着技术实践的研究发展优于理论研究的客观问题。尽管近年来,随着相关部门对武术研究的重视和探索程度的不断提升,武术理论研究发展速度已经有所加快,但是现代化的完整科学的理论体系还没有建立起来,这就对其国际化传播产生了一定的影响。武术以儒道佛思想为指导,重精神、重体悟、重武德、重修养,属于人文性的运动,科学化水平相对不足,在这样的情况下,转换思维方式和语言表达方法,建立起中西相通的理论体系就显得尤为重要了。而要做到这一点,就需要汇聚国内外的人文和科学人才,对武术进行研究,保证理论研究的全方位、多角度、深层次,将理论研究基地建立起来,并且通过举办理论研讨会等来促进理论体系的构建与完善,从而为武术国际化传播奠定坚实的理论基础。

(三)标准化程度较低

武术所包含的内容繁多,所形成的门派也众多,这就使其标准化程度较低。比如,武术的代表性拳种到底是形意拳还是太极拳,还是其他拳种,没有人能下定论。再加上到国外传播武术的众多拳师在擅长内容、教学对象、接受程度、方法等方面都存在着一定的差异,造成国外传播的整体效果也千差万别。这就使外国人的学习和理解产生了很多的困惑和不解。由此可以得知,武术门派林立、拳种繁多,没有统一的招式、法则和教学方法与技巧,缺乏标准化、规范化和简明化,在国际化传播中是极为不利的。鉴于此,就需要进一步加大武术标准化建设和科研攻关的力度,以使标准化体系得以确立起来。

(四)专业化、国际化人才匮乏

文化的传播,尤其是中西方文化之间的传播,离不开国际化人才这一重要桥梁,可以说,人才的质量和形象会对文化传播的效果产生较大的影响。武术国际化传播需要的人才是各级各类的综合性人才,对武术技法理论、传授方法和技巧有着较高的要求,同时,还要求其有良好的价值观念、思维能力和沟通交流能力,除此之外,熟练掌握国际法律法规、外语等也是非常重要的方面。国际性的领袖级别的权威专家、学者,以及武艺精湛的运动员、教练员组成的精英人才队伍这方面都是非常欠缺的。鉴于此,就需要开辟国际化人才培养途径,以国际化市场的需要为主要依据,在国家体育院校和师范类院校的武术专业进行试点,改革高校武术专业的课程设置,将各高校师资资源优势充分利用起来,以对适合武术国际化传播与推广的专业综合性人才进行重点培养。

五、对外交流团队意识形态不明确

目前,国内外都非常重视武术的表演和培训功能,并且成立了各种武术表演团体和培训机构,接受了国内外各种活动的开闭幕式、商业演出和培训教学活动,经济效益良好。但是,这些武术表演团体和培训机构水平参差不齐、良莠并存。有的是国家级别的,有的是省级单位成立的,还有的甚至是非法成立的。但是,不管是什么级别的,其中都或多或少地存在着不良的武术表演和教学活动秩序混乱的问题,自由化现象严重,无视国家的法律与政策,这在很大程度上阻碍了武术的国际化传播,败坏了武术的形象。因此,这就要求武术对外交流团体和活动要严格遵循国家体育总局颁布的相关法律法规和国际国内法律法规,并与国家体育总局、文化部、公安部、监察部和国家新闻出版广电总局等单位联合起来,将权威性的统一管理机构建立起来,严格管理、监督和审批。同时,要以市场为导向,走外向型企业的产业化之路,实行品牌化宣传、企业化管理、商业化运作、专业化生产,提高精品意识、国家意识和品牌意识。

六、受到国际同类项目的冲击

当前,跆拳道、柔道、空手道等与武术同类的国际项目,随着全球化的发展纷纷进入国内市场。面对这样的竞争形势,需要对这些问题加以分析和研究,并且敢于竞争,在竞争中求生存、创新和发展。要达成这一目标,就需要国家成立专门的武术国际传播推广机构,进行统一标准、统一规划、市场运作、创新发展。可以对世界上先进的成功经验加以借鉴,采用灵活多样的运作模式,进行规模化普及,通过各种方式和手段,来使广大群众参与到武术中来,让他们体会到武术在促进身体健康和满足精神生活上的独特价值,提高其积极性和主动性。

第三节　新时期传统武术国际化传播的理念与模式构建

一、新时期我国武术国际化传播的理念构建

(一)武术的宗旨

对某一事物主要目的和意图的描述,就是所谓的宗旨。由此可以得知,武术的宗旨,就是对武术本身所具有的目的和意图的表述,换句话说,就是对武术所具有的功用和价值的表述。为了能够更好地了解和认识武术的功用和价值,就需要对武术的宗旨进行进一步的阐释,具体来说,该宗旨就是通过武术的修炼,强健人的体格促进身体的健康,磨砺人的意志促进心理的完善,教化人的品性促进道德的提升,为构建一个和谐的社会与和平的世界做出贡献。[1]

由此可以得知,这一宗旨的表述首先以人在成长和发展过程中的"身体""心理"和"道德"这三个层面的内容为出发点,对武术在健康方面的功用和价值进行了分析,具体包括强身健体、磨炼意志品质、培养吃苦耐劳的精神、进行道德教育等多方面的内容。其次,这也在一定程度上阐述了武术的社会功能和价值,并上升到了促进社会和谐发展、促进世界和平的高度,这就在很大程度上与当今世界和平发展的主流相适应。

因此可以得知,"修炼武术可以实现身体、心理和道德的健康""修炼武术可以促进社会的和谐与世界的和平发展"理念等会逐渐植根于人们的思想意识中,这种对武术功用和价值的认同,会转化为一种强烈的文化认同或者巨大的使命感,这对于武术的国际化传播来说意义重大。

---

[1]　孙鸿志:《中华武术国际化传播的理念构建研究》,苏州大学,2012。

(二)武术的精神

精神,实际上就是对某一事物内容实质的概括。通过加强对某一文化所具有的精神的认知,有助于更加全面和深入地解读其本质的、内在的、核心的内容。对于武术国际化传播来说,深入挖掘武术的精神内核有着不可替代的重要意义。

武术的精神,是以"自强不息、贵和尚中、重礼崇德"的内核来教化人,从而实现人的身心全面发展、社会的和谐发展以及世界的和平发展。[①]

1. 自强不息

技击,是武术最本质的特征,因此,以"技击"为核心内容展开的身体活动,本身就蕴含了对"自强不息"精神的塑造。从某种程度上来说,修炼武术的过程,实际上就是磨炼个体的体能、技能和意志力的过程,使修炼者不断具备并强化进取的心态、顽强的意志、坚韧的毅力和永不停息的执着信念等基本素质。在这种不懈的修炼过程中,修炼者不仅对技击技能有了熟练掌握,更重要的是,也锤炼了自身自强不息的精神品质。

2. 贵和尚中

在中国文化中,处于最为核心地位的文化精神为"贵和谐""尚中道",认为人应当顺应自然,追求与自然的和谐统一。这种思想对武术技术本身产生了直接的影响。在武术中,顺应自然规律是其基本原则,是其拳道之理。同时,武术技法中的进攻与防守、进步与退步,以及动静、刚柔、虚实、开合等,这些看似对立的统一体,往往在其中达到了和谐的"中和"。

3. 重礼崇德

武术在传统伦理文化特质的影响下,其文化体系中有着一个重要特征,即非常重视道德的崇尚和礼仪。"武德"与"礼仪"在武术发展中被传承下来,武术拳家们都将其作为传授技艺中的重要环节和内容来对自己的弟子进行规范和约束,以此来使"德"(道德)与"艺"(技艺)双修的目标得以实现。因此,重礼崇德成为武术中不可或缺的文化精神内核,其将对人的教化价值充分体现了出来。

---

① 孙鸿志:《中华武术国际化传播的理念构建研究》,苏州大学,2012。

(三)武术的口号

口号,就是重点凸显或强调信息内容的集中展现。简短、精炼的口号具有广泛的传播效应。为了让全世界对武术有更加全面和深入的了解和认识,在武术的国际化传播过程中,对能够宣传和传播武术的口号加以研究,是非常重要且必要的。其中,最为具有代表性的有:"道法自然,休养生息""健身,修身,防身""德为本,礼为先,和为贵""和谐、自强、礼让、崇德""德艺双修,技道并重""尚武崇德,自强不息"。

这些具有"标识性"的口号,都能够将武术深厚的文化内容和文化思想反映出来,只是所注重和表述的侧重点有所不同。同时,从世界范围内来说,这些口号,不仅能够使人们在意识形态上接受清晰而具象的武术的形象,而且还能够使人们在认知层面上建立起一种准确而具体的武术的规范。这能够为人们真正了解到武术的文化内核、文化价值和文化精髓提供一定的帮助。

二、新时期我国武术国际化传播的模式构建

武术国际化传播模式的构建,实际上就是建立起武术国际传播的一个理论模型(图 5-1)。

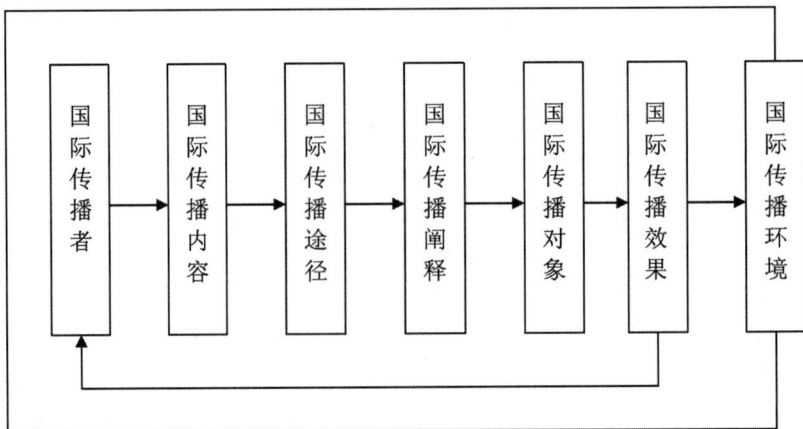

图 5-1　武术国际传播模式

由上图可以看出,武术国际传播模式,主要包含着国际传播者、国际传播内容、国际传播途径、国际传播阐释、国际传播对象、国际传播效果以及国

际传播环境这 7 个关键结构要素和运转环节以及它们之间相互依存的关系。下面就对这 7 个方面加以具体分析和阐述。

(一)武术国际传播者

武术传播行为的发起者和首要因素,就是武术国际传播者。通常可以将其分为两种类型,即组织传播者和非组织传播者。从组织传播层级的角度进行划分,又可划分为官方组织传播和民间组织传播,其所包含的具体内容如图 5-2、图 5-3 所示。

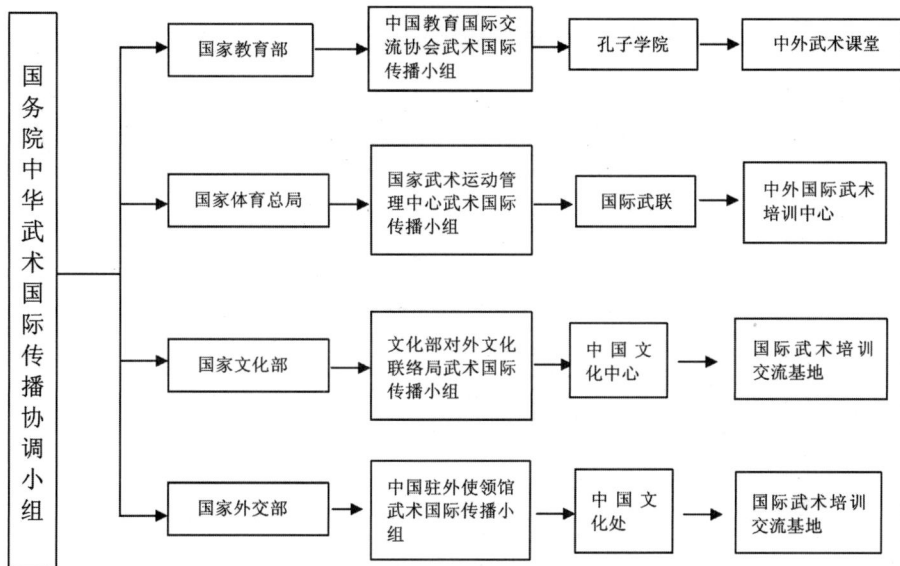

图 5-2　武术国际传播官方组织

从上图可以看出,国务院武术国际传播协调小组是国家层面的对外推广组织机构,其具有协调各个国家部门的职能。除此之外,其他的相关部门也都有其各自的职能,此处不作赘述。

从图 5-3 可以看出,武术国际化民间传播组织有着其自身的传播机构,其中,最为主要的有国内外武馆武校,各拳种文化中心、会、社、所、站、俱乐部,精武体育会,少林寺拳法联盟,进入世界各国的民间体育组织以及吸纳社会资本成立的民间国际武术文化传播公司 6 种。

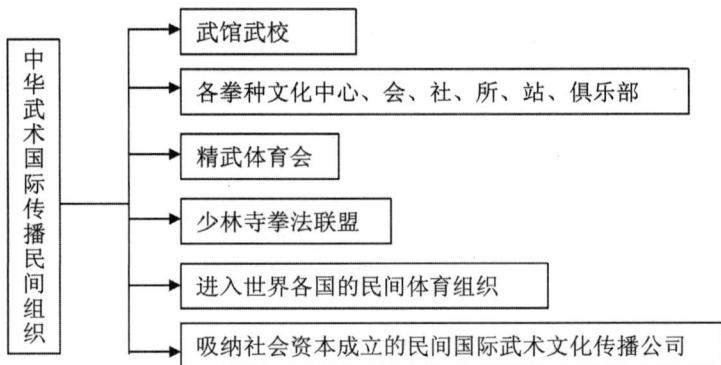

图 5-3　武术国际传播民间组织

最后需要强调的是,不管是什么类型的国际化传播组织,武术传播各种层次的人才都是不可或缺的,因此,建立武术国际传播人才库就显得尤为重要,具体来说,其应该包含着非常丰富的内容(图 5-4)。

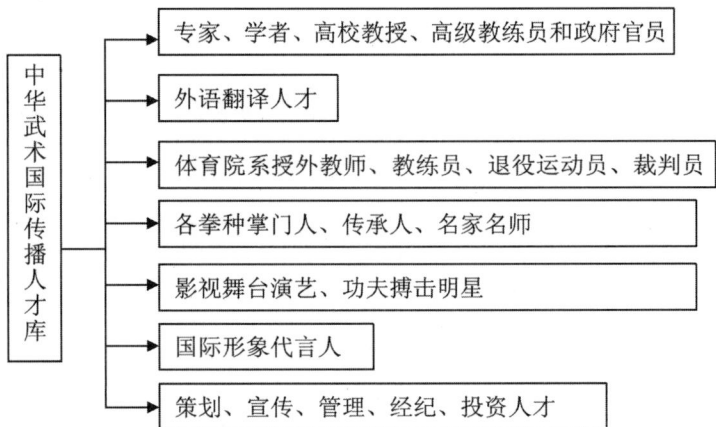

图 5-4　武术国际传播人才库

(二)武术国际传播内容

武术国际传播内容主要分为三个部分,即技术体系、文化体系和应用体系。具体内容见图 5-5。为了保证武术的国际化传播顺利推进,就需要对这些技术体系、文化体系和应用体系进行科学化、规范化和标准化的创新性研究。

```
                                    ┌─ 国际规定套路 ─┐
                            ┌─ 竞技项目 ─┤              │  长拳、太极拳、南拳、刀、枪、剑、棍、
                            │           └─ 自选套路 ───┤  南刀、南棍、太极剑、对练、集体演练
                    ┌─ 套路 ─┤
                    │       │           ┌─ 段位制套路 ─┐  初级拳系列、太极拳、形意拳、八卦
                    │       └─ 普及项目 ─┤─ 传统武术项目 ┤  掌、通臂拳、咏春拳、螳螂拳、八极
            ┌─ 技术体系 ─┤               └─ 健身气功项目 ─┘  拳、五祖拳及各拳种器械
            │       │                            └─→ 八段锦、易筋经、五禽戏、六字诀
            │       │       ┌─ 散打
            │       ├─ 搏斗 ─┼─ 推手
            │       │       └─ 短兵
            │       │       ┌─ 传统武术搏斗项目 ──── WMA（中国武术职业联赛）
            │       └─ 功法 ─┤
            │               └─ 流星打靶、悬空断板、石锁上拳、单掌断砖、夺桥、守桩、长杆较力、克服
            │                  重力、击打能力、灵敏能力
            │
            │                               ┌─ 武术与中国史学 ─┐
            │               ┌─ 中国学术史     │─ 武术与中国哲学  │
            │               │─ 武术理论基础    │─ 武术与中国医学  │   ┌─ 武术与运动医学
中华武术        │               │─ 武术概论      │  武术与  │─ 武术与养生学 ─┤─ 武术与运动解剖学
国际传播 ──┼─ 文化体系 ─┤─ 拳种与器械文化  ─┤  传统观念 │─ 武术与美学   │─ 武术与运动生理生化学
内容体系        │               │─ 礼仪、服饰文化   │         │─ 武术与伦理学  │─ 武术与运动生物力学
            │               │─ 武德与武术精神  │         └─ 武术与军事学 ─│─ 武术与运动心理学
            │               └─ 武术技术理论 ── 武术与现代科学文化 ─┤─ 武术与运动训练学
            │                                              └─ 武术与现代教育理论
            │
            │               ┌─ 武术教学 ── 教学特点、规律、内容、方法、手段、步骤、阶段、组织形式
            │               │─ 武术训练 ── 训练的过程、规律、原则、内容、方法、手段、特点、计划与运动
            │               │              员选材
            │               │─ 武术竞赛 ── 竞赛规则、裁判、组织、编排、法规与体制
            │               │─ 武术管理 ── 管理的机构设置、组织体制、目标、原则、规律、方法、制度
            └─ 应用体系 ─┤─ 武术信息传播 ── 武术知识与活动的宣传报道，武术信息的数据库、网络化、现代化
                            │              传播，武术中外交流的规范翻译
                            │─ 武术法规政策 ── 武术知识产权、培训、交流，表演法规政策的制定、完善和执行
                            │─ 武术科研 ── 武术科研的内容、方法与手段、方向与目标、规划与任务
                            │─ 武术考评 ── 武术段位制的国际考评，武术国际教育的综合考评
                            │─ 武术交流 ── 武术技术、文化国际交流活动的举行，如国际武术节、赛、大会等
                            └─ 武术市场开发 ── 武术用品、旅游、观赏、培训、保险、营销
```

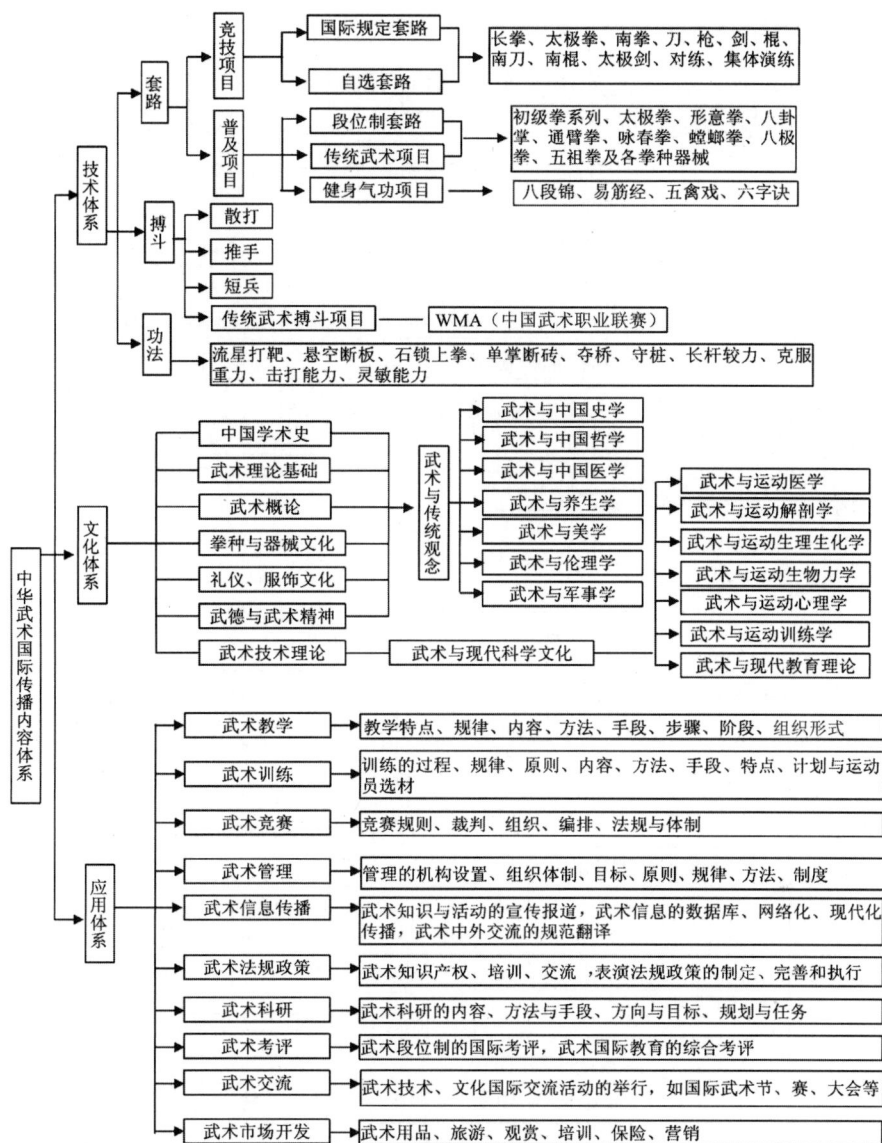

图 5-5　武术国际传播内容

(三)武术国际传播途径

对于武术国际传播来说,其内容经国际传播者传达给潜在对象的通道、方法和路径,就是所谓的武术国际传播途径。以不同的标准和角度为依据,可以将这种传播途径分为不同的种类,比如,官方途径和民间途径、师徒和师生途径、媒介途径等。具体来说,当前武术国际传播途径主要有以下几

条,具体见图 5-6。

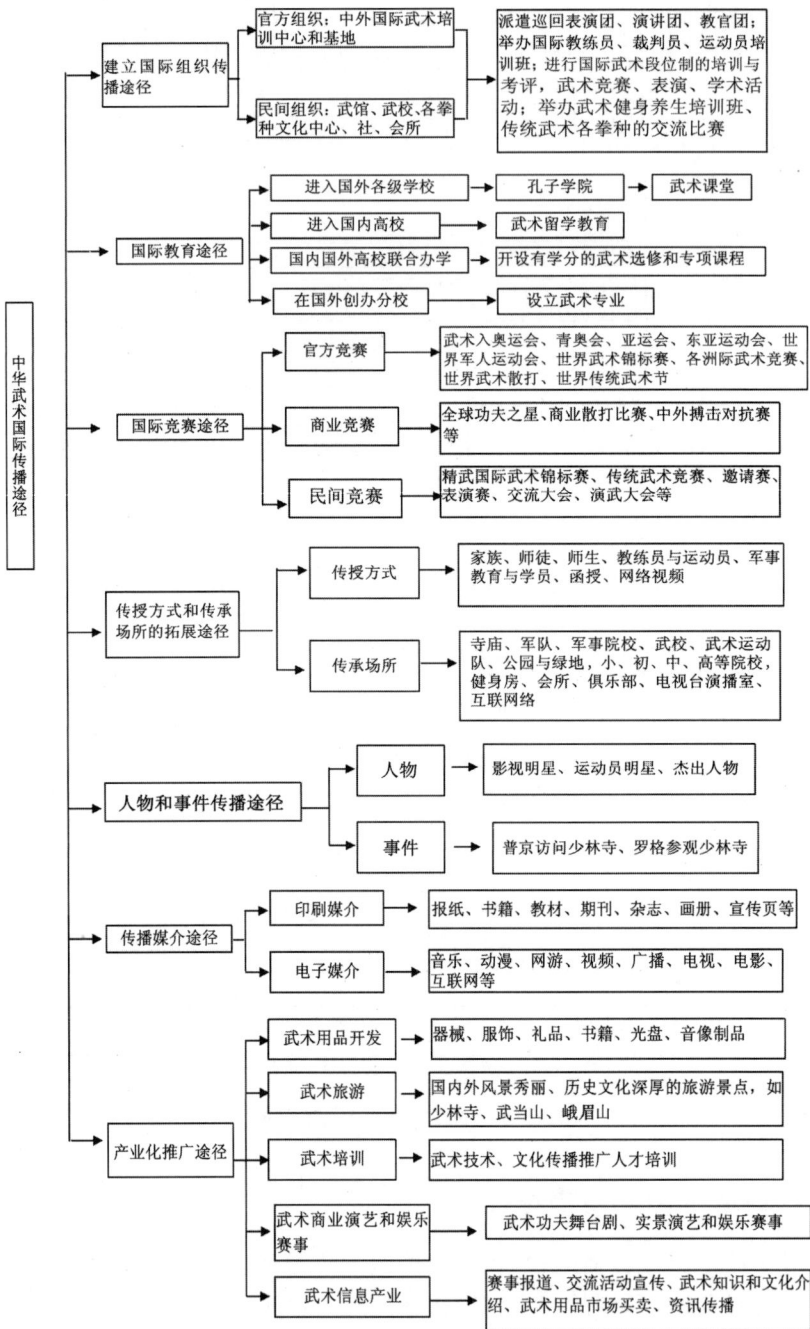

| 中华武术国际传播途径 | 建立国际组织传播途径 | 官方组织:中外国际武术培训中心和基地 | 派遣巡回表演团、演讲团、教官团;举办国际教练员、裁判员、运动员培训班;进行国际武术段位制的培训与考评,武术竞赛、表演、学术活动;举办武术健身养生培训班、传统武术各拳种的交流比赛 |

图 5-6 武术国际传播途径

(四)武术国际传播阐释

武术国际传播阐释,实际上就是武术国际传播过程中介于传播者与传播对象之间的对传播内容的阐明和解释。由此,能够为使传播对象更快、更容易地理解所传播的内容提供一定的便利,对于预期传播效果的达成也是有所助益的。

跨文化传播阐释主要表现为:通过翻译,简明、准确地表达出武术传播的内容,能够使外国人更加容易接受武术文化,对武术的精髓和内涵有更加深层次的领悟,避免误解和歧义的产生。在对武术文化进行国际翻译时,要对国外的语言表述、生活习惯和思维方式进行充分的考量,同时,也要注意不要忽视中国文化的思维方式。除此之外,武术文化的国际阐释对标准化的术语和现代化的转述也是有所需求的。

(五)武术国际传播对象

武术面对的国际传播对象是有着很大的差异的,最为主要的有地域、国家、文化背景、民族语言、年龄性别、需求爱好、认知程度、职业生活圈、习练年限水平和项目流传等几个方面,具体见图5-7。

(六)武术国际传播效果

由于之前武术的国际传播效果往往受到忽视,没有引起足够重视,这就导致对传播受众的需求和特点以及相关推广活动的反应与效果都没有达到真正的了解和认识,进而导致传播效果的反馈机制也没有建立起来,因此,重视传播效果及其反馈机制是非常重要且必要的。具体来说,武术国际传播效果体系是由考查体系和反馈体系两部分组成的,具体见图5-8。

(七)武术国际传播环境

通常情况下,可以将武术国际传播的环境分为两个部分,一个是自然环境,一个是社会环境,具体见图5-9。

```
                         ┌─────────┐      ┌──────────────────────────────┐
                    ┌───▶│  地域   │─────▶│ 亚洲、欧洲、美洲、大洋洲、非洲 │
                    │    └─────────┘      └──────────────────────────────┘
                    │    ┌─────────┐      ┌──────────────────────────────┐
                    ├───▶│  国家   │─────▶│     发达国家、发展中国家       │
                    │    └─────────┘      └──────────────────────────────┘
                    │    ┌─────────┐      ┌──────────────────────────────┐
                    ├───▶│ 文化背景 │─────▶│ 风俗习惯、价值观念、思维方式、宗教信仰 │
                    │    └─────────┘      └──────────────────────────────┘
┌──────┐            │    ┌─────────┐      ┌──────────────────────────────┐
│中华武术│           ├───▶│ 民族语言 │─────▶│   种族、语言、文字、表达方式   │
│国际传播│           │    └─────────┘      └──────────────────────────────┘
│对象的  │───────────┤    ┌─────────┐      ┌──────────────────────────────┐
│考虑因素│           ├───▶│ 年龄性别 │─────▶│ 童年、少年、青年、中年、老年；男、女 │
└──────┘            │    └─────────┘      └──────────────────────────────┘
                    │    ┌─────────┐      ┌──────────────────────────────┐
                    ├───▶│需求和爱好│─────▶│     动机、兴趣爱好、态度        │
                    │    └─────────┘      └──────────────────────────────┘
                    │    ┌─────────┐      ┌──────────────────────────────┐
                    ├───▶│ 认知程度 │─────▶│     受教育程度、接受程度        │
                    │    └─────────┘      └──────────────────────────────┘
                    │    ┌─────────┐      ┌──────────────────────────────┐
                    ├───▶│职业和生活圈│───▶│ 收入、阶层、生活质量、生活群体  │
                    │    └─────────┘      └──────────────────────────────┘
                    │    ┌─────────┐
                    ├───▶│习练年限和水平│
                    │    └─────────┘
                    │    ┌─────────┐      ┌──────────────────────────────┐
                    └───▶│ 项目流传 │─────▶│ 各拳种流传、其他体育项目与武术项目的流传 │
                         └─────────┘      └──────────────────────────────┘
```

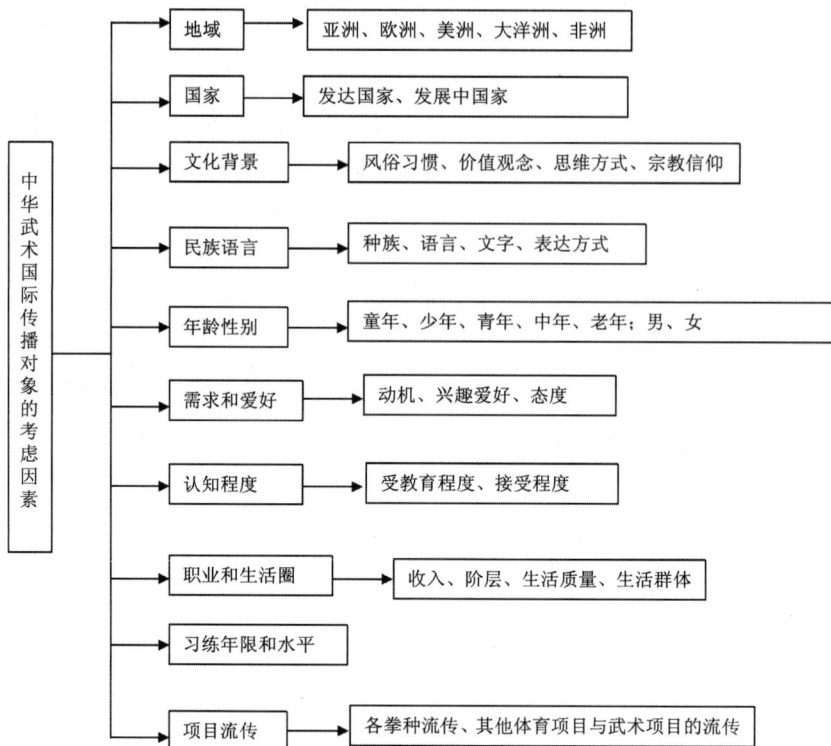

图 5-7　武术国际传播对象的考虑因素

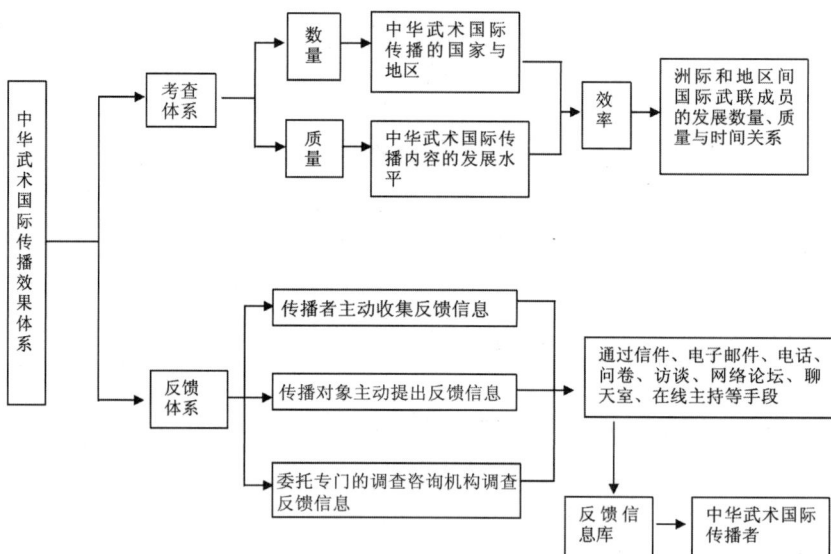

```
              ┌──────┐      ┌────┐  ┌──────────┐
         ┌───▶│考查体系│──┬─▶│数量 │─▶│中华武术国际│──┐  ┌──┐  ┌──────────┐
         │    └──────┘  │  └────┘  │传播的国家与│  │  │效│  │洲际和地区间│
┌──────┐ │              │          │地区      │──┼─▶│率│─▶│国际武联成员│
│中华武术│ │              │  ┌────┐  └──────────┘  │  └──┘  │的发展数量、│
│国际传播│ │              └─▶│质量 │─▶│中华武术国际│  │       │质量与时间关系│
│效果体系│─┤                 └────┘  │传播内容的发│──┘       └──────────┘
└──────┘ │                         │展水平    │
         │                         └──────────┘
         │    ┌──────┐      ┌──────────────────┐
         │    │      │─────▶│传播者主动收集反馈信息│
         │    │反馈体系│     └──────────────────┘         ┌──────────────┐
         └───▶│      │─────▶│传播对象主动提出反馈信息│─────▶│通过信件、电子邮件、电话、│
              │      │     └──────────────────┘         │问卷、访谈、网络论坛、聊│
              └──────┘     ┌──────────────────┐         │天室、在线主持等手段    │
                      ─────▶│委托专门的调查咨询机构调查│      └──────────────┘
                           │反馈信息            │              │
                           └──────────────────┘              ▼
                                        ┌──────┐      ┌──────────┐
                                        │反馈信息│─────▶│中华武术国际│
                                        │库    │      │传播者      │
                                        └──────┘      └──────────┘
```

图 5-8　武术国际传播效果体系

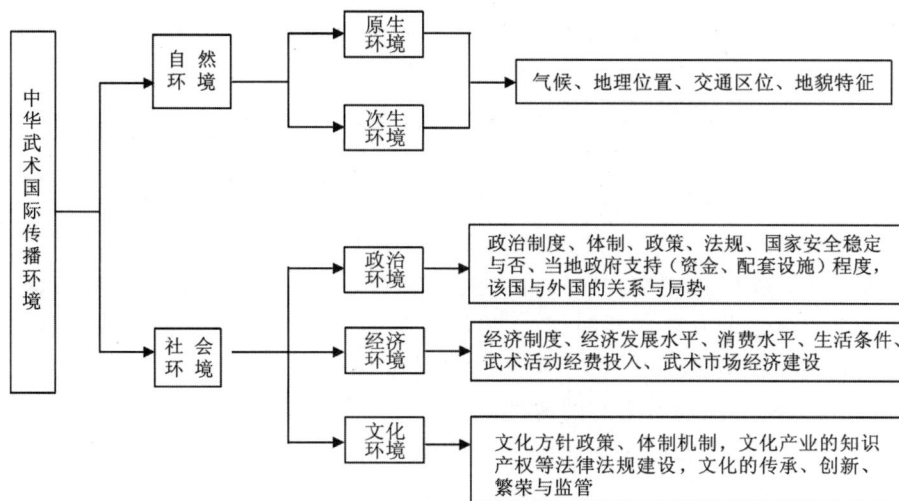

图 5-9　武术国际传播环境

第四节　新时期传统武术国际化传播与发展的实例

传统武术的内容极为丰富,这主要是因为我国传统武术门派众多,不同门派有着各自的单个动作或套路动作,其力法和基本武术技法也大不相同。这对于传统武术的国际化发展不能算是个利好消息,不利于传统武术爱好者,特别是其他国家的传统武术爱好者形成统一认识。不过,就目前来看,太极拳、形意拳和武术散打的国际化传播与发展势头较为理想。本节就重点对这三种传统武术的发展问题进行分析。

一、新时期太极拳的国际化传播与发展

(一)太极拳国际化传播的发展状况

太极拳早在中国古代的封建社会就已经产生了,因此,封建社会制度必定会对其传播产生一定影响,这也是太极拳在产生之后很长一段时间内仅仅是在国内传播,并没有登上国际舞台的一个重要原因所在。

到了清朝末年民国初期,随着我国逐步由传统封建社会向近代社会的转型,太极拳才渐渐传播到了世界各地。登上国际舞台后,太极拳也在世界潮流下持续发展,伴随着近代中国体育的萌芽,太极拳在全球得以快速传播与发展,尤其是在东西方文化交流与碰撞、交融与磨合中持续发展,走在了中国近代民间传统武术向现代体育化转型的前列。

目前,太极拳是中国民族传统体育中开展得较普遍、在全球流传较广、认可度较高的运动项目。究其原因,主要是由于太极拳与当今世人所寻求的健康生活锻炼形式相符,同时,也受到国家领导人的夸赞和助推。1978 年,邓小平为日本朋友赠书并题词"太极拳好",这就对太极拳在世界的遍及和发展起到了积极的促进作用。① 国务院《全民健身筹划纲领》的颁发并推行,促使太极拳以前所未有的速度向世界各地普遍流传,迈入了崭新的兴盛时期。2008 年的北京奥运会上,包括太极拳在内的中国传统武术更是成为了本届奥运会特设的一个项目,并举行了"北京 2008 武术比赛",这也在一定程度上标志着武术向加入奥运会跨越了一大步。

(二)太极拳国际化传播与发展的策略

要进一步促进太极拳的国际化传播和发展,就需要采取一定的策略,具体如下。

1. 太极拳理论研究力度要进一步加大

(1)对太极拳文化进行大力挖掘与开发

一直以来,武术项目类别就非常多,太极拳能在新的历史时期还可以保持着如此旺盛的生命力,与太极拳文化的与时俱进,在继承的过程中不断汲取经验有着密切的关系。在当前的形势下,从文化的角度来挖掘和探索太极文化,对太极拳的推广有着非常重要的作用和意义。太极拳有着丰富的文化内涵,这也是其真正魅力所在,但光意识到这些是远远不够的,需要继续挖掘和开发。

(2)加强太极拳翻译工作发展

文化传播过程中最大的障碍就是语言障碍。对于太极拳文化的国际化传播来说,翻译是一个非常重要的问题。当前,国际上对太极拳专业术语的翻译并不统一。这种不统一不规范的翻译很容易使渴望了解太极拳文化的外国爱好者产生误解,这对太极拳的国际化传播产生了极大的负面影响。因此,这就需要加强对太极拳术语的翻译工作,不仅要对太极拳的技术理论

---

① 侯欣欣:《中国传统文化太极拳的国际化传播及发展战略》,河南大学,2015。

进行准确到位的翻译,更要重视相关文化理论的翻译。具体可以通过组织国内外的相关专家学者,将太极拳术语的翻译工作提上日程,争取尽快做出统一的、规范的、具有权威性的界定。

2. 太极拳国际化传播的发展力度要进一步加大

(1)传播者的素养要有所提升

传播者是文化交际传播过程中的重要因素,不可忽视。一个传播者能力和素质的高低会对文化传播的质量产生直接的影响。由于东西方文化之间的差异较大,这就对太极拳国际化传播者的综合素质提出了更高的要求。作为太极拳对外传播者,需要具备的素质包括熟练掌握太极拳的拳法套路、良好的跨文化交际能力、熟练的外语掌握程度等。

(2)将传播对象明确下来

在太极拳传播过程中,一定要将太极拳的传播对象明确下来。所有阶层的民众群体都是太极拳的学习者。太极拳的全球化发展中必须高度重视社会传播,把普通民众作为传播对象才是太极拳在国际上传播的长久之计。因此,这就要求必须要把培训对象着眼于广大的普通民众,只有这样才能扩大太极拳的全体受众,从而进一步推广太极拳文化,使其在各个国家和社会上的影响力度得到进一步提升。

(3)传播内容要更加规范

太极拳的传播内容应因人而异,换句话说,就是针对不同的传播对象来设置相应的传播方式。一般的,不同的年龄、性别和地区对太极拳的需求都有所不同,在设定太极拳传播内容的时候不能一概而论,必须要因人因地而异,因材施教。只有这样,才能使太极拳国际化传播的道路越走越远,越走越广。

(4)收集传播效果信息反馈

从当前的形势来看,人们已经意识到了太极拳国际化传播的重要性,但是,研究太极拳的传播效果方面却往往被忽视。可以说,一味地注重输出却忽略效果反馈是目前太极拳国际化传播的一大漏洞,对此进行研究的专业人员也非常少。信息反馈是每一个成功事件中不可被忽略的重要步骤。在传播的过程中,如果缺乏信息的反馈以及分析评价就不能成为一条完整的传播链。这对于太极拳国际化的传播来说也是适用的。因此,这就需要对其传播效果进行信息反馈和客观有效的评价,及时根据反馈的有效信息来对太极拳国际传播的内容和策略进行适当调整,只有这样不断反馈修正、修正反馈才能做到总结经验,扬长避短。

二、新时期形意拳的国际化传播与发展

(一)形意拳国际化传播与发展的基本状况

形意拳是中国传统武术的优秀拳种之一,传承历史悠久,文化底蕴深厚,在很多地方都有所开展,尤其在山西具有较为广泛的群众基础。可以说,形意拳是武术理论、技术和发展体系研究的"活化石",在国内外都有着非常重要的历史地位。形意拳发展的鼎盛时期是在 19 世纪。这一时期,不管是传播的广泛性,还是竞技交流、理论研究和内容的充实方面,都取得了理想的成效。

2008 北京奥运会的成功召开,使武术的国际影响进一步扩大,也在很大程度上为其国际化发展创造了难得的机遇。同时这也为形意拳引起国际关注创造了良好的条件,使其受到了国外武术爱好者的青睐,学习的人不断增多。尤其是 2014 年国际传统武术锦标赛新增了形意拳比赛项目,其特有的中华民族文化内涵、运动风格和技击特色以及所具有的健身养生的魅力,在很大程度上将国内外武术爱好者的学习热情激发了出来,国外传承的人群日趋壮大,传承的内容日渐丰富,习练者的水平也在不断提高。但是,从总体上来看,形意拳在国外的普及面还是逊于太极拳、少林拳等拳种的,存在着习练群体人群数量和整体水平相对较低的问题,因此可以说,进一步加强其理论研究还是非常重要且必要的。

(二)形意拳国际化发展对策

第一,将国际武术联合会的主导作用充分发挥出来,建立健全国际形意拳发展机构,规范内容,统一标准,对国外来华的学习者加以重视。同时,在合格的驻外传承人、教练员、裁判员、经纪人等的培养方面也要加以重视,为国外形意拳传播培养主力军。

第二,更新观念,文化宣传力度也要进一步加大,从而将形意拳国际产业化发展模式构建起来。具体来说,可以通过各种平台和媒介来对形意拳进行进一步的宣传,扩大其影响力,让世界武术友人了解形意拳,把他们"引"到中国来研究和学习,使形意拳逐步走向世界。

第三,使形意拳的传承体系得到进一步的更新,并且将现代化教学手段充分利用起来,以此来将形意拳推入学校体育课堂。具体来说,要求其内容必须要与体育课教学的要求相符,与不同层次学生的需求相符。由此可以

得知,形意拳进课堂,不仅要制作适应国内外不同年龄、层次学生学习的教材,还应该有针对性地制作一系列适合学校普及的多种语言教学音像教材,同时要做到内容丰富全面,与现代社会的需求相符。

第四,国家非物质文化遗产保护工作要做好,要将形意拳国际化发展驱动平台构建起来。这里的关键在于传承,因此,传承人及原汁原味的武术技术理论体系是保护的重点。

另外,对于形意拳来说,要通过对太极拳、少林拳发展经验的借鉴,吸收更多的养分,倡导自身礼、孝、仁、义等中华美德的教育,将内在修心养生、强身健体等科学知识以及技击、技术、功法等融合起来,①从而对自身的国际化发展起到积极的推动作用。

三、新时期散打的国际化传播与发展

(一)武术散打国际化传播可以促进其可持续发展

从相关的调查中发现,散打的国际化传播在很大程度上可以促进其可持续发展,这是被普遍认可的一个观点。散打国际化,实际上就是把散打运动推向国际,使其在世界范围内成为一个大家耳熟能详的运动项目——观众多,参与这项运动的人多,且运动水平也相当高,形成非常扎实而广泛的群众基础,这必定会对散打运动持续健康的发展产生积极的推动作用。因此,这就要求采取各种方式和手段大力促进散打的国际化,提高其国际化水平,使其持续、快速、健康发展得到有力保障。

(二)武术散打国际化的发展策略

1. 将散打国际化传播主体的力量充分发挥出来

明确散打传播主体是进行散打国际化传播的前提和基础,其主要包括传播者及组织两个方面。其中,传播者应该具备的综合素质主要包括技术水平、专业理论知识、外语水平、交际能力、职业道德等。

2. 使散打国际化传播的内容统一规范起来

散打国际化传播的内容,主要包括散打技术及其蕴含的中国传统文化

---

① 王文清:《形意拳国际化发展对策研究》,《武术研究》2016 年第 1 期。

内涵以及机智勇敢、不畏强敌、顽强拼搏的散打精神。从当前的情况来看，散打在技术体系、专项理论、教学训练体系、规则、服装、礼仪等方面都有待进一步完善和规范，主要包括运动项目的名称术语、各种腿法的名称等。

3. 拓宽散打国际化传播的途径和手段

散打的国际推广过程，实际上是人们经历信息反应、认识选择、加深理解、参与活动的过程。从相关的调查中可以发现，目前散打的传播途径和手段比较单一。出版物、电影、电视等媒介传播是其主要的传播途径和方式，没有充分利用当今最先进的传播媒介——互联网，因此途径手段较单一，传播效果不佳。

将散打进行国际传播的主要途径和手段应包括互联网、电视、电子出版物以及电影、文字出版物、广播等。可以说，互联网、电视和电子出版物等电子媒介是今后传播途径和手段的主流。同时，对其他媒介同样也要加以重视。

4. 丰富散打国际化传播的形式

从相关的调查中发现，目前散打国际传播过程中也存在着传播形式单一的问题。其国际传播的主要形式主要有集中举办各类比赛。高水平的比赛固然是一种非常好的形式，但是也应该借助于其他形式来对散打进行推广和宣传，从而让散打为更多的人所了解、认识和喜爱。

5. 重视散打国际化传播的谋略与技巧

在散打传播过程中，一定要对传播的谋略与技巧加以高度重视，这对于达到最佳传播效果是非常有利的。具体来说，应该重点从以下几个方面着手：

第一，要创立品牌，将明星效应利用起来，扩大影响力，使散打能够吸引更多的人关注。

第二，继续为使其成为奥运会正式比赛项目而努力。通过奥运会强大的宣传功能来对散打在全世界的开展普及进行积极的推广，从而得到政府及体育部门的重视与支持。

第三，要根据实际需要将散打外文教材、刊物及音像制品等编订、出版的工作做好，并且使中英文对照翻译得到进一步改善。

第四，对外交流的力度要进一步加大，并且要定期举办国际散打教练员、裁判员、运动员学习班，通过外派优秀的退役运动员和教练员援外教学，来对国外散打骨干加以重点培养，从而为其国际化奠定良好的基础。

第五,将各种官方或民间组织、武馆、海外武术分会等利用起来。

第六,通过各种措施来提高散打的电视收视率,重点在于在国际奥委会较重视的电视网上多露脸,这对于扩大散打在世界范围内的影响力是非常有帮助的。

6. 对散打学习者及其爱好者进行区别对待

由于人们在社会、历史、经济、政治、文化、风俗、地域等方面都会或多或少地存在着一定的差异,因此,在散打学习方面的需求也会有所差异,因此,弄清楚传播对象的情况是非常必要的,这是其国际化过程中非常重要的一环。具体来说,应该广泛地派出人员对世界各地的实际情况进行考察,将具体情况弄清楚,分清楚学习者和爱好者的分布情况,如此才能够做到有的放矢,才能取得理想的传播效果。

7. 注重散打国际化传播的效果

把散打推向世界,是散打国际化发展的最佳效果所在。通常,可以将传播效果分为阶段性效果和最终效果两种。一般地,阶段性效果主要是指被国际体育单项联合会和国际奥委会承认,成为奥运会正式比赛项目;最终效果则在于使散打进入世界范围的每个角落。[①] 对于此,要求传播者要及时获得传播效果的反馈,再以此为依据来对传播策略和手段进行重新调整,从而达到最佳的传播效果。

---

① 漆振光,张峰:《武术散打国际化现状及其对策研究》,《搏击》(武术科学)2006 年第 4 期。

第六章　传统体育文化的
　　　产业化发展研究

现代体育的发展几乎都展现出了产业化趋势,这也是包括传统体育在内的所有体育文化形式适应现代社会发展需求的反映。传统体育文化的产业化发展无疑在促进社会经济方面有一定作用,然而目前来说它还尚处于起步阶段,需要诸多发展条件做保障。为此,本章就对传统体育文化的产业化发展进行一些研究。

第一节　传统体育对社会经济的推动

21世纪体育发展的主流方向是民族性与世界性。目前各个国家和地区民族传统体育的发展,从民族化走向世界化的道路是必然选择,因而必须将我国传统体育文化放在世界体育文化乃至全球经济一体化的背景中来研究,才能取得更好的效果。体育的发展离不开经济、文化的发展,随着经济全球化、全球一体化的加快,传统体育怎样在新时期在促进国民经济和产业发展的同时获得自身更深远的发展,这是目前体育工作者需要研究的重要课题。

一、国外传统体育发展对社会经济的促进作用

(一)国际体育资源的经济价值正在快速提升

体育是人类社会进步与发展过程中产生的社会现象。在现代社会中,它不仅具有文化性特征,而且越来越呈现出经济资源性的特征。当我们从经济学角度审视体育资源经济价值的时候,必然会涉及体育的经济增长和发展问题。传统体育作为现代体育的重要组成部分,对各国和各地区的经济发展起着非常重要的促进作用。

在国际舞台上,体育和经济密不可分。第二次世界大战后,西方主要资本主义国家经济持续增长,人们的生活水平显著提高,竞技体育尤其是职业体育、大众体育,特别是以健身和休闲为主要内容的娱乐体育迅速勃兴,体育的经济功能日益强大,体育的产业地位进一步得到了确立。在一些发达国家,体育产业在经济链中占据重要位置,创造了巨大的经济效益和社会效益。

(二)国外传统体育的现代发展

传统体育是指一个或几个特定的民族在一定的范围内开展并世代相沿不绝,至今对社会发展和人民生产生活产生影响且还没有被现代化体育及竞技活动同化的健身活动,它是一个相对现代奥运会竞技体育而言的概念。各民族都有自己的传统体育项目,由于各地区和民族的经济和社会发展情况不同,其传统体育的发展之路也不尽一致。在近代以前的社会,世界体育几乎都是民族传统体育。

随着西方近代工业革命的完成和资本主义经济、文化的发展,以及世界交通、运输业的变革,西方传统体育随着资本主义经济的世界性扩张而传遍世界。特别是现代奥林匹克运动的发展,使西方的传统体育发展成为当前主流的现代竞技体育。如今,包括西方尚未现代竞技化的传统体育在内的世界各民族传统体育,仍可称传统体育。但是,随着经济全球化和全球一体化进程的加快,许多西方传统体育项目很难界定是哪个国家、哪个民族的,因而可以说越是民族的东西越具有世界性。

(三)国外传统体育对经济发展的促进

世界各国传统体育的发展目前都立足于本地特色,趋向世界性和现代化。所以传统体育与现代体育一样,既依赖经济又反作用于经济,以此推动国家和地方经济发展。

1. 美洲地区

美国是目前世界上最大的体育强国,体育经济十分发达。在体育产业产值贡献中,有相当一部分来自传统体育项目。这是美国体育产业的基础,也是国民经济发展的重要组成部分。还有一些非常时尚、流行的运动项目,如全国各地的街头篮球、拉斯维加斯拳击、加利福尼亚的滑轮板运动和掰手腕、夏威夷的冲浪等。这些运动的开展对地方经济和旅游产业发展起着很大的促进作用。另外,加拿大的天然雪地、巴西的狂欢节每年吸引几十万游客,给国家带来非常好的经济效益。

2. 欧洲、大洋洲地区

欧洲体育产业也比较发达,每年五大联赛可以给举办国带来几十亿欧元的收入,已经成为各国第三产业不可或缺的一部分。除此之外,各国还有一些传统体育项目市场开发非常好,西班牙斗牛就是其中的典范。现在西班牙全国共有 400 多个斗牛场,首都马德里的范塔士斗牛场最具规模,可容纳三四万人,每年要举行上百场的比赛,仅门票收入就达上亿欧元。另外,斗牛场面壮观,格斗惊心动魄,富有强烈的刺激性。千百年来,这种人牛之战吸引着各地的人们,更是当前西班牙体育产业和旅游业的重要项目。大力士比赛一直是欧洲人喜欢的项目,在俄罗斯、德国、波兰等国家有广大的市场。如今已形成了国家性的比赛,有多家公司赞助,电视转播覆盖了全球50 多个国家和地区。还有如飞镖、钓鱼等传统项目在欧洲、大洋洲开发得非常好,并承办了 80% 以上的大型国际比赛,对相关各国的体育和旅游业起到了很好的促进作用。

3. 亚洲、非洲地区

亚非地区经济发展相对落后,体育产业不发达。但是亚非地区历史悠久,民族众多,传统体育项目十分丰富。传统体育项目代表着各民族的性格和精神,对国家、民族和地区的发展有非常重要的促进作用。如日本的相扑。相扑手身上唯一的物件是护腰带,差不多要 2000 万日元才能买到一条。相扑运动员在日本享有很高的待遇,饮食、起居、生活很讲究。另外,在亚、非洲其他一些国家也开展着很精彩的比赛,如赛象、登山、赛骆驼、原生态舞蹈表演等,这与各国特色传统体育项目是分不开的,促进了各国的经济发展,特别是对外开放和旅游业的发展。其中最著名的达卡尔拉力赛是世界车手和车迷的最爱,也是非洲对外宣传和开放的最直接方式,对促进非洲经济的发展有着不可替代的作用。

二、国内传统体育对社会经济的促进作用

(一)国内传统体育促进了国内社会经济的发展

社会主义社会的生产目的是不断地满足人们日益增长的物质文化生活和精神文化生活需要。作为文化生活重要组成部分的体育,伴随着市场经

济的大潮也跨入了专业化的行列。由此而兴起的体育休闲、体育旅游、体育商品等以不同的方式满足着人们的体育消费需求，极大地丰富了人们的精神生活和物质生活。在这一体育事业向产业方向发展的转型过程中，体育不断适应市场经济的发展，推动着自身与社会经济的协调发展。

目前，虽然国家对传统体育采取了一定的挖掘、整理和保护措施，但是由于地理环境和民族心理的双重影响，传统体育产业化发展还很落后。当然，在现代社会主义市场经济影响下，不少地区民族传统体育产业化发展还是取得了不错的成绩，对促进地方经济建设、活跃市场做出了重要贡献。

1. 云南省

云南省在确立建设民族文化大省和旅游大省的目标后，将极具产业化意义的传统体育项目与旅游、文化等产业结合起来进行开发。采取了"从山野走向世界，从民俗走向市场"的发展思路。目前，民族文化旅游产业已经成为云南省的支柱产业，对拉动全省经济增长、带动群众脱贫致富、扩大对内对外开放、促进可持续发展等方面发挥了作用。如泼水节是傣族人最传统的节日，西双版纳的泼水节每年吸引着数以万计的游客。泼水节一般为3～4天，在此期间开展泼水祝福、丢包求偶、跳孔雀舞、划龙船等传统活动。这活跃了西双版纳地区的物资交流和商品贸易，每年为该地区带来上千万元的经济收入。

2. 青海省

青海省初步形成了以多巴高原训练基地和环青海湖国际公路自行车赛为主的体育旅游项目。目前，多巴训练基地在保证运动队完成训练的同时，将部分场馆和体育设施向游客开放。在环青海湖周围还形成了较大范围的活动带，各地有许多民族传统特色的体育赛事，如藏历年、射击、叼羊、武术等，为赛事举办地带来了相当可观的旅游收入以及其他相关产业的收入，为当地的经济发展做出了重要的贡献。

3. 内蒙古

内蒙古自治区根据地理条件和资源种类多样化的特点，开发经营了适合在冰雪、沙漠、湖泊上进行的传统体育运动及越野、马上运动。借重点发展旅游业和建设民族文化大区之机，自治区实施综合开发，特别是每年那达慕举办期间传统的骑马、射箭和蒙古式摔跤等，把发展传统体育旅游业和健身娱乐业作为开发重点，实现了体育、旅游、民族文化的最佳组合和综合经营。

(二)各地传统体育节庆活动促进了地方经济的发展

1. 风筝节

山东潍坊的国际风筝节从 1984 年起,每年 4 月 20—25 日举行。潍坊国际风筝节是我国最早冠以"国际"、并有众多海外人士参与的大型地方节会,它让世界了解了潍坊,也使潍坊走向了世界,极大地促进了当地经济和旅游业的发展。

2. 龙舟节

每年广州国际龙舟邀请赛如期举办时,有美国、加拿大、澳大利亚、日本、新加坡、俄罗斯等十几个国家和地区 20 多个男女代表队汇集珠江。在湖南的岳阳,由湖南卫视、岳阳市政府、湖南体育局联合举办的龙舟节经贸洽谈会,为岳阳市正式签约招商引资项目 49 个,总投资 23.5 亿元,合同(协议)引进资金 18.8 亿元,对外开放和经济发展起到了双赢的效果。

3. 武术节

少林拳的发源地——河南登封市,充分发扬"少林武术"的名牌效应,大力发展武术产业。从 1991 年以来,相继举办了 12 届郑州国际少林武术节。除此之外,登封市政府和大型企业还先后组织武术志愿宣传团赴欧美、日本及我国港澳台地区招商引资,收益颇丰。另外,河南体育局、河南卫视和地方企业也联合举办了国际武术锦标赛、武术散打擂台赛、拳王争霸赛等,因此而产生的经济效益不可估算。河南不少地区正是由于武术的存在和发展,才使地方的经济贸易得以繁荣。

第二节　传统体育产业化发展的条件

传统体育的产业化发展需要以一定的条件为基础。我国的西部地区是众多少数民族的聚居区,因此这一地区拥有极为丰富的民族传统体育文化。本节就重点以我国西部地区的传统体育旅游产业为对象进行研究,以更好地说明传统体育产业化发展所需要的条件。

一、旅游产业发展迅速，为体育旅游产业发展提供良好平台

与东部省份相比，西部地区旅游业发展总体起步虽然较晚，但发展势头强劲。尤其是近年来，旅游产业开发受到西部各省市的高度重视，其不断健全旅游管理机构和旅游发展政策，改善旅游投资环境，拓宽融资渠道，加大投入力度，从而使西部地区的旅游业平均发展速度超过了全国水平。当前，已有重庆、四川、贵州、云南、西藏、宁夏、新疆等10来个省市将旅游产业列为国民经济的支柱产业或第三产业中的先导产业进行培育和发展，这充分说明了旅游产业在西部社会经济发展中的潜力和地位。而在西部开展的户外旅游资源中，如高山、峡谷、河流、沙漠等都是开展体育运动与休闲旅游活动的优质资源；在西部民族节庆旅游活动中，包含了许多民族体育文化旅游活动。据调查显示，目前，参加体育、健身和娱乐旅游活动的人数约占国内旅游者人数的 73.53%。因此，旅游业的迅猛发展将为西部体育旅游业的开发提供强大后劲与支撑平台。

二、体育旅游资源是西部民族地区的优势资源和特色资源

首先，西部民族地区具有大量丰富的体育旅游自然资源。西部民族地区拥有千姿百态、雄奇壮丽的自然景观，形成了以高原、峡谷、盆地为主体的完全不同于东部以平原、丘陵、三角洲为主体的自然景观组合，从而也形成了大量适于开展极限、攀登、冰雪、漂流、探险、穿越等活动的高品质户外运动与休闲旅游资源，同时也适于开展各种户外体育比赛项目。如利用西部民族地区众多的山地资源开展自行车、登山等旅游活动，利用丝绸之路古道和大漠戈壁开展各种汽车、摩托车拉力赛，利用高原气候等特征组织高原训练和竞赛等。

其次，西部民族体育文化旅游资源丰富独特。由于历史等原因，西部一直是少数民族聚居地，在数千年社会变迁中，西部众多少数民族各自保留着其独特的文化习俗和民族风情，创造出绚丽多彩的民族文化、悠久的民族史，以及浓郁的民族风情景观。而其中的民族体育文化活动更是数千年来民族文化的一道亮丽风景线，是西部民族传统习俗和民俗风情的重要组成部分。据统计，西部民族传统体育项目共有 700 余项，因此无论是与少数民族人们生活密切的射弩、轮子秋、叼羊、姑娘追、骑毛驴等体育项目，还是蒙古族的那达慕大会、苗族的龙舟节、侗族的赶歌节等民族节庆活动，由于其

独特性和稀有性而对游客产生了强大的吸引力。根据国内魏小安等著名旅游学者的调查显示(图 6-1、图 6-2、图 6-3),除个别省区外,西部民俗风情、文化艺术和自然旅游资源的吸引力明显大于东部地区。

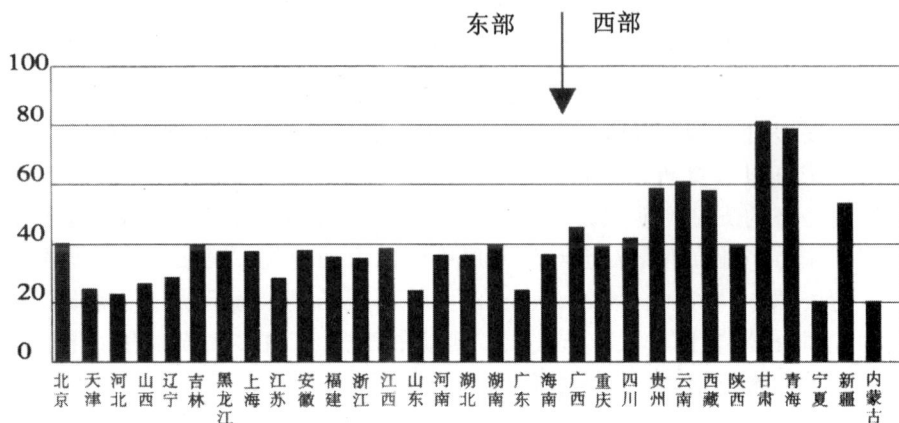

图 6-1　国外游客对各省市区民俗风情的兴趣比较(%)

资料来源:《西部开发旅游发展战略》

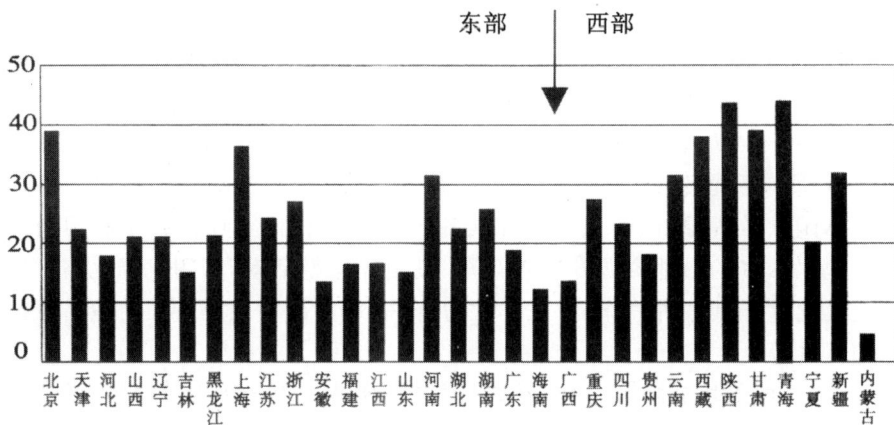

图 6-2　国外游客对各省市区文化艺术的兴趣对比(%)

资料来源:《西部开发旅游发展战略》

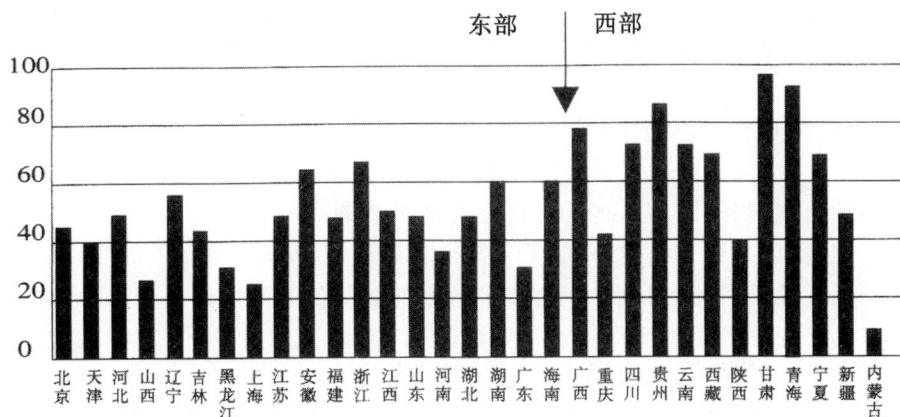

图 6-3　东西部自然旅游资源对游客的吸引力对比(%)

资料来源:《西部开发旅游发展战略》

三、西部大开发战略的实施,为体育旅游发展提供政策法规、财政等支持

党和国家西部大开发战略的实施,无疑为西部体育旅游产业的发展提供了非常难得的历史机遇,使得加快体育旅游等西部新兴和特色产业发展的内在要求与国家发展西部的战略不谋而合。一方面,为了实施西部大开发战略,国家在基础设施、产业发展政策、资金投入、人才等方面向西部地区倾斜,为西部体育旅游产业的发展提供了资金、人才、旅游基础设施等方面的物质条件;另一方面,西部大开发是个系统工程,需要寻找突破口,而整个旅游产业开放度高、关联性强,又是劳动密集型行业,符合边远地区劳动力素质低的实际情况,所以旅游产业已被作为西部大开发的一个重要切入点,而作为旅游业中颇具特色和魅力的体育旅游产业也必将得到强劲发展。对此,国务院已做出了扶持旅游业的决定,每年发行 10 亿国债支持西部旅游开发,国家旅游局、国家计委、国务院西部开发办还联合编制了《西部旅游投资规划》(2003—2007),提出了一批西部地区旅游优先发展项目,并向海内外发布《西部旅游投资项目指导目录》,这其中不乏与体育旅游有关的项目。此外西部地方政府对此也非常重视,纷纷出台相关加快旅游发展的决定,甚至建立了旅游专项资金。

四、国民经济发展迅速,体育等新兴旅游消费市场潜力巨大

随着国家改革开放的深入和全面建设小康社会步伐的推进,人们的生活水平大大提高,余暇时间不断增加。城镇居民不仅具备了体育休闲消费支出的可能,当时就已出现了体育旅游消费活动。

同时,自1999年以来,国家采用新的休假制度,大大增加了人们的业余休闲和娱乐时间。这意味着人们有更多的时间参与健身和娱乐。当前,城市人口有1/3时间处于休闲状态,城市资源的1/3将转向休闲产业。因此,随着现代工作和生活节奏的加快,压力的不断增加,人们迫切需要在余暇时间进行放松和休闲,调节身心平衡,因而参与体育运动与休闲旅游活动已成为日益时尚的消费选择。随着收入的提升,生活水平的改善,余暇时间的增多,体育旅游活动将成为现代生活方式的重要选择,从而为西部古朴纯真的西部体育旅游产业发展提供了巨大的国内市场条件。

五、加入WTO背景下,西部民族地区具有开发国际体育旅游市场的区位优势

中国加入WTO后,进一步开放了旅游市场,扩大了国际客源,加快了中国旅游业与国际接轨的步伐。旅游业是中国开放最早的产业,国家一直给予西部旅游较大的政策发展空间,有比较固定的客源和资本来源,使其承受冲击的能力增强,具备了迅速发展的良好环境与机遇。

我国西部位于亚洲大陆的中心部位,与南亚、中亚、东欧等联系方便;西部是我国少数民族聚居地,而这些民族与国外联系很多,如新疆与中亚的哈萨克族、宁夏与国外的穆斯林民族、西藏与东南亚国家等联系密切。中国加入WTO后,境外体育旅游者可以方便地进出西部。如图6-4所示,以前东南亚等地旅游者要进入西部需通过北京上海等地周转才能实现,如今西部将转变为中国开发国际旅游业的中心地带之一。因此,西部地区在充分发挥体育旅游资源优势前提下,具有发展国际体育旅游市场的重大区位优势。

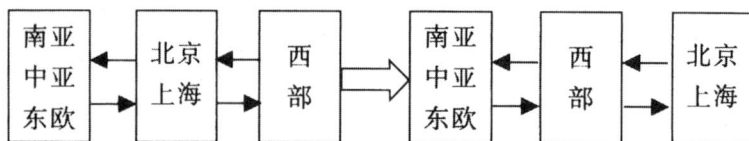

图6-4 南亚、中亚、东欧旅游者进出西部转变示意图

第三节　传统体育与体育旅游的融合与发展

一、传统体育与体育旅游的关系

相辅相成是传统体育与体育旅游存在的辩证关系之一,具体是指传统体育是弥足珍贵的民族文化资源,而民族文化资源则为民族文化创意和体育旅游繁荣发展奠定了稳固的基础。传统体育为相关人士科学设计体育旅游产品、生动表演体育旅游项目、全面展现民间技艺等都发挥了重要作用,同时体育旅游繁荣发展有助于每位中华儿女更好地保护、传承、革新我国丰富多彩的传统体育文化资源。要想从根本上增强传统体育文化资源的保护效果,就应当在文化创意与旅游开发过程中采取切实可行的保护措施,这将为传统体育与体育旅游的产业化发展注入巨大动力,增加二者的生命力。

(一)传统体育与体育旅游有一定的关联性

为了更加深刻地阐述传统体育与体育旅游的关联性,这里以黔东南苗族侗族自治州的传统体育与体育旅游之间的关联性为例展开。黔东南地区不仅拥有别具特色的自然景观和人文景观,传统节日文化资源也具备多重文化内涵。黔东南地区苗族节日分布于一年四季,拥有传统特色的节日文化资源更是数不胜数,这些丰富多彩的民族传统节日中包含的传统体育文化资源尤为丰富,各类体育旅游文化资源也蕴含其中(表6-1)。深入探究能够发现,包括独木龙舟、龙篷在内的和传统体育存在关联的各类物化实体,以及包括龙舟竞渡和踩鼓在内的各类行为活动,都充分说明各类民俗体育活动均能够演变成旅游者观赏、体验以及产生购买力的具体对象,从本质上来说这是一种可以形成多元化效益的体育旅游产业资源,和体育旅游存在着关联性(图6-5)。

表 6-1　黔东南苗族传统节庆体育文化资源概况

资源类项	代表性资源
观赏型	龙舟巡游表演、苗族武术、舞狮子、杂技、舞龙、玩龙灯、玩花灯、打花鼓、跳芦笙、踩鼓、反鼓舞、板凳舞、苗族绝技(捞油锅、上刀梯、引火烧身)
竞技型	独木龙舟竞渡、赛龙舟、斗牛、斗鸟、登山、赛马、斗鸡、摔跤
参与型	打手毽、爬竿、射击

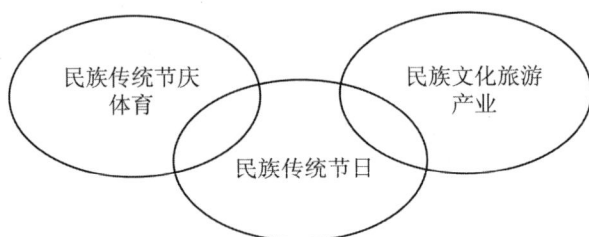

图 6-5　民族传统节庆体育与旅游产业关联性

(二)传统体育资源的市场价值及其体育旅游产业的可行性

市场价值与非市场价值是传统体育文化资源内在价值的具体反映,市场价值主要由审美价值、教育价值、娱乐价值以及科研价值组成,而非市场价值主要由文化传承价值与道德价值组成。深入探究传统体育文化资源的市场价值能够发现,其中蕴含的审美价值可以激发并增强消费者完成消费行为的积极性,教育价值是指传统体育资源产生的经济效益,娱乐价值是指传统体育趣味性强且可供各类群体参与,科研价值是指有关学者和专家能够对传统体育实施深入、全面的考察和调研。

从某种角度来分析,传统体育蕴含的丰富文化资源为体育旅游产业繁荣发展提供了发挥基础作用的原材料,在体育旅游产业的发展过程中发挥着直接开发价值与间接开发价值的作用。传统体育文化资源不但能够充当原材料来直接转换为生产文化产品,还能够在文化产品的生产环节发挥间接性作用,其附加价值的具体体现是各类文创产品的销售额不断上涨。

二、传统体育与体育旅游融合的效应

关联互补是传统体育和体育旅游产业之间的关系之一,这项关系充分体现了各类产业实现和谐发展和经济增长的巨大可能性。从某种程度上来说,传统体育与体育旅游的融合同样是在被市场需求以及技术进步等多重因素影响的基础上,通过彼此渗透以及良性互动逐步使得产业形态处于持续发展的过程,如图 6-6 所示。

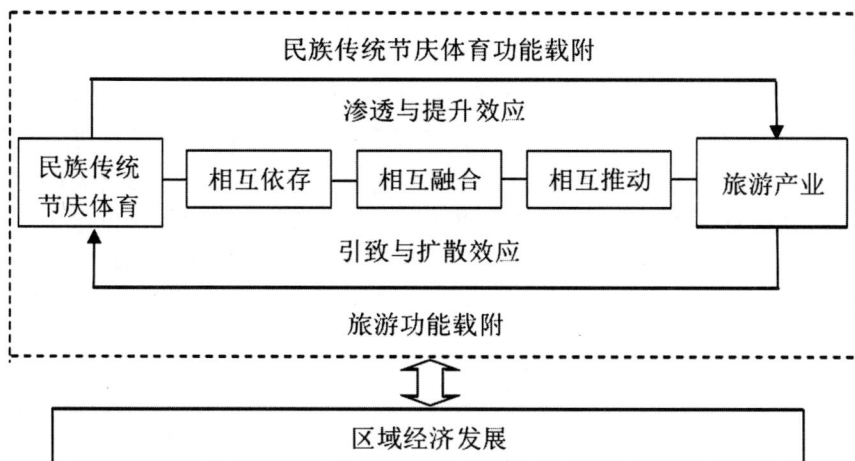

图 6-6 民族传统节庆体育与旅游产业融合效应

(一)经济效应

传统体育和体育旅游的充分融合能够从某种程度上提高民族地区经济发展的整体水平。以内蒙古地区来说,其体育旅游业在国民生产总值中的实际比重就呈现出了增长趋势。具体来说,那达慕作为内蒙古地区民族特色鲜明以及文化吸引力巨大的传统节庆活动,从 1990 年和体育旅游产业充分融合以来就陆续出现了各种时间段、各种规模以及各种级别的那达慕旅游产品,这对内蒙古旅游业保持较高水平、地区区域经济实现可持续发展发挥了很大的积极作用。

(二)渗透与提升效应

立足于旅游的视角来分析,发掘并包装传统体育的相关工作为当地体育旅游产业的开发以及发展注入了生命力。科学开发传统体育项目能够向体育旅游者展现其多元化的文化背景以及文化层次,同时有助于从根本上增强体育旅游产品的品位、内涵、总数、类型、深度以及广度的渗透与提升效应。就内蒙古地区来说,该地区每年都会设法将"那达慕"的平台作用发挥至最大,有目的、有计划地开展时代文化特色显著的旅游活动,循序渐进地达到品牌化目标,包括"旅游那达慕＋马文化"在内的多个新业态。在"旅游那达慕"的诸多产品中,以健康养生为主题而推出的各类旅游商品、各类手工艺品以及各类独特的奶制品都受到广大游客的喜爱。

(三)引致和扩散效应

立足于文化视角展开分析,体育旅游产业能够对传统体育产生显著的引致和扩散效应。从某种程度上来说,体育旅游是传统体育的载体以及重要传播途径,抓住体育旅游则意味着抓住了市场。体育旅游项目对传统体育的实际含量有决定性影响,能够在某种程度上保护和传承传统体育文化、进一步拓展市场空间,促使文化效益实现最大化。在传统体育和体育旅游产业逐步融合的过程中,慢慢形成了崭新的产业形态,如此进一步满足了各类人群的市场需求,旅游者往往能结合自身的时间安排和兴趣喜好来挑选旅游产品。如"吉祥草原锡林郭勒·那达慕"冠名推出的冰雪运动游、温馨体验游、激情盛夏游、浪漫感怀游等多项四季旅游品牌,大大拓展了广大体育旅游者的选择空间,再如包括国际游牧文化节在内的多个传统体育节庆品牌被越来越多的人熟知并参与。

三、传统体育与体育旅游融合与发展的障碍

一方面,旅游需求障碍、宏观供给障碍以及微观供给障碍是传统体育和体育旅游产业相互融合的关键性障碍因子;另一方面,相关产业和部门以及地区之间的信息交流、行政部门的详细分工、区域经济的现实发展状况、跨越部门和地区的相互协作、各行各业之间存在的壁垒等都会对传统体育与体育旅游融合与发展产生制约性作用。各项障碍因子存在着相互关联的关系,每一项障碍因子都会对其他障碍因子产生联动效应。

(一)旅游需求障碍

体育旅游产业是需求导向型产业中的一种。促使传统体育文化和体育旅游产业相互融合的动因就是国民休闲需求逐步增大,旅游产业逐步发展成为综合性大产业,文化旅游逐步发展成一种潮流。从本质上来说,体育旅游需求属于整体性需求,对来自各个方面的供给者提出了地区与时间上保持协调的要求;旅游需求指向性特征指出旅游经营者应当始终参照市场需求来提供旅游供给产品;就旅游需求的季节性特点来说,其一方面会给旅游供给造成诸多不便,另一方面也可以被旅游市场协作和综合利用。一般来

说,社会总体消费价值观、消费者消费水平、消费者实际的消费行为习惯均会对体育旅游需求产生不可忽视的制约作用。传统体育文化和体育旅游相互融合目标能否达成,往往与消费市场是否接受和认同存在尤为紧密的关联,如果融合后的体育旅游产品没有获得市场的认可,则被消费者认可的难度也会随之增加,进而对消费惯性产生或多或少的影响,旅游需求障碍由此产生。由此不难发现,在融合传统体育和体育旅游产业的过程中,应当以市场需求定位为基础来开展体育旅游产品创新的相关工作。

(二)宏观供给障碍

从整体来分析,宏观政治环境能够对包括体育文化在内的文化产业发展的进程产生巨大影响。综合分析传统体育和体育旅游产业的融合过程不难发现,和利益博弈存在关联的分别是地方政府、不同类型的企业、旅游者以及当地民众等多方利益,只有保证博弈均衡,才能从根本上加快其达成速度。一般情况下,政府注意力多集中于宏观管理与政策投入,包括准行政机构在内的各类社会组织则需要高质量完成具有事务性的工作。作为相关的政府机构,应当从政策层面大力推动传统体育文化和体育旅游产业的融合进程,始终找准发展方向,设法使得政府的监控职能发挥至最大化,积极、高效地完成各项协调工作。长期以来,我国旅游产业的管理体制始终处于条块分割状态,有待进一步完善的管理制度以及各级政府的层层管制使得体育旅游产业发展进程中所需的资源要素流动常会受制于行业壁垒。具体来说,可以提供旅游产品以及相关服务的部门往往分属于各行各业,体育旅游吸引物以及景区的相关管理同样分属于多个部门,同时每个行业都制定了保障自身权益的相关规范以及具体制度。需要特别注意的是,将地方与部门特殊利益保护行为设定为出发点而设置的旅游产业规制,以及陆续设置的进退壁垒等行政障碍和利益分配障碍,都在某种程度上加大了不同行政区之间传统体育文化和体育旅游产业相互融合的难度。由此不难得出,要想从根本上推进传统体育和体育旅游的融合进程,就一定要设法排除现有的政策和管制等多重制度障碍。

(三)微观供给障碍

通常情况下,传统体育和体育旅游的资源融合、产品融合以及组织融合都会紧紧围绕体育旅游产品供给方的实际状况提出,从这一点不难看出供给方能够从某种程度上推进传统体育和体育旅游的融合进程。包括文化旅游景区公司或者旅游集团等不同类型的企业均为融合主体,体育旅游产品的供给方应当确保企业能力和企业主导地位都达到相关要求。倘若企业的整合水平、知识学习水平以及创新水平都未达到相关要求,那么它们将无法伴随科学更新和顾客需求核心价值改变及时做出调整,这种情况下即便有再理想的国家政策做铺垫也难以使其达到功能最大化目标。如果难以保证体育旅游企业的主导性地位,则企业主体机制将会呈现出有所不足的弊端,也会增大实现融合效果最大化目标的难度。

四、传统体育与体育旅游融合的对策

(一)构建融合发展理论体系

由于目前传统体育和体育旅游产业的融合还处于初级阶段,所以难免存在这样或者那样的问题,也迫切需要充分发挥科学理论的指导性作用。尽管有关旅游产业融合的研究已经先后获得很多研究成果,但具体的理论体系并未达到要求,这对正确指导融合实践有害无益。由此能够看出,相关人员和部门应当就现阶段传统体育和体育旅游相互融合的实际状况进行学术探讨,精准地界定传统体育和体育旅游的内涵,对具体的融合机理以及效应形成清晰、准确的认识,努力构建出科学可行的理论体系。

(二)培育市场,解除需求障碍

深入分析市场的作用可得出结论,其能够为传统体育与体育旅游的相互融合注入根本动力。充分发挥文化创意的积极作用,想方设法培育出民族传统节庆体育旅游演艺市场,科学构建将传统体育设定为主题的旅游园区,高效塑造出传统体育旅游的良好品牌,最终使传统体育旅游产品的互动性、体验性以及参与性都得到大幅度提升;大力实施体制突破措施以及革新相关机制的措施,设法使市场与政府的双重作用发挥至最大,正确引领社会资本大力开发有关传统体育旅游的新型产品以及新兴业态。想尽办法使体育旅游消费者更加认可新的传统体育旅游产品,同时引导他们做出最合理的选择。

(三)把握政策规制,创造良好融合平台

通过全局分析不难发现,传统体育和体育旅游产业属于系统性工程的一种,要想顺利完成融合必须有政府部门、相关企业、旅游景区等多项因子的积极协调和相互配合。作为相关的政府部门,一定要保证各项政策达到

灵活性要求,妥善处理好管制的放松和收缩问题,积极主动地完成引导者、规范者以及协调者相互转换的工作,由此对各项因子之间的相互协作、相互配合产生积极作用。

(四)增强科技创新,提升旅游企业的核心能力

对于旅游企业而言,其持续具备竞争优势的来源是核心能力。旅游企业具备核心能力则意味着其具备开拓旅游市场的竞争优势。科学技术的支持作用是当今旅游业必须依托的关键性因素之一,先进的科学技术能够助推减少广大游客的旅行时间以及旅行距离,促使体育旅游业的服务水平以及运营管理效率都获得大幅度提升,从根本上增加体育旅游的市场份额。由此可见,体育旅游企业应当定期分析并掌握市场的最新需求,立足于多个层面挖掘具有发展潜力的可用之才,大力培养拥有创新意识和创新能力的高素质人才,在多个学科领域构建相关的研究机制和再教育培训机制,由此从根本上增强吸收转换能力和运用崭新科学技术的能力,有效加快企业原有核心能力的升级速度。

(五)加强规划,拓宽融合功能

作为地方政府,有责任进一步强化传统体育文化和体育旅游产业融合与发展的专项规划建设,设法把传统体育旅游设施与品牌项目建设纳入地方经济发展规划中。在把握传统体育和体育旅游相互融合的基础以及发展的大体走向之后,要想方设法盘活民族体育文化与旅游产业资源存量,高质量完成分层工作和分类工作,有重点、有计划地扶植龙头项目。

在强化传统体育和体育旅游融合功能的过程中,要注重从横向和纵向两个层面加以进一步拓展。具体来说,横向拓展侧重于价值集成型融合,通常情况下能够将更多的第三方关联产业纳入本地旅游体系中;纵向拓展侧重于价值联结型融合,具体是指将不同类型的业态进行产业集群化,并配以学校、医院以及商场等公共设施。

(六)盘活体制机制,开辟市场"蓝海"

科学构建权利和责任都清晰明了的项目管理机制、考核用人机制,以及别具一格的企业文化机制,往往能够为传统体育和体育旅游的融合和发展注入强有力的发展动力。具体来说,一方面应当实施差异化定位,保证融合产品能够在广大游客心中留下良好印象;另一方面应当积极完成持续发展任务和价值创新任务,全面、科学地制定出具体的营销规划,设法开创出具

备多重市场需求的广告市场。

(七)开发具有本地特色的民族体育文化旅游景点

对于少数民族聚集地来说,通常情况下是将本民族人民群众设定为主体,将不同类型的本民族文化资源设定为发展的基础性条件,想方设法使浓厚民族体育氛围的积极作用发挥至最大,由此开发并建设出传统体育文化特色鲜明的体育旅游景点以及独一无二的体育旅游村寨。我国各民族地区应当加强对各种传统体育赛事的推广力度,采取有效手段逐步塑造出具备广泛影响力的文化品牌,将大规模赛事的依托作用发挥得淋漓尽致,为自身旅游产业的良性发展注入动力。

(八)突破传统体育功能的局限性,把传统体育文化功能融于新的文化创意

生产与生活是传统体育文化的重要源泉,传统体育文化是立足于多个视角对古代人民生产和生活的详细解释。由于很多传统体育项目产生于生产水平偏低的古代社会,所以不可避免地会有落后、尚未健全、和当今社会价值观存在偏差的问题。在社会各个领域持续变化的大背景下,现代体育运动对传统体育项目产生了不可小觑的冲击,很多传统体育项目都不得不正视将要被淘汰的发展危机。大胆革新传统体育项目、设法加大传统体育项目对广大游客的吸引力,是推动传统体育产业实现可持续发展目标的有效举措。相关人员和部门在将传统体育文化功能融合在新近出现的文化创意中时,应当大胆突破传统体育功能的不足,推动传统体育逐步拥有娱乐休闲、愉悦身心、提高审美水平和欣赏水平等多重功能。

(九)创新传统体育活动方法,增强活动的参与性和体验性

要想使传统体育旅游产品拥有强劲的生命力,就一定要设法使不同类型的产品项目始终能够满足广大群众的多样化需求,最大限度地吸引广大群众成为各项活动的参与者。为此,相关人员和部门应当进一步加大对传统体育活动的创新力度,设法将崭新的活动手段融入其中,适当添加富有创意的活动体验,促使各项传统体育旅游活动的趣味性特征更加显著。

(十)挖掘传统体育的精神内涵,提升产品附加值

渗透性强是创意产业的显著特征之一,这类产业可以把技术、商业、创意以及文化充分融合起来,能够使产业得到一定程度的延伸,对产业发掘更

广阔的发展空间有显著的积极作用。对于体育产业来说，仅仅经过简单加工就过渡到售卖环节的体育商品并不是完整意义上的体育文化创意产业产品，原因在于这类体育商品重视形式、不重视精神内涵，文化附加值有所不足，其经济价值也必然无法达到高要求。在对各类产品实施科技与文化创意改造时，不仅要推动各类产品转变成实用物品，还要兼顾并满足消费者的心理需求以及精神享受，从而使得产品经济附加值以及产业经济效益得到大幅度提升。针对各式各样的体育产品，在实施科技与文化创新时，一定要设法将文化与科技内涵渗透在其中，保证开发出的纪念品达到实用、美观、价值高三项要求，促使各类产品的创意文化经济附加值得到质的提升。

（十一）科学运用现代科技媒体技术，提高传统体育文化的知名度

大胆革新信息传播手段，要在设计传播新信息内容时融入创新意识，大胆应用集信息化、数字化以及智能化等于一体的科学技术和新媒体技术。相关人员和部门在介绍和推广本民族特色以及独特的产品时，赛事转播手段和录制播放有关传统体育活动的电视节目、电影、动漫作品等手段均可采取，由此来有效增强各类产品的影响力。

第七章 传统体育文化之武术文化学练实践研究

传统武术是我国的"国粹"之一。现如今,传统武术仍旧是大众体育健身的重要内容,其不仅在我国有着十足的影响力,甚至在世界范围内都有大量拥趸。本章就对传统武术文化进行研究,并对实践内容进行学练指导。

第一节 传统武术基本理论

一、传统武术的概念

(一)传统武术概念的内涵

我国传统武术已在中华大地上传承了千百年。早期的武术仅仅被视为是一种身体活动方式,更多应用于军事、健身和文化承载等方面。后来武术越来越被人们系统化和体系化,以至于最终形成了独特的科学体系,成为中国文化乃至世界文化领域、体育领域中璀璨的民族智慧的结晶。

对于传统武术概念的界定问题,长期以来存有很大的争议。通过查阅大量历史文献,得知"武术"一词最早出现在南朝时代,当时颜延年所作的《皇太子释奠会》中记载:"偃闭武术,阐扬文令。"①之后,随着历史的不断演变,"武术"一词经历了各个不同的历史发展阶段,并且也形成了自身不同的内涵。颜延年在其诗中将"武术"一词定义为发扬文治、停止武战。仔细分析后发现,颜延年给"武术"下的这个定义与我们现代所理解的武术的含义相去甚远,甚至思维并不在一个同等维度上,所以这只能认为是给我们为"武术"下定义的一种另类的参考。武术传承到今天,其已经与过去大有不

---

① 全国体育院校教材委员会:《中华武术教程》,人民体育出版社,2003。

同,其基本含义也变得更加纯粹和简单,即主要是指能够使人们达到强健体魄、维护自身安全的技击技术。武术能够将传统的中国文化特点转化为外在的形式表现出来,并且它还连带将传统哲学思想一同展现,其用武之道也是对我国传统伦理观念的直接体现。此外,中国的养生学、传统医学也与武术的基本理论有着非常密切的联系。我们可以认为,武术就是集古代健身、防身、养性、修养等理论和实践为一体的身体运动形式。

武术中的主要动作形式和功能都是用于格斗,这也是武术的本质运动形式。这种本质形式来源于武术的起源,远古人类无论是为了争夺猎物,还是为了守护领地都会展开不少肢体纷争。在这些搏斗或纷争中,掌握精湛的搏斗技术无疑是获得获胜利益的基本保障。由此可以看出,在武术的发展和变化的过程中,技击始终是其本质内容和形式。

对武术的详尽分析还可以从字形、字义和内容上进行:

①字形上的分析。从字形来看,"武"这一个字,可以被拆解为"止"和"戈"两个部分,为此,《中国古典艺术》对此进行了论述,即"武字甲骨文篆文均从戈从止,金文亦从戈,作人持戈前进的样子"。①

此外,许慎也曾在他的《说文解字》中提到过"夫武,定功戢兵,故止戈为武。"②翻译成白话文意思为军队在赢得胜利之后,整理军队回营。"止"就是停止的意思,"戈"则泛指一切战争中使用的工具,通常为兵器。由此可见,"武"是停止打仗的意思。然而上述解释只是在古代文献中的用法,有一定的语言环境,而实际上这些关于"武"的意思并非"武"的本义。

在行书中,"术"字被写成了"術"。在金文、甲骨文以及战国时期的陶文中"术"的写法,就像一个四通八达的街中的十字路口一样,从这一方面来看,"术"的意思是经过后人引申的,技术方法是其引申后的主要意思。

综上所述,在研究了古人们给"武"和"术"的释义后,基本可以认定"武术"就是一种以技击为主要形式的搏击方法。

②武术内容上的分析。丰富多样的技击技术是武术运动的基本技术和本质特征。为此,在武术的基本理论、基本功、套路动作和实战技击等多方面几乎都包含了这项内容。在我国《礼记》《汉书》和《荀子》中都有关于武术内涵的解析,如《学记》将武术的具体内容概括为"执技论力"。另外两书又称"武术"为"技击",汉代又称为"手搏"之技。《纪效新书·拳经捷要篇》写道:"学拳要身法活便,手法便利,脚步轻固,进退得宜。腿可飞腾,而其妙也;颠番倒插,而其猛也;披劈横拳,而其快也;活捉朝天,而其柔也。知当斜

---

① 全国体育院校教材委员会:《中华武术教程》,人民体育出版社,2003。

② 同上．

闪……"俗云："拳打不知，是迅雷不及掩耳，所谓不招不架，只是一下，犯了招架，就有十下。"[①]在总结岳山派八极拳的武术文稿中，渤海马三称太极拳有四大法、六大开、六肘头、八大招、十二路等。单就招法而言就有 12 种之多，如虚招、实招、小招、活招、绝招、大招、单招、变招、攻招、巧招等。仅凭这些内容就足以将武术运动中丰富的攻防内容充分表现出来，同时也能将武术的本质特征很好地体现出来。

③字义上的分析。对于从字义的角度分析也可以给武术概念的内涵提供一定的参考。首先来看"武"字，从字意上讲，"武"字可以被解释为依靠威力服人，或是"讲武论勇"。"武"在《辞海》中被解释为是一种"干戈军旅之事"，"术"则为"整军经武的技术和方法"的意思。为此由武术字意，就可以将其看作是一种力、技、击、法的方法。

人类依靠聪明才智创造出了众多科学技术，其中对于传统武术带来较大冲击的是火器的发明。火器发明之后，凭借其杀伤力、杀伤面和投放距离等优势被更多使用到了军事领域，这就使之前军事一直依赖的武术的技击价值大大降低，使得传统武术不得不更加突出强健身心的价值，向着健身和养生的方向来进行发展。时至今日，传统武术仍旧是深受广大人民群众喜爱的体育健身项目。不过，武术的本质——技击价值仍旧没有完全消退，仍旧可以使练习者掌握一定的攻防技击能力和技术，以便在必要时起到防身的作用。

（二）传统武术概念的发展

几千年中华文明孕育出的武术运动，其概念始终是在不断变化发展的。要想探讨真正的传统武术概念，就需要对不同时期传统武术概念的发展变化有所了解。因为每一个时期对传统武术概念的表述都可能反映出当时的社会背景、人们普遍对武术的态度以及统治阶级对于武术发展的支持程度。这显然对更加深入地了解武术的本质大有益处。

"武术"一词最早被使用出来还要追溯到晚清时期。在 1908 年 7 月《神州日报》刊载的一篇文章中说道："论今日国民宜崇旧有之武术"。这一时期西方科学逐渐被我国接受，与之相关的其他概念等的内容也愈发追求标准化和具体化。这种发展趋势也就使得"武术"和其他"国技"之间的模糊与重叠获得了一些校正，最终武术的形式被命名为"国术"。这个词的出现，说明了人们认识并确立了武术不同于其他技击之术，带有非常浓厚的自身特色。

来到近现代，民国期间就曾有文件对武术的概念进行描述，如在 1932

---

① 全国体育院校教材委员会：《中华武术教程》，人民体育出版社，2003。

年发布的《国民体育实施方案》中提出：武术作为国术，原本是中华民族具有
的进行身体活动的锻炼方法，既能够给人们提供相应的自卫技能，同时也能
够作为进行锻炼的手段。此时的武术在军事领域的作用大不如前，在实际
战斗中只有在近战时才有作用，这与人们心中了解的武术已经大有不同了。
另外，这一时期西方竞技体育项目大量涌入我国，大众对于这类运动项目逐
渐喜爱，并能直观地发掘蕴含在这些项目中的健身、健心和审美情趣等价
值。尽管如此，我国民众也并未完全对武术的价值予以否定。从上述概念
来看，既着重强调了武术能够给人们提供一些自卫技能，同时它又能够成为
人们进行身体锻炼的工具。这也与当时我国正处于民族危机之中，提倡"强
国强种"奋进口号的精神倡导相吻合。通过上述的诸多事例证明，武术具有
自身的体育性质和技击特点，同时能够使人们更为清晰地认识到它是我们
民族固有的进行身体锻炼的方法。

　　著名学者马明达先生对当时民国时期普遍使用的"国术"一词做出了解
释，他认为"国术"的概念具有多元化和综合化特征，它的主体是古代"武艺"
遗存下来的一些民间体育项目的组合体，是当时人们词语概念中"土体育"
（本土体育）的官方称谓。关于"国术"一词的一系列表述显示出了"国术"所
包含的内容较为广泛，囊括的内容较多。它不单单是武术的称谓，甚至还包
括一些其他民族传统体育的形式。民国时期曾组织过颇有规模的"国术考
试"，从它的考试项目中也可看出其内容并不仅限于武术的内容，而是一个
以徒手与器械格斗竞赛为核心的民族体育体系。这里我们可以通过《国术
考试条例》及其《细则》中的规定了解得更加细致一些，如其中写有该考试分
为国家、省、县的三级考试，分为文科和术科两种，其中术科考试的项目不只
是武术的内容。因此可以说，在民国时期，"国术"的结构是一个具有多元结
构的复合体，武术只是"国术"中的一个组成部分。

　　新中国成立以后，党和政府为发展我国体育事业做出了大量努力。其
中一项重要工作就是为了民族体育的有序发展，将民族体育置于整个大体
育中，将民国时期的"国术"进行了拆分，并重新划分类别，将"武术"一词重
新使用。这样一来，"武术"一词所表示的事物更加纯粹，具体内容包括拳
术、器械、对练、集体演练、散手和推手等。

　　1957年举办过一次"关于武术性质问题的讨论"的会议，在学者们进行
了激烈的讨论后基本达成了一致的观点，即认为武术的本质是技击；现代武
术开展的主要目的为强健身心；武术是我国民族传统体育的重要组成部分，
有着非常重要的健身价值和健心价值。在这一时期有一种"武术即技击"的
观点出现，这种简单的"唯技击论"没有关注传统武术中的其他内涵与价值，
因此太过片面和武断，并不具有代表性，因此该观点受到了批判，很快沉溺

下去了。

我国第一部对武术做出全面解释的具有权威性的教材是 1961 年出版的《体育学院本科讲义·武术》。该教材对武术概念的表述为："武术是以拳术、器械套路和有关的锻炼方法所组成的民族形式体育。它具有强筋壮骨、增进健康、锻炼意志等作用；也是我国具有悠久历史的一项民族文化遗产。"①根据这本教材中对武术概念的表述可知，它重点强调了武术是"民族形式体育"中的一种，同时也对武术的社会功能和具体的运动形式等内容进行了介绍。但是，引起很多学者关注的是，上述武术的概念并没有在表述中对武术所具有的技击特点进行涉及，同时对武术的社会功能方面也没有涉及，即使在教材最后的论述中提到了武术是带有技击性质的民族体育项目，但在就此问题进行的论证中好像也故意避开了它的技击性。不过，出现这种情况的原因并不难发掘，这主要是因为当时对武术"唯技击论"进行了批判后，后来人们再给武术认定概念时，为了避免"麻烦"而故意削弱了它的技击特性。

《体育系通用教材·武术》也是一本关于武术的教学教材，它于 1978 年出版。这本教材对武术概念的表述为："武术，是以踢、打、摔、拿、击、刺等攻防格斗动作为素材，按照攻守进退、动静疾徐、刚柔虚实等矛盾相互变化的规律编成徒手和器械的各种套路。它是一种增强体质、培养意志、训练格斗技能的民族形式的体育运动。"②该教材较为详尽地对武术的每一个特点都进行了较为全面、详细的概括，特别是对武术的技击特征进行了毫不避讳的说明，表现出了十足的客观性。在该表述中还对训练格斗技能的方式有所涉及，这既强调了武术的技击特点，同时也对武术作为民族形式的体育运动这一概念进行了说明，从而在一个方面将武术与现代竞技体育进行了一个初步的结合，为以后武术的竞技化发展做出了理论性的尝试。该教材在五年后再版，新版本对武术的概念进行了一些补充。新的武术即被定义为是：以踢、打、摔、拿、击、刺等技击动作为素材，遵照攻守进退、动静疾徐、刚柔虚实等规律组成套路，或在一定条件下遵照一定的规则，两人斗智较力，形成搏斗，以此来增强体质、培养意志，训练格斗技能的体育运动。以上概念将武术的全部内容都包含其中，为人们开展武术概念的相关研究工作提供了基本思想指导。

20 世纪 80 年代后期，国际武术联合会成立，该组织负责促进、协调与组织世界各国武术运动的交流和发展。我国作为传统武术大国，自然

---

① 贾亮：《武术传统文化与使用套路解析》，中国商务出版社，2008。
② 同上．

得到了该组织的重视。同时,为了在国际范围内更好地推广武术运动,我国确立了武术在国际上的通用名称,英文"Wushu"。"Wushu"一词的确立,标志着武术从原始的技击、武艺、国术等这种复合的、外延广泛的民族体育体系转变成为一种走向单一化的富有浓厚民族特色和东方文化的体育运动项目。

二、传统武术流派与特点

(一)传统武术的流派

众所周知,传统武术指代的是我国众多武术流派和形式的统称,而并非只是单一的一种套路或打法。不同流派间的武术动作拥有或多或少的差异,而这种差异使得武术的内容非常丰富,让人学而不尽。不过从另一方面看,也正是由于传统武术流派众多,从而在一定程度上对武术运动进入现代竞技体育家族造成了阻碍。下面对传统武术流派的基础知识进行分析。

1. 传统武术流派的分类

从动态发展的眼光来看,武术流派与现代武术的各种运动形式实质上都是对博大武术的不同分类方法。早期武术与现代武术的流派划分有所差异,现代武术的划分融入了更多的现代体育思维。然而由于我国传统武术有其本身的特色和传统,再加上不同流派分布地区不同,起源和发展的社会文化背景也不尽相同。因此,完全遵照现代体育的划分方法进行划分显然显得较为片面。

具体来讲,传统武术流派主要有以下几种不同依据的分类方式。

(1)"长拳"与"短打"

明代戚继光在《纪效新书》中介绍的当时流行的拳法有"长拳""短打"的分类,记载了"势势相承"的宋太祖三十二式长拳,还有"张伯敬之打""李半天之腿""千跌张之跌"和"鹰爪王之拿"等不同流派。明代程宗猷《耕余剩技·问答篇》记载"长拳有太祖温家之类,短打则有绵张任家之类"。后来,长拳类多指遐举遥击、进退急速、大开大合、松长舒展的拳术,短打类主要指幅度小、势险节短、贴身近战、短促多变的拳术。

（2）"内家"与"外家"

"内家"与"外家"之说最初见于清初黄宗羲撰《王征南墓志铭》中的"少林以拳勇名天下，然主于搏人，人亦得以乘之。有所谓内家者，以静制动，犯者应手即仆，故别于少林为外家"。

明清之际的内家拳仅是一个拳种，外家拳仅指少林拳。到民国期间，凡注重"以静制动""得于导引者为多"者，概称为"内家拳"；"凡主于搏人""亦足以通利关节"者，概称"外家拳"。

（3）"少林派"与"武当派"

少林派因以少林寺传习拳技为基础而得名。少林拳源自嵩山少林寺僧众传习的拳术，后来逐步发展为与少林拳系特点相近的拳技皆归为少林派，其拳技有罗汉拳、少林拳、少林五祖拳等。

武当派之说以黄宗羲撰《王征南墓志铭》为据，"有所谓内家拳者……盖起于宋之张三丰。三丰为武当丹士……"，因此得名。清末又有人称太极拳传自明代武当道士张三丰。此后遂有将内家拳、太极拳、八卦掌、形意拳称为武当派的说法。

（4）"南派"与"北派"

"南派"与"北派"的分类是按地域划分的派别，见于民国时期陆师通《北拳汇编》等书。此说在民间广为流传，以流传地域为基础，并受地理环境气候的影响。我国南方流传的武术拳法多，腿法较少，动作紧凑，劲力充沛；而北方流传的武术腿法丰富，架势开展，动作起伏明显，快速有力。根据南北武术的不同特性，故有"南拳北腿"之说。

（5）"黄河流域派"与"长江流域派"

我国地域广阔，流传于不同区域的传统武术，风格特点迥然各异，民国初年《中国精武会章程》等书中，使用了"黄河流域派""长江流域派"，以江河流域分派。

2. 传统武术流派的形成

传统武术流派的形成是一个动态的过程，它的划分过程秉承传统，也融入创新。如果一种武术的风格和技术特点都区别于任何拳技时，新的流派就宣告产生，如太极拳的形成就是由陈王廷吸取各家拳法之长，以戚继光三十二式长拳为基础发展而来的，后经多位太极宗师的丰富和改良，逐渐形成了太极拳派。

武术流派的形成主要有以下三种情况：

①繁衍支系，发展拳派。各式太极拳的繁衍即属此类情况。

②类同合流，壮大拳派。各流派在发展过程中，将类似的武术技法进行

归类,从而形成了一个较大的拳派,例如少林拳派。

③融合诸家,创立新派。蔡李佛拳、五祖拳、形意拳、八卦拳等即属此类情况。

3. 传统武术流派的作用

关于不同流派分类的说法,对人们研究武术的技术特征、分布区域,促进武术的发展与传播起到了一定作用。在武术的长期发展过程中,传统武术流派尽管受到小农经济以及宗法制度等的影响,有着门户之别,但武术技术流派在武术发展的历史长河中仍然起着积极的作用,同时这也是我国武术种类较为丰富的重要表现。

传统武术的流派及其划分体现了武术技术特点各有不同的现实情况。不仅如此,它也是对这种古老技艺延续与传承的有效形式。

4. 传统武术流派的分布

(1)南派武术流派的地理分布

武当派:主要分布于湖北、陕西及浙江的温州、宁波一带。

峨眉派:主要分布于四川。

咏春拳:主要分布于福建、广东等省。

(2)北派武术流派的地理分布

少林派:少林寺是中外闻名的少林武术的发源地,位于河南省登封市西北嵩山的五乳峰麓。主要分布于河南、山西等省。

八卦掌:主要分布于山东、河北、北京、天津等省市。

太极拳:主要分布于河南、河北、北京等省市。

形意拳:主要分布于河南、山西、河北等省。

通背拳:主要分布于浙江省。

戳脚拳:主要分布于辽宁省的沈阳市及河北省。

(3)岭南武术流派的地理分布

南拳:主要分布于广东、福建、湖北、湖南、四川、江西、江苏、浙江等省。

虎鹤双行拳:主要分布于广东、广西一带。

(二)传统武术的特点

现如今,传统武术已经被越来越多的国内外武术爱好者所热衷,这与其本身所包含的诸多特点紧密相关。总的来看,这些特点主要为适应性、技击性、文化性和综合性。

1. 适应性

传统武术的适应性主要体现在以下方面：

①传统武术可以在室内外两种环境中开展，因此不会受到时间、气候和季节的影响，可谓是一种"全天候"的运动形式。由此它相对于其他体育运动项目而言，具有更为广泛的适应性。

②传统武术更多是自身的身体运动，或是持器械的身体与器械的结合练习。只有要相对空旷的场地就可以开展，因此对场地、器材以及环境条件的要求极低，练习者可以根据场地的大小变换练习内容和方式，即使一时没有器械，也可以进行徒手练习。例如，场地过小可以习练太极拳等拳术，场地开阔则可以习练一些兵器套路。

③传统武术种类繁多，因此也出现了较多的练习形式，有适合演练的各种拳术、器械和对练，有竞技对抗性的散手、推手、短兵，还有与其相适应的各种练功方法。为此，人们可以依据自身的兴趣选择适合种类练习。除兴趣外，还可以根据性别、年龄、心理状况等选择做出适当的改变，以符合当时身心发展的需要。

2. 技击性

（1）技击性是传统武术的本质特点

传统武术内容丰富、形式较多、流派各异。但不管是哪种武术，其本质都是一种积极性运动，也几乎都带有实战性特点。传统武术正是具备了这样的特点，有此本质属性，才得以区别于其他的运动项目。

（2）技击性决定传统武术的动作规格

传统武术的技击特点决定了其动作规格。清吴殳在《手臂录》中说"攻为阳，守为阴"，也就是说，攻击对手时需要奋力突进，力法表现出刚劲的一面；守时随人而动，力法表现出阴柔的一面。并且，刚柔始终是相互转化的，没有永远的攻，也没有永远的守，攻中有守，守中带攻，刚柔并济。

（3）传统武术的动作方法具有技击性

传统武术最可令世人感知其底蕴的就是其套路运动。例如，在武术套路的编排中，力求将技击性和艺术性相结合，尽管为了套路编排贯串及演练技巧上的需要在其中穿插了一些非攻防技击意义的动作，但始终也没有丢掉技击这项本质属性。

（4）传统武术的力法和创新具有技击性

近代以来，传统武术中的各拳种不仅在技术上仍体现了各种技击做法和力法，并且在各自的拳理中也反复强调技击的理论。例如，太极拳的拳风主要以阴柔绵软为特征,因此无论是从外在动作特点,还是拳谱中的描绘也都充分体现了这种功法特点,以此还将其基本功练习方法——太极推手单独设立为了一项运动。这也是突出体现传统武术技击性特点的依据。

目前,传统武术的技击价值基本被消磨殆尽,更多体现在防身方面。尽管必须承认传统武术套路技击的特点有所淡化,但技击性仍将作为传统武术的最基本特点而长期存在,这将会是相伴传统武术运动发展一直存在的特点。

3. 文化性

传统武术的文化特性具体表现在以下几个方面。

(1)传统武术套路的产生很大程度上是由传统文化决定的

传统武术套路的演变经历了一个长期的过程,最终才形成今天人们看到的这种带有高度程式化的运动形式。不同种类的武术套路都可以很好地表现出其所属的不同派别的风格和特点。我国传统武术之所以能够实现它的完整性、丰富性和传承性,与其始终浸在传统文化背景中有着巨大的关系。这种传统文化背景对武术产生的影响主要表现在"道""崇礼"和"传承"三个方面。

首先,追求"道"是传统武术套路产生的思想基础。所谓的"道"通常被理解为是有原则、有方法、有方式的意思。因此,对"道"的追求实际上就是一种对正统的程式化的追求。

其次,"崇礼"是武术套路产生的伦理道德基础。"礼"的范畴具有一定的广泛性,具体来说,它包括人们的行为规范、礼仪。我国自古就是"礼仪之邦",中国人重"礼"的态度影响到每个人的生活,乃至国家政治和国格。这样就使得中国人上上下下的言行都处在一定的规格和程序之中,那么这种程序化的表现体现在传统武术套路中也就是非常正常的了。

最后,"传承"是传统武术套路得以延续的社会基础。作为唯一一个将文明一脉相承的文明古国,中国历来重视传承,尊师重教。因此,只有程式化的武术套路才便于传承。

(2)传统文化决定了多种武术拳种并存的情况

首先,传统文化的独立性决定了传统武术多样性和多种形式并存的特点。我国幅员辽阔,在不同地域居住的人受不同自然环境和人文环境的影响会衍生出不同的文化和思维方式,产生了性格、民俗和文化特征之间的差异。而在长期的封建社会中,生产力和科学技术水平有限,交通不便,地区之间的联系较少,人员流动困难,这就给不同地区的人相互交流带来了限制。所以,在中国不同地区所出现的各具特色的拳种在当地都能保持相对独立的发展态势。

其次,传统文化的封闭性使得众多武术流派和拳种之间的交流较少,如此才使得不同流派和拳种表现得更加原汁原味,没有受到其他拳种的影响。或者说,在不同地区流传的拳种,正是由于文化之间的封闭性才得以相对独立地发展起来。

最后,传统文化体制的独立性决定了传统武术多个拳种并存的特征。这其中最为重要的文化体制就要算古代的宗法制度和家庭本位主义了。这种制度使得中国的家庭家族特别重视血缘关系,因为国人普遍认为这是一种表现家庭凝聚力和排他性的绝佳方式。这种情况在传统武术的传承中可以非常明显地表现出来,常见的如一种家传拳术传男不传女、不传品行不端者、不传外姓人等。纵观我国多种拳种的流传过程,不难发现其中大多存在这种情况。如此一来自然导致拳种发展更加封闭,使不同拳种相对独立传承成为可能。

(3)传统武术体现了传统文化的"刚健有为"

"刚健有为"的精神是中国传统文化的基本精神之一,是中华民族的心理要素,它主要包括自强不息和厚德载物两个方面,这种精神在传统武术中得到了充分的体现。

传统武术是一种技击术,崇尚勇武,追求制胜。《角力记》(传为宋人调露子所撰)中记载:"夫角力者,宣勇气,量巧智也。然以决胜负,骋矫捷,使观者远怯懦,成壮夫,已勇快也。"由此可见,武术无论是对习者还是对观者都倾注了一种勇武顽强、一往无前的强者争胜的精神。

(4)传统武术体现了传统文化的"形神兼备"

"形神"原是中国传统哲学中的重要概念,后来晋代画家顾恺之将其运用于画论,使之有了深刻的美学意义,强调不仅要追求事物的外在形态美,更要追求内在精神美。此后我国众多传统文化因子中都包含了这种形神兼备的元素,传统武术也不例外。在传统武术中,"形神兼备"是以拳理的形式在传统武术中表现的,是中国传统文化特点在传统武术中的反映。

(5)传统武术体现了传统文化的"内外合一"

传统武术"内外合一"的特点主要是通过武术功法和技法来体现的。"内练精气神,外练筋骨皮"是各家各派练功的准则。其中,"内练"涉及"精、气、神",这和中国的养生术有关。"外练"主要涉及人体骨骼、关节、肌肉所组成的运动系统,由运动系统完成各种动作。"内外合一"境界的具体表现如下:

首先,传统武术的动作要领十分重视调整呼吸,使呼吸和动作相互配合。例如,太极拳主张身心合修,要求"以心行气,以气运身";少林拳要求精、力、气、骨、神内外兼修;南拳要求"沉气实腹""发声呼喝"等。

其次,传统武术的套路在技术上往往要求把内在精气神与外部形体动作紧密相合,完整一气,做到"心动形随""形断意连""势断气连",以"手眼身法步,精神气力功"八法的变化来锻炼身心。

最后,传统武术理论的训练要求是把"精、气、神"加上力和功,与"手、眼、身、法、步"相对应起来,这是养生理论和武术理论及训练方法相结合、相互渗透的结果和表现。

(6)传统武术体现了传统文化的整体观念

"注重整体"是中国传统哲学天道观的重要特点,要求人们在对对立统一这个宇宙根本规律的把握上,更加注重对立面的统一和协同,强调从统一的角度去观察事物,强调事物的整体性和过程性。

这种"注重整体"的具体表现方式为除了把握每一个动作的规格和细节之外,更要注重动作与动作之间的衔接,以使整套动作气韵生动、气势连贯、一气呵成。

4. 综合性

传统武术是一种集功法、套路和技击术于一体的运动,是我国传统运动中最具代表性的项目,富有综合性的特点。

纵观其他一些带有技击性质的运动,如摔跤、柔道、拳击等,它们能表现出极强的实战性,将技击的特点发挥得淋漓尽致,然而这些项目并没有丰富的套路来演练,其存在的目的也只有一个,那就是用力量和技巧将对手打败。传统武术讲究功法的练习,是套路演练和技击术的基础。技击意识是各派拳法共同的属性,将技击的意识和表现形态加入武术套路中,才得以将武术套路运动和舞蹈、体操等区分开来,而功法的严格要求,又使武术较其他运动项目有着独到的养生修身之价值,使武术运动员的运动年龄可以长于其他运动员。

三、传统武术的多元价值解读

传统武术具有的多元价值是其能够传承至今依旧被众多人热捧的重要原因。而且,越来越多的外国武术爱好者也对神秘且充满中华文化内涵的传统武术颇感兴趣,甚至不远万里来到我国学习。传统武术的价值主要可以分为实用价值和社会价值两大类。实用价值主要体现在它的强身健体、观赏娱乐两方面,而社会价值则包括文化交流、形意审美和促进经济发展三方面。下面就对这两大类共五种的价值进行解读。

(一)强身健体的价值

传统武术对练习者起到的强身健体价值是一种多元化的强健功能,它不仅包括对人身体机能方面的促进,还包括对心理健康方面的促进。这就是所谓的身心兼备、内外兼修,而这也是传统武术带给人的最核心的价值。

我国的传统武术从来不只是要求身体外在动作的修炼到位,那只是传统武术习练的项目之一,更重要的价值是在于"修心",是一种看不到的练习。只有当精、气、神的修炼与动作练习同步,使两者结合起来,才能真正称得上是习练到了武术的真谛。内修,为武术运动注入了灵魂。由此可见,传统武术既能够进行形体上的锻炼,同时也能够全面锻炼人的身心。

现代人们非常注重身心的共同发展,传统武术所具备的这种价值刚好满足人们所需。纵观众多体育运动,唯有传统武术将"内外兼修"的思想发挥到了极致。传统武术对人身心两方面的锻炼主要是通过内练来调理精神,通经脉,理脏腑;外练以强健筋骨,利关节。习练传统武术既可以提高人体的筋骨和关节的能力,增强体魄,同时还能够对体内的经脉、脏腑功能进行有效的调理,从而使之拥有更好的精神状态。长期坚持练习能够使肌肉的力量得到增强,提高关节和韧带的伸展性,提高人体免疫系统、内分泌系统和神经系统的功能,从而使机体能够保持在最佳的状态。在众多传统武术项目中,太极拳是最受人们欢迎的、也是开展最为普遍的项目。它之所以受到传统武术健身者的青睐,主要在于它强调通过意识来对动作进行引导,除此之外在实践中还能让练习者感受到明显的练习前后身心方面的积极变化。再加上太极拳动作缓慢阴柔、柔中带刚的特性,使得它的练习者的年龄跨度最大,下至小学生,上至耳顺老人,可谓男女老幼皆可练习。

综上所述,长期习练传统武术对人身心发展的益处众多,使人可以获得内外两方面的良好体验,收获满满的健身效益。这些也是人们拥有良好社会适应能力和人际交往能力的前提。

(二)观赏娱乐的价值

尽管传统武术具有技击性的本质特征,但几乎所有的武术动作,特别是套路武术中的动作都非常富有美感,具有相当高的观赏价值。在古代,街头卖艺的艺人中就不乏卖弄武艺的人，或是展现某种武艺绝活，或是表演一套功法套路，这些都是当时的人们喜闻乐见的节目。而在今天，武术已经成了一种体育项目，获得了更加正式的"身份"。习武之人在设施完善的场地中表演武术，更能将武术中的美的元素表现得淋漓尽致。

武术之所以具有非常高的美学价值，成为人们乐于观赏的活动，主要在于其在长期的发展过程中深受中国古典美学的熏染，具有很高的美学价值。人们在观赏或自我演练中享受到形的飘逸、神的韵味，给人一种奋发向上的推动力，对人的精神是一种极大的充实和洗礼，如此便可以从对武术的观赏和演练当中获得艺术美的享受。

传统武术不论是技术动作造型的艺术美，套路演练时内外合一、形神兼备的和谐美，还是竞赛对抗格斗中所表现出的精湛攻防技巧和顽强拼搏的精神等，都能给人一种美的享受和精神上的激励。

除此之外，这种娱乐的价值还体现在人们的亲自参与中。武术运动种类繁多、形式各异，只要想参与其中，人们总能挑到适合自己的那一"款"。因此，传统武术深受广大群众的喜爱，人们的精神文化生活由此更加丰富。

(三)文化交流的价值

只有通过传播，文化才能更好、更持久地发展下去，这点对于历史悠久的武术文化也是如此。习练武术虽然是个体行为，但在习练过程中，大多数练习者还是会通过教师指导的方式学习，学成之后还经常会与志同道合的"武林中人"一同切磋并交流技法和心得。如此，传统武术就成为一种非常理想的促进人与人之间沟通的途径，是增强团结与促进友谊的一种重要手段。

民族的也是世界的。目前，我国非常注重将民族文化推广到全世界。武术作为中华文化的代表，自然成了在国际中传播最广、影响力最大的文化名片。以至于越来越多的国外武术爱好者被传统武术所吸引，甚至来到我国拜师学艺。在学习期间，他们不仅学会了武术的运动形式，更对我国的传统文化有了较为深刻的理解。除此之外，我国传统武术作为中华民族的优秀传统文化和体育项目，在国际交往中也发挥着其特殊的功能，为中华民族与世界其他民族之间的相互沟通做出了巨大贡献。

(四)形意审美的价值

在中华文化的熏陶下，传统武术自然具有东方哲学的意蕴，这是传统武术具有的一种重要价值。这种价值也是传统武术之所以能区别于其他国家体育运动的关键点。而这一哲学思想就是对人自我充实与外在表现的追求,即达到一种"形神合一"的境界。

传统武术所表现出的形意审美价值具体有以下几个方面:

①传统武术讲究手、眼、身、法、步等身体动作的规范,以及精、神、气、力、功的统一,强调习练者的意念思维,进一步发展到追求动作演练所体现出来的精神、节奏与风格,这就形成了武术形神兼备的运动特色及审美特征。

②在传统武术的对抗性搏击竞技中,人体的力量美、灵巧美、速度美和柔韧美得到了充分展现,从而给观赏的人带来美的愉悦和享受。

(3)传统武术中的许多拳法动作等经常会受到自然原型的启发,通过模拟自然界中的某种动物或景象的姿态来表现武术动作,如螳螂拳和醉拳等。这些也都体现出了我国传统武术独具特色的含蓄、深邃的内在之美。

(五)促进经济发展的价值

在现代,大多数具有一定规模和参与人数的运动都在朝着市场化的方向发展。传统武术作为我国传统体育的代表,肩负着传统体育向市场化迈进和探索的重任。不能否认的是,传统武术本身也是具有经济价值的,然而这在很长一段时间内是被人们所忽视的。现代体育产业化的发展给传统体育发挥其经济价值以良好的契机,因此必须抓住这个契机,坚定地将传统武术推向市场,敢于尝试,走产业化发展的道路。

传统武术的经济价值拥有潜在性和间接性两种特点,具体主要表现在以下两点:

①传统武术的竞技性在现代已经越发显现出来,而这也是武术走向市场的重要抓手。只有有竞争,才会吸引更多的观众,才会提升运动的影响力,进而才会获得更多的商业赞助,提升自身的市场价值。2000年以后,这种传统武术市场化的发展势头猛增,一时间,众多以传统武术为主的赛事获得举办,其中比较有影响力的赛事,如"中国功夫与美国拳击争霸赛""中国功夫与泰国泰拳争霸赛""康龙武林大会""少林武术节"等。这些赛事都是"武术搭台、竞技唱戏"的典范。

②我国传统武术具有修养身心的特点,这一特点在当下非常符合许多人减肥瘦身和提高身体素质的需求。这显然可以作为新的经济增长点来获得重视,潜力无限。

总的来看,从经济学的角度分析,传统武术产业属于第三产业。武术产业的发展不仅使武术本身受益,还可以带动与武术相关的其他行业的发展,这种联动式的发展带来的经济效益可想而知是非常巨大的。传统武术文化资源的开发可以使世界各国人民通过它来了解中国文化和中国人民,其中最重要的途径就是与它相关的运动器材、服装、图书、音像制品以及影视文艺作品等,这也会为社会经济提供可观的发展助力。

第二节 传统武术基本动作与套路动作学练方法

一、传统武术基本动作学练方法

(一)手型手法教学

1. 基本手型

(1)拳

动作方法:五指卷拢,握紧为拳。拳心朝上(下)为平拳;拳眼朝上(下)为立拳,还可分为封眼拳、方拳和顶心拳等(图7-1)。拳分为拳面、拳背、拳眼、拳心、拳轮。

拳心:手心的一面称为拳心。

拳背:手背的一面称为拳背。

拳面:食指、中指、无名指和小指第一节指骨相并形成的平面称为拳面。

拳眼:拇指根部与食指相叠而成的螺旋形圆窝称为拳眼。

拳轮:小指一侧的螺旋圆窝称为拳轮。

教学要点:拳握紧,拳面平,直腕。

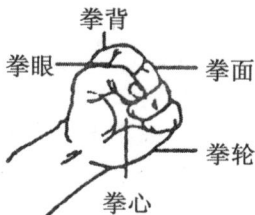

图 7-1

(2)掌

动作方法:五指伸直称为掌(图7-2)。掌可分为以下几种:拇指弯屈紧扣于虎口处为柳叶掌;拇指外展呈八字掌。大拇指向掌心一侧屈扣,其余四指并拢后张为直立掌。手心向上直掌称仰掌,手心向下直掌为俯掌;侧掌立于胸前或腋前,掌心向异侧方向,或倒立于两侧腰间,掌心向前称侧立掌。掌分掌背、掌心、掌指、掌外沿。

掌背:手背的一面称为掌背。

掌心:手心的一面称为掌心。

掌指:手指的前端称为掌指。

掌外沿:小指的一侧称为掌外沿。

教学要点:掌心展开、竖指。

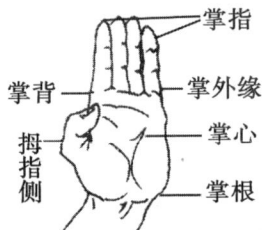

图 7-2

(3)勾

动作方法:五指撮在一起,腕关节弯屈称为勾,亦称勾手(图 7-3)。勾分为勾尖与勾顶。勾尖向上为反勾手,勾尖向下为下勾手。

勾尖:五指撮在一起的端头称为勾尖。

勾顶:腕关节弯屈凸起处称为勾顶。

教学要点:尽量屈腕。

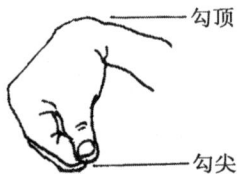

图 7-3

(4)爪

动作方法:五指或分开或并拢,指扣屈成爪。立掌背伸,五指弯屈内抓。

教学要点:掌指要弯屈紧扣。

2. 基本手法

（1）冲拳

动作方法：两脚左右开立，与肩同宽，两拳抱于腰间，肘尖向后，拳心向上。挺胸、收腹、立腰，右拳从腰间向前猛力冲出，转腰、顺肩，在肘关节过腰后右前臂内旋。力达拳面，臂要伸直，高与肩平。同时左肘向后牵拉，目视前方（图 7-4）。练习时左右可交替进行。

教学要点：出拳要快速有力，要有寸劲（即爆发力）；还要做好拧腰、顺肩急旋前臂的动作。

图 7-4

（2）架拳

动作方法：两脚左右开立，与肩同宽，两拳抱于腰间，肘尖向后，拳心向上。右拳向下、向左、向上经头前向右上方划弧并在右前上方架起，拳眼向下；目视左方（图 7-5）。练习时，左右手可交替进行。

教学要点：松肩，肘微屈，前臂内旋。

图 7-5

（3）推掌

动作方法：两脚左右开立，与肩同宽，两拳抱于腰间，肘尖向后，拳心向上。右拳变掌，前臂内旋，并以掌根为力点，向前猛力推出。推击时要转腰、顺肩，臂要伸直，高与肩平，同时左肘向后牵拉；目视前方（图 7-6）。小臂内旋，右掌变拳，拳心向上，以大臂带动小臂，屈肘收回腰间抱拳，换左推掌练习。

教学要点：挺胸、收腹、直腰。出掌要快速有力，有寸劲；同时还要做好拧腰、顺肩、沉腕、翘掌等动作。

图 7-6

（4）亮掌

动作方法：两脚左右开立，与肩同宽，两拳抱于腰间，肘尖向后，拳心向上。右拳变掌，经体侧向右、向上划弧，至头部右前上方时抖腕亮掌，臂成弧形，掌心向前，虎口朝下，头随右手动作转动；亮掌时，目视左方（图 7-7）。练习时，左右手可交替进行。

教学要点：抖腕、亮掌与转头同时完成。

图 7-7

（二）步型步法教学

1. 基本步型

（1）马步

动作方法：并步直立抱拳。左脚向左侧一大步（约为本人脚长的 3 倍），两脚脚尖正对前方，全脚掌着地，屈膝半蹲，膝盖不超过脚尖，大腿接近水平，身体重心落于两腿之间；两手抱拳于腰间。两眼平视前方（图 7-8）。

教学要点：挺胸、塌腰、展髋，脚跟外蹬。

（2）弓步

动作方法：并步直立抱拳。左脚向前一大步（约为本人脚长的 4 倍至 5 倍），脚尖微内扣，左腿屈膝半蹲，大腿接近水平，膝与脚尖垂直，右腿挺膝伸直，脚尖内扣向右前方，两脚全脚掌着地，上身正对前方；两手抱拳于腰间；眼向前平视（图 7-9）。弓右脚为右弓步，弓左脚为左弓步。

教学要点：前腿弓，后腿绷，挺胸、塌腰、沉髋，前脚尖同后脚跟呈一直线。

图 7-8　　　　　　　　　　图 7-9

（3）虚步

动作方法：并步直立叉腰。右脚外展 45°，屈膝半蹲，左脚提起前移一步，脚跟离地，脚面绷平，脚尖稍内扣，虚点地面，膝微屈，重心落于右腿上；两手叉腰；眼向前平视。左脚在前为左虚步，右脚在前为右虚步（图 7-10）。

教学要点：挺胸、塌腰，虚实分明。

（4）仆步

动作方法：并步直立抱拳。右腿向右一大步，屈膝全蹲，大腿和小腿靠紧，臀部接近小腿，全脚掌着地，脚和膝外展，左腿挺直平仆，脚尖内扣，全脚掌着地；两手抱拳于腰间；眼向左平视。仆左腿为左仆步，仆右腿为右仆步（图 7-11）。

教学要点：挺胸、塌腰、沉髋。

图 7-10 图 7-11

（5）歇步

动作方法：并步直立抱拳。两腿交叉靠拢全蹲，左脚全脚掌着地。脚尖外展，右脚前脚掌着地，膝部贴于前腿外侧，臀部坐于后腿接近脚跟处；两手抱拳于腰间；眼向左前方平视。左脚在前为左歇步，右脚在前为右歇步（图 7-12）。

教学要点：挺胸、塌腰，两腿靠拢并贴紧。

（6）丁步

动作方法：并步直立抱拳。两腿屈膝半蹲，右脚全脚掌着地，左脚脚跟提起，脚尖里扣虚点地面，脚面绷直，贴于右脚脚弓处，重心落于右腿上；两手抱拳于腰侧；眼向前平视。左脚尖点地为左丁步，右脚尖点地为右丁步（图 7-13）。

教学要点：同虚步。

图 7-12 图 7-13

（7）坐盘

动作方法：并步直立抱拳。右脚后插在左腿后面，两腿交叉，右腿屈膝坐地，大小腿均着地，脚跟接近臀部，左脚在身前横跨，使左大腿贴近胸部；两手抱拳于腰间；眼向左前方平视。左腿在前为左坐盘，右腿在前为右坐盘。

教学要点：同歇步。

2. 基本步法

(1)击步

动作方法：两脚前后开立，同肩宽，两手叉腰；上身前倾，后脚离地提起，前脚随即蹬地前纵。在空中时，后脚向前碰击前脚。落地时，后脚先落，前脚后落。眼向前平视(图 7-14)。

教学要点：跳起空中时，要保持上身正直并侧对前方。

图 7-14

(2)垫步

动作方法：两脚前后开立，同肩宽，两手叉腰；后脚离地提起，脚掌向前脚处落步，前脚立即以脚掌蹬地向前上跳起，将位置让于后脚，然后再屈膝提腿向前落步。眼向前平视(图 7-15)。

教学要点、练习步骤：均与击步相同。

图 7-15

(3)弧形步

动作方法：两脚前后开立，同肩宽，两手叉腰；两腿略屈，两脚迅速连续向侧前方行步。每步大小略比肩宽，走弧形路线。眼向前平视(图 7-16)。

教学要点:挺胸、塌腰,保持半蹲姿势,身体重心要平稳,不要有起伏现象。落地时,由脚跟迅速过渡到全脚掌,并注意转腰。

图 7-16

(4)盖步

动作方法:两脚左右开立,同肩宽,两手叉腰;重心左移,右脚提起,经左脚前向左侧横迈一步,右腿屈膝,脚尖外展;两腿交叉,重心偏于右腿(图 7-17)。练习时,左右腿交替进行。

教学要点:横迈要轻灵,步幅要适当。

图 7-17

(5)插步

动作方法:两脚左右开立,同肩宽,两手叉腰;重心左移,右脚提起,经左脚后向左侧横迈一步,脚前掌着地,两腿交叉,重心偏于左腿(图 7-18)。练习时,左右腿交替进行。

教学要点:同盖步。

图 7-18

(三)腿部动作教学

1. 踢腿

踢腿是传统武术腿部动作教学的重要内容,也是武术基本功训练的重要内容之一。通过练习,可提高腿部的柔韧性和灵活性。踢腿动作主要有以下几种。

(1)正踢腿

动作方法:两脚并立;两手呈立掌或握拳,两臂侧平举;左脚向前上半步,左腿支撑,右脚脚尖勾起向额前方猛踢;两眼向前平视(图 7-19)。练习时,左右腿交替进行。

教学要点:挺胸、立腰。踢腿时,脚尖勾起绷落或勾起勾落。收髋、收腹,踢腿过腰后应加速,要有寸劲。

图 7-19

(2)侧踢腿

动作方法:两脚并立;两手呈立掌或握拳,两臂侧平举;右脚向前上半步,脚尖外展,左脚脚跟稍提起,上身右转 90°;左臂前伸,右臂后举;随即用左脚脚尖勾紧向左耳侧踢起;同时右臂屈肘上举亮掌,左臂屈肘立掌于右肩前或垂于裆前;眼向前平视(图7-20)。踢左腿为左侧踢,踢右腿为右侧踢。

教学要点:挺胸、立腰、开髋、侧身、猛收腹。

图 7-20

(3)外摆腿

动作方法:两脚并立;两手呈立掌或握拳,两臂侧平举;右脚向右前方上半步,左脚脚尖勾紧,向右侧上方踢起,经面前向左侧上方外摆,直腿落在右脚旁;眼向前平视;左掌可在左侧上方击响,也可不击响(图7-21)。练习时,左右腿交替进行。

教学要点:挺胸、塌腰、松髋、展髋。外摆幅度要大并呈扇形。

图 7-21

(4)里合腿

动作方法:两脚并立;两手呈立掌或握拳,两臂侧平举;右脚向右前方上半步,左脚脚尖勾起向里扣并向左侧上方踢起,经面前向右侧上方直腿里合,落于右脚外侧;右手掌可在右侧上方可迎击右脚掌(击响),也可不击响;眼向前平视(图7-22)。练习时,左右腿交替进行。

教学要点:挺胸、立腰、松髋、合髋。里合幅度要大并呈扇形。

图 7-22

（5）弹腿

动作方法：两腿并立，两手叉腰；右腿屈膝提起，大腿与腰平，右脚脚面绷直；提膝接近水平时，要迅速猛力挺膝，向前平踢（弹击），力达脚尖，大腿与小腿呈一直线，高与腰平，左腿伸直或微屈支撑；两眼平视（图 7-23）。

教学要点：挺胸、立腰、收髋、脚面绷直，弹击要有寸劲。

图 7-23

（6）蹬腿

动作方法：两腿并立，两手叉腰；腿部动作与弹腿同，脚尖勾起，力达脚跟（图 7-24）。

教学要点：勾脚尖。

图 7-24

(7)侧踹腿

动作方法:两脚并立,两手叉腰;两腿左右交叉,右腿在前,稍屈膝。随即右腿伸直支撑,左腿屈膝提起,左脚脚尖内扣,脚跟用力向左侧上方踹出,高与肩平,上身向右侧倒;目视左侧方(图 7-25)。练习时,左右腿可交替进行。

教学要点:挺膝、开髋、猛踹,脚外侧朝上,力达脚跟。

图 7-25

2. 劈腿

劈腿动作练习能加大个体髋关节的活动幅度,增进腿部的柔韧性。在传统武术教学中,主要有以下两种动作形式。

(1)竖叉

动作方法:两臂侧平举或扶地;两腿前后分开呈一直线,左腿后侧着地,脚尖朝上,右腿内侧或前侧着地。

教学要点:挺胸、立腰、沉髋、挺膝,两腿呈一直线(图 7-26)。

(2)横叉

动作方法:两臂侧平举或在体前扶地,两腿左右分开呈一直线,脚内侧着地或脚尖上翘。

教学要点:挺胸、立腰、展髋、挺膝(图 7-27)。

图 7-26

图 7-27

3．后扫腿

动作方法：两脚并立，两臂垂于体侧；左脚向前上一步，左腿屈膝半蹲，右腿挺膝伸直，呈左弓步；同时两掌从两腰侧向前平直推出，掌指朝上，小指一侧朝前，眼看两掌尖（图7-28）；左脚尖内扣，左腿屈膝全蹲，呈右仆步姿势；同时上身右转并前俯，两掌随体右转在右腿内侧扶地，右手在前；随着两手撑地、上身向右后拧转的惯性力量，以左脚前掌为轴，右脚贴地向后扫转一周（图7-29）。

教学要点：转体、俯身、撑地、扫转要连贯协调，一气呵成。上下肢动作不要脱节。

图 7-28　　　　　　　　　　　图 7-29

4．拍脚

动作方法：两脚并立，两手抱拳于腰间。右脚向前一步；同时右拳变掌向后、向右、向上划弧抡摆，左腿伸直向前上踢起，脚面绷平，右掌由体后向前拍击左脚面。左脚向前落地，左拳变掌向下、向后摆，右掌变拳收至腰侧；右腿伸直向前上踢起，脚面绷平，左掌由后向上、向前拍击右脚面。

教学要点：左右掌拍脚时手掌稍横过来，拍击脚要准而响亮。

二、传统武术套路动作（初级长拳）学练方法

（一）预备动作

1．预备势

两脚开立，两臂垂于体侧，五指并拢贴靠腿外侧，平视前方（图7-30）。

图 7-30

2. 虚步亮掌

（1）右脚向左右方撤步呈左弓步，右掌向右、向上、向前划弧，掌心朝上；左臂屈肘，左掌提至腰侧，掌心朝上。目视右掌。

（2）右腿微屈，重心后移，左掌经胸前以右臂向上、向前穿出伸直；右臂屈肘，右掌收至腰侧，掌心朝上。目视左掌。

（3）重心继续后移，左脚稍向右移，脚尖点地，呈左虚步。左臂内旋向左、向后划弧呈勾手，勾尖朝上；右手继续向后、向右、向前上划弧，屈肘抖腕，在头右前上方呈亮掌（即横掌），掌心朝前，掌指向左。目视左方（图 7-31）。

图 7-31

3. 并步对拳

（1）右腿蹬直，左腿提膝（脚尖内扣），上肢姿势不变。

（2）左脚向前落步，重心前移。左臂屈肘，左勾手变掌经左肋前伸；右臂外旋向前下落于左掌右侧，两掌同高，掌心均朝上。目视两掌。

（3）右脚向前上一步，两臂下垂后摆。

（4）左脚向右脚并步，两臂向外、向上经胸前屈肘下按，两掌变拳，拳心朝上，停于小腹前。目视左方（图7-32）。

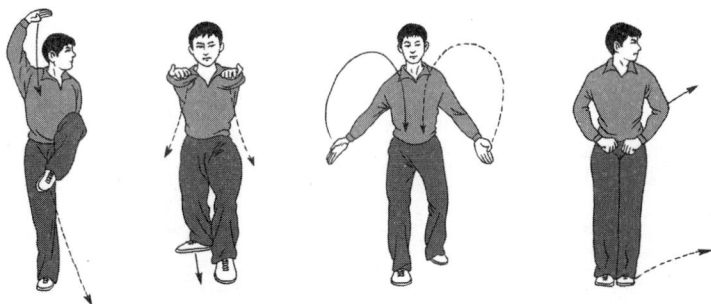

图 7-32

（二）第一段

1. 弓步冲拳

（1）左脚向左上一步，脚尖向斜前方；右腿微屈呈半马步。左臂向上、向左格打，拳眼朝后，拳与肩同高，右拳收至腰侧，拳心朝上。目视左拳。

（2）右腿蹬直呈左弓步。左拳收至腰侧，拳心朝上；右拳向前冲出，高与肩平，拳眼朝上。目视右拳（图7-33）。

图 7-33

2. 弹腿冲拳

重心前移至左腿，右腿屈膝提起，脚面绷直，猛力向前弹出伸直，高与腰平。右拳收至腰侧，左拳向前冲出。目视前方（图7-34）。

3. 马步冲拳

右脚向前落步,脚尖内扣,上身左转90°。左拳收至腰侧,两腿下蹲呈马步;右拳向前冲出。目视右拳(图7-35)。

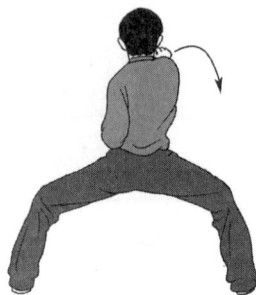

图 7-34   图 7-35

4. 弓步冲拳

(1)上身右转90°,右脚尖外撇向斜前方呈半马步。右臂屈肘向右格打,拳眼朝后。目视右拳。

(2)左腿蹬直呈右弓步。右拳收至腰侧,左拳向前冲出。目视左拳(图7-36)。

图 7-36

5. 弹腿冲拳

重心前移至右腿,左腿屈膝提起,脚面绷直,猛力向前弹出伸直,高与腰平。左拳收至腰侧,右拳向前冲出。目视前方(图7-37)。

图 7-37

6. 大跃步前穿

(1)左腿屈膝。右拳变掌内旋,以手背向下挂至左膝外侧,上身前倾。目视右掌。

(2)左脚向前落步,两腿微屈。右掌继续向后挂,左拳变掌,向后、向下伸直。目视右掌。

(3)右腿屈膝向前提起,左腿猛力蹬地向前跃出。两掌向前、向上划弧摆起。目视左掌。

(4)右腿落地全蹲,左腿随即落地向前铲出呈仆步。右掌变拳抱于腰间,左掌由上向右、向下划弧呈立掌,停于右胸前。目视左脚(图 7-38)。

图 7-38

7. 弓步击掌

右腿猛力蹬直呈左弓步。左掌经左脚面向后划弧至身后呈勾手,左臂伸直,勾尖朝上;右拳由腰间变掌向前推出,掌指朝上,掌外侧向前。目视右掌(图 7-39)。

图 7-39

8. 马步架掌

(1)重心移至两腿之间,左脚脚尖内扣呈马步,上身右转。右臂向左侧平摆,稍屈肘;同时左勾手变掌由后经左腰侧右臂内向前上穿出,掌心均朝上。目视左手。

(2)右掌立于左胸前;左臂向左上屈肘抖腕立掌于头部左上方,掌心朝前。目向右转视(图 7-40)。

图 7-40

(三)第二段

1. 虚步栽拳

(1)右脚蹬地,屈膝提起,左腿伸直,以前脚掌为轴向右后转体 180°。右掌由左胸前向下经右腿外侧向后划弧呈勾手;左臂随体转动并外旋,使掌心朝右。目视右手。

(2)右腿向右落步,重心移至右腿上,下蹲呈左虚步。左掌变拳下落于左膝上,拳眼向里,拳心向后;右勾手变拳,屈肘向上架于头的右上方,拳心朝前。目视左方(图 7-41)。

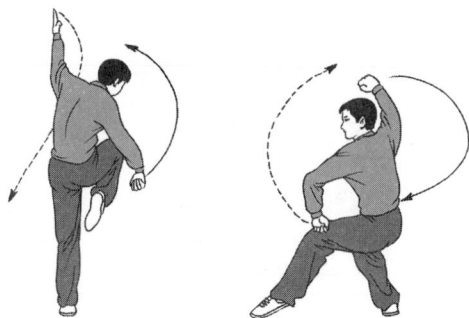

图 7-41

2.提膝穿掌

(1)右腿稍伸直。右拳变掌收至腰侧,掌心朝上;左拳变掌由下向左、向上划弧盖压于头上方,掌心朝前。

(2)右腿蹬直,左腿屈膝提起,脚尖内扣。右掌从腰侧经左臂内向右前上方穿出,掌心朝上;左掌收至右胸前呈立掌。目视右掌(图 7-42)。

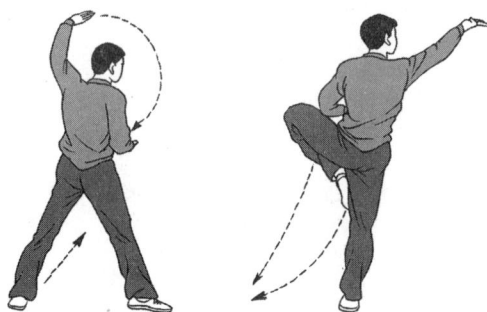

图 7-42

3.仆步穿掌

右腿全蹲,左腿向左后方铲出呈左仆步。右臂不动,左掌由右胸前向下经左腿内侧,向左脚面穿出。目随左掌转视(图 7-43)。

4.虚步挑掌

(1)右腿蹬直,重心前移至左腿,呈左弓步。右掌稍下降,左掌随重心前移向前挑起。

(2)右脚向左前上步,左腿半蹲,呈右虚步。身体随上步左转180°。同时左掌由前向上、向后划弧呈立掌,右掌由后向下、向前上挑起呈立掌,指尖与眼平。目视右掌（图 7-44）。

图 7-43

图 7-44

5. 马步击掌

（1）右脚踏实，脚尖外撇，重心稍升高并右移，左掌变拳收至腰间；右掌俯掌向外捋手。

（2）左脚向前上一步，以右脚为轴向右后转体 180°，两腿下蹲呈马步。左拳变掌从右臂上呈立掌向左侧击出，右掌变拳收至腰间。目视左掌（图 7-45）。

图 7-45

6. 叉步双摆掌

(1)重心稍右移,同时两掌向下向右摆,掌指均朝上。目视右掌。

(2)右脚向左腿后插步,前脚掌着地。两臂继续由右向上、向左摆,停于身体左侧,均呈立掌,右掌停于左肘窝处。目随双掌转视(图7-46)。

图 7-46

7. 弓步击掌

(1)两腿不动。左掌收至腰侧,掌心朝上;右掌向上、向右划弧,掌心朝下。

(2)左腿后撤一步,呈右弓步。右掌向下、向后伸直摆动,呈勾手,勾尖朝上;左掌呈立掌向前推出。目视左掌(图7-47)。

图 7-47

8. 转身踢腿马步盘肘

(1)两脚以前脚掌为轴向左后转体180°。同时,左臂向上、向前划半立圆,右臂向下、向后划半圆。

(2)上动不停,两脚不动,右后向上、向前划半立圆,左臂由前向下、向后划半立圆。

（3）上动不停，右臂向下呈反臂勾手，勾尖朝上；左臂向上亮掌，掌心朝前上方。右腿伸直，脚尖勾起，向额前踢。

（4）右脚向前落步，脚尖内扣。右手不动，左臂屈肘下落于胸前，左掌心朝下。目视左掌。

（5）上身左转90°，两腿下蹲呈马步。同时左掌向前、向左平捋变拳收至腰间，右勾手变拳，右臂伸直，由体后向右、向前平摆，至体前屈肘，肘尖向前，高与肩平，拳心朝下。目视肘尖（图7-48）。

图 7-48

（四）第三段

1. 歇步抡砸拳

（1）重心稍升高，右脚尖外撇。右臂由胸前向上、向右抡直；左拳向下、向左，使臂抡直。目视右拳。

（2）上动不停，两脚以前脚掌为轴，向右后转体180°。右臂向下、向后抡摆，左臂向上、向前随身体转动。

（3）紧接上动，两腿全蹲呈歇步。左臂随身体下蹲向下平砸，拳心朝上，臂部微屈；右臂伸直向上举起。目视左拳（图7-49）。

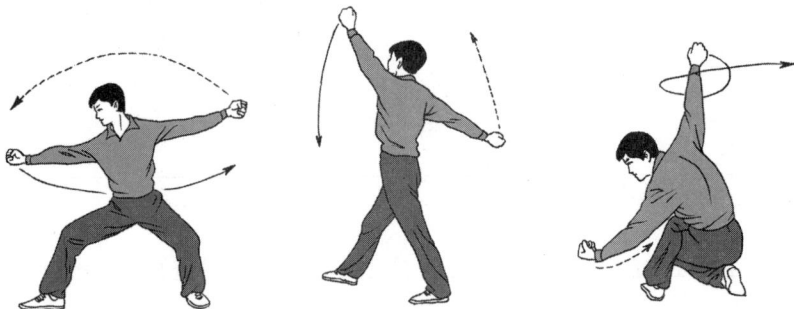

图 7-49

2. 仆步亮掌

（1）左脚由右腿后抽出上前一步，左腿蹬直，右腿半蹲，呈右弓步。上身微向右转。左拳收至腰间，右拳变掌向下经胸前向右横击掌。目视右掌。

（2）右脚蹬地屈膝提起，上身右转。左拳变掌从右掌上向前穿出，掌心朝上；右掌平收至左肘下。

（3）右脚向右落步，屈膝全蹲，左腿伸直，呈仆步。左掌向下、向后划弧呈勾手，勾尖朝上；右掌向右、向上划弧微屈，抖腕呈亮掌，掌心朝前。头随右手转动，至亮掌时，目视左方（图7-50）。

图 7-50

3. 弓步劈拳

（1）右腿蹬地立起，左腿收回并向左前方上步。右掌变拳收至腰间，左勾手变掌由下向前上经胸前向左做搂手。

图 7-51

167

（2）右腿经左腿前方向左绕上一步,左腿蹬直呈右弓步。左手向左平搊后再向前挥,虎口朝前。

（3）在左手平搊的同时,右拳向后平摆,然后再向前、向上做抢劈拳,拳高与耳平,拳心朝上,左掌外旋接扶右前臂。目视右拳(图 7-51)。

4. 换跳步弓步冲拳

（1）重心后移,右脚稍向后移动。右拳变掌,臂内旋以掌背向下划弧挂至右膝内侧;左掌背贴靠右肘外侧,掌指朝前。目视右掌。

（2）右腿自然上抬,上身稍向左扭转。右掌挂至体左侧,左掌伸向右腋下。目随右掌转视。

（3）右脚以全脚掌用力向下震跺。与此同时,左脚急速离地抬起。右手由左向上、向前搊盖而后变拳收至腰间;左掌伸直向下、向上、向前屈肘下按,掌心朝下。上身右转,目视左掌。

（4）左脚向前落步,右腿蹬直呈左弓步。右拳向前冲出,拳高与肩平;左掌藏于右腋下,掌背贴靠腋窝。目视右拳(图 7-52)。

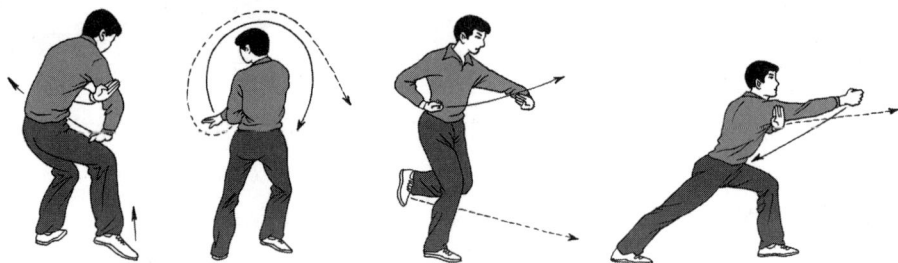

图 7-52

5. 马步冲拳

上身右转 90°,重心移至两腿中间,呈马步。右拳收至腰间,左掌变拳向左冲出,拳眼朝上。目视左拳(图 7-53)。

6. 弓步下冲拳

右腿蹬直,左腿弯屈,上身稍向左转,呈左弓步。左拳变掌向下经体前向上架于头左上方,掌心朝上,右拳自腰间向左前斜下方冲出。目视右拳(图 7-54)。

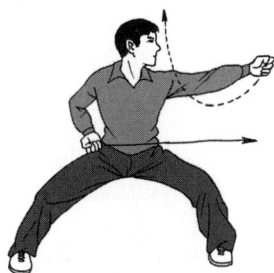 

图 7-53　　　　　　　　　　图 7-54

7. 叉步亮掌侧踹腿

(1)上身稍右转。左掌由头上下落于右手腕上,右拳变掌,两手交叉呈十字。目视双手。

(2)右脚蹬地并向左腿后插步,以前脚掌着地。左掌由体前向下、向后划弧呈勾手,勾尖朝上;右掌由前向右、向上划弧抖腕亮掌,掌心朝前。目视左侧。

(3)重心移至右腿,左腿屈膝提起,向左上方猛力踹出。上肢姿势不变。目视左侧(图 7-55)。

图 7-55

8. 虚步挑拳

(1)左脚在左侧落地。右掌变拳稍后移,左勾手变拳由体后向左上挑,拳背向上。

(2)上身左转 180°,微含胸前俯。左拳继续向前、向上划弧上挑,右拳向下、向前划弧挂至右膝外侧,同时右膝提起。目视右拳。

(3)右脚向左前方上步,脚尖点地呈右虚步。左拳向后划弧收至腰间,拳心朝上；右拳向前屈臂挑出，拳眼斜向上，拳高与肩平，目视右拳（图 7-56）。

图 7-56

（五）第四段

1. 弓步顶肘

（1）重心升高，右脚踏实。右臂内旋向下直臂划弧以拳背下挂至右膝内侧，左拳不变。目视前下方。

（2）左腿蹬直，右腿屈膝上抬。左拳变掌，右拳不变，两臂向前、向上划弧摆起。目随右拳转视。

（3）左脚蹬地起跳，身体腾空，两臂继续划弧摆至头上方。

（4）右脚先落地屈膝，然后左脚向前落步，以前脚掌着地。同时两臂向右、向下屈肘停于右胸前，右拳变掌，左掌变拳。右掌心贴靠左拳面。

（5）左脚向左上步屈膝，右腿蹬直呈左弓步。右掌推左拳，以左肘尖向左顶出，高与肩平。目视前方（图 7-57）。

图 7-57

2. 转身左拍脚

(1)以两脚前脚掌为轴向右后转体 180°。随着转体，右臂向上、向右、向下划弧抡摆，同时左拳变掌向下、向后、向前上抡摆。

(2)左腿伸直向前上踢起，脚面绷直。左掌变拳收至腰间，右掌由体后向上、向前拍击左脚面(图 7-58)。

图 7-58

3. 右拍脚

(1)左脚向前落步，左拳变掌向下、向后摆，右掌变拳收至腰间。

(2)右腿伸直向前上踢起，脚面绷直。左拳变掌由后向上、向前拍击右脚面(图 7-59)。

图 7-59

4. 腾空飞脚

(1)右脚落地。

(2)左脚向前摆起，右脚猛力蹬地跳起，左腿屈膝继续前上摆，同时右拳变掌向前上摆起,左掌先上摆而后下降拍击右掌背。

(3)右腿继续上摆,脚面绷直。右手拍击右脚面,左掌由体前向后上举(图 7-60)。

图 7-60

5. 歇步下冲拳

(1)左、右脚先后相继落地。左掌变拳收至腰间。

(2)身体右转 90°,两腿全蹲呈歇步。右掌变拳收至腰间;左拳由腰间向前下方冲出,拳心向下。目视左拳(图 7-61)。

图 7-61

6. 仆步抡劈拳

(1)左臂随重心升高向上摆起,右臂由腰间向体后伸直。

(2)以右脚前脚掌为轴,左腿屈膝提起,上身左转 270°。左拳由前向后划立圆一周;右拳由后向下、向前上划立圆一周。

(3)左脚向后落一步,屈膝全蹲,右腿伸直,脚尖内扣,呈右仆步。右拳由上向下抡劈,拳眼朝上;左拳向上举,拳眼朝上。目视右拳(图 7-62)。

图 7-62

7. 提膝挑掌

（1）重心前移呈右弓步。同时右拳变掌由下向上抢摆，左拳变掌稍下落，右掌心朝左、左掌心朝右。

（2）左、右臂在垂直面上由前向后各划立圆一周。右臂伸直停于头上，掌心朝左，掌指向上；左臂伸直停于身后呈反勾手。同时，右腿屈膝提起，左腿挺膝直立。目视前方（图 7-63）。

图 7-63

8. 提膝劈掌弓步冲拳

（1）下肢不动。右掌由上向下猛劈伸直，停于右小腿内侧，用力点在小指一侧；左勾手变掌，屈臂向前停于右上臂内侧，掌心朝左。目视右掌。

（2）右脚向右后落步，身体右转 90°。同时，左掌变拳收至腰间，右臂内旋向右划弧做劈掌。

（3）上动不停，左腿蹬直呈右弓步。右手抓握变拳收至腰间，左拳由腰间向左前方冲出。目视左拳（图 7-64）。

图 7-64

(六)结束动作

1. 虚步亮掌

(1)右脚蹬地提起扣于左膝后,两拳变掌,两臂右上左下屈肘交叉于体左前。目视右掌。

(2)右脚向右后落步,重心后移,右腿半蹲,上身稍右转。同时右掌向上、向右、向下划弧停于左腋下;左掌向左、向上划弧停于右臂上与左胸前,两掌心左下右上。目视左掌。

(3)左脚尖稍向右移,右腿下蹲呈左虚步。左臂伸直向左、向后划弧呈反勾手;右臂伸直向下、向右、向上划弧抖亮掌,掌心朝前。目视左方(图 7-65)。

图 7-65

2. 并步对拳

(1)左腿后撤一步,同时两掌从两腰侧向前穿出伸直,掌心朝上。

(2)右腿后撤一步,同时两臂分别向体后下摆。

（3）左腿后退半步向右腿并步直立。两臂由后向上经体前屈臂下按,两掌变拳,停于腹前,拳面相对,拳心朝下。目视左方(图 7-66)。

图 7-66

3．还原

两臂自然下垂,随之头转向正前方。两眼向前平视(图 7-67)。

图 7-67

第三节　传统武术器械类学练方法

一、棍术基本技法教学

(一)基本握棍法

棍的材质一般选用质地坚硬、不易变形、形体又直的木头做成,还要经过烤、煨、打磨等加工处理。现代武术运动中的棍一般由白蜡杆制成,构造简单,长度要求不得短于本人身高。具体来说,棍的各部位主要是:顶头、梢段、梢端、中段、把端、把段(图 7-68)。在比赛时,棍的直径要根据相关规定严格限定,有关学校教学用棍,可适当放宽限制。

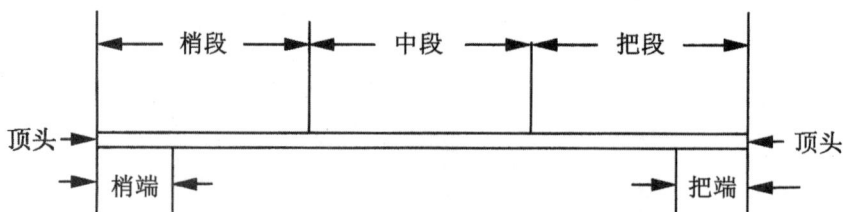

图 7-68

棍的握法大致可分为右手持棍法和握棍法两大类。

1. 右手持棍法

右手持棍,以拇指和食指卡握棍身,其余三指自然弯屈,虎口朝向棍梢,使棍身紧贴于身体右侧,把端触地。

2. 握棍法

根据握棍的方式不同,可以将握棍法分为三种形式,即单手握、顺把握和对把握。

(1)单手握

右手握住棍身距把端 1/3 处,即为单手握。

(2)顺把握

双手虎口顺向握棍,即为顺把握。

(3)对把握

双手虎口相对握棍,即为对把握。

(二)棍术基本动作

1. 戳棍

戳棍是一种远近距离都可以进攻的棍法。远距离采用滑把方法,若结合步法等,可以击打对方胸、腰等部位,是一种梢、把兼用的常见进攻性棍法。

两脚前后开立,双手握棍横于腹前,棍梢朝前,目视前方。左手滑握棍身,臂内旋向左伸出,手心朝下,同时右手握棍向前戳出,力达棍梢端。

2. 劈棍

劈棍是一种远距离进攻性棍法。能充分利用步法等,可以击打对方头、肩等部位,也可劈击对方手中器械。

两脚前后开立,右手握棍直臂上举,左手握棍把在右腹前,将棍竖于右前侧;目视前方。左手将棍把屈肘拉至左腰侧,右手握棍向前下劈出,棍梢高与腰平,力达棍前端,同时身体稍左转;目视棍梢。

3. 崩棍

崩棍属于攻防兼备的棍法,攻时由下向上崩击对方手腕,防时可以崩击在棍身上方的器械。

两脚前后开立,双手持棍平举于体前;目视棍梢。右手屈肘将棍把拉至右腰侧,左手滑握中段,臂伸直,使棍梢向上崩击,高与头平;目视棍梢。

4. 抡棍

抡棍是一种远距离进攻性棍法,结合步法可横击对方肋、腰等部位,是一种常见的进攻性棍法。

呈右弓步,两手紧靠,顺把握于棍身后段,将棍杠于右肩上;目视左后方。两手用力使棍由右经体前向左平抡,杠棍于左肩上,呈左弓步;目视右后方。

5. 左右提撩棍

提撩棍是一种常见的棍法,属于远距离的进攻性棍法,主要用在对付两人及以上对手的情况下,边守边攻,乱中取胜。

两脚前后开立,两臂于腹右侧屈肘交叉,左手在上,右手在下,顺把握棍,棍身斜置于右侧,棍梢斜向下,上身右转;目视棍梢。两手握棍,使棍梢由后贴近右腿外侧向前上方弧形绕行,上身随之稍向左转。左手心朝左,肘微屈,右手在左臂外,手心朝右上,屈肘于胸前,棍梢高于头;目视棍梢。上身不停,两手握棍,使棍梢由上向体左后侧下劈,肘微屈;目视棍梢。随即两手握棍,使棍梢由后贴近左腿外侧,向前上方弧形绕行,上身随之右转,左手滑至右手处,两肘微屈,棍梢高于头;目视棍梢。

6. 左右舞花棍

舞花棍属于防御性棍法,主要用于遭多方位攻击或对方抛出器械打来时防御,是常见的一种防守棍法。

两脚前后开立,上身稍右转,右臂屈肘平举,手心朝下握棍;左臂胸前屈肘,在右腋前反手握棍,手心向上,两手虎口相对。棍身在右腋下贴于右背侧,棍把朝右前;目视棍把。右手握棍,使棍把向下,经腿前向左弧形绕行,左手松握棍身,两臂于胸前交叉,上身稍左转;目视棍把段。上动不停,右臂外旋,左臂内旋,两臂体前屈肘摆动至胸前交叉,使棍梢继续由右向下,经腿前向左、向上、向右弧形绕行,上身稍向右转。当棍梢向下时,左手迅速改为正握棍身,即虎口朝棍梢;目视棍梢。紧接着,身体右转,左臂内旋,右臂外旋稍向前伸,两手交替握棍同时转动,使棍梢继续向下,随身体转动,经右腿外侧向后弧形绕行;目随棍移动。随即左臂外旋稍向前摆,右臂内旋屈肘稍向后拉,使棍梢继续向上、向前弧形绕行;目视棍梢。上动不停,右臂内旋,屈肘时稍向上、向前摆动,左手屈肘摆至右腋前,两手同时摆动,使棍梢继续向下,经右腿外侧向后弧形绕行。上身稍向左转,当棍梢向下时,左手迅速改为反握棍身,还原为预备姿势;目视棍把。

二、剑术基本技法教学

(一)基本持剑法

在练习武术时,练习者首先要了解剑的握持方法,这里主要介绍持剑、握剑和剑指。

1. 持剑

练习者在持剑时,应使臂内旋,手心向后贴紧剑格,食指伸直扶于剑柄,拇指和其余手指分别扣握剑柄格两侧,剑脊贴近前臂后侧(图 7-69)。

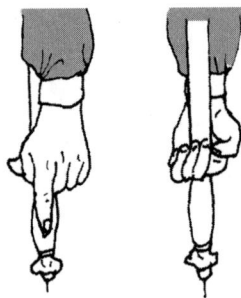

图 7-69

2. 握剑

练习者的握剑姿势应根据剑法合理选择。以握平剑为例,握剑时握剑手的虎口应靠近剑格,拇指与其余手指相对握拢剑柄。剑刃朝向上下为立剑握(图 7-70),剑刃朝向左右为平剑握。

3. 剑指

剑指是舞剑或练剑时不握剑手的基本手型,即中指与食指伸直并拢,其余三指屈于手心,拇指压在无名指第一指节上(图 7-71)。

 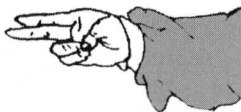

图 7-70　　　　　　　　　　图 7-71

(二)剑术基本动作

1. 抹剑

采用左脚在前的错步站立姿势;右手握剑直臂前平举,虎口向上,左剑指立于右臂内侧;目视前方(图 7-72);随后上身右转,同时两脚碾转呈开立步;右臂内旋,手心向下,剑由前向右弧形抽回,力达小指侧剑刃,左剑指稍前伸附右腕处;目视前方(图 7-73)。

图 7-72　　　　　　　　　　图 7-73

2. 劈剑

两脚开步站立;右手握剑直臂上举,小指侧剑刃向前,剑尖向上,左剑指按于胯旁；目视前方（图 7-74）。然后右手由上向下提剑后直劈劈至体前，力达剑刃，与肩同高，左剑指屈肘上提，立于右肩前；目视前方（图 7-75）。

图 7-74　　　　　　　　　　　　　图 7-75

3. 刺剑

两脚呈开步站立姿势；右手握剑提于右腿外侧，剑身横平，左剑指按于左腿外侧；目视前方（图 7-76）。右手握剑屈肘上提，经腰侧向前直刺，剑与臂呈一直线、与肩同高，虎口向上，力达剑尖，左剑指屈肘上提，附于右腕处；目视前方（图 7-77）。

图 7-76　　　　　　　　　　　　　图 7-77

4. 挂剑

右脚在前,错步侧身站立,右手握剑直臂侧平举,虎口向上,左剑指直臂侧平举,虎口向上;目视右前方(图 7-78)。然后右臂内旋,剑尖向下、向左贴身挂起,力达虎口侧剑刃前部,左剑指下落附于右手腕处(图 7-79)。随后右臂外旋,剑尖向上,向前划弧呈平举姿势(图 7-80)。再用右手发力使剑尖沿身体右侧向下、向后挂起,力达虎口侧剑刃前部,左剑指直臂前伸,虎口向上,与头同高;目视剑指(图 7-81)。

图 7-78

图 7-79

图 7-80

图 7-81

5. 撩剑

采用右脚在前的错步姿势站立;右手握剑直臂前平举,虎口向上,左剑指立于右肩前;目视前方(图 7-82)。然后,右手握剑臂内旋,直臂向上、向后立绕至体后,随之臂外旋向下,沿身体右侧贴身弧形向前撩至体前上方,虎口斜向下,力达剑刃前部,左剑指向下、向前再向上直劈绕至体左侧,要求剑身与腰同高;目视剑尖(图 7-83)。

图 7-82   图 7-83

6. 点剑

以右脚在前的错步姿势站立；右手握剑直臂前平举；虎口向上，左剑指立于右腕处；目视前方（图 7-84）。然后，右手提腕，使剑尖猛向下点，力达剑尖；目视剑尖（图 7-85）。

图 7-84   图 7-85

7. 崩剑

两脚开步站立；右手握剑直臂侧平举，虎口向上，左臂侧平举，左剑指虎口向上；目视右前方（图 7-86）。随后，右手剑沉腕，直臂下落，使剑尖猛向上崩起，力达剑尖，左臂屈肘回收，左剑指附于右臂内侧（图 7-87）。

8. 扫剑

右腿支撑下蹲，左脚尖点于右脚内侧呈丁步；右手指剑直臂下压，手心向下，左剑指左斜上举，臂伸直；目视剑尖（图 7-88）。随后，身体左转；同时左脚向左开步，呈右跪步；右手握剑臂外旋，手心向上，随转体剑身向前平扫，力达小指侧剑刃，高不过膝，左剑指下落依附于右腕处；目视剑尖（图 7-89）。

图 7-86　　　　　　　　　　　　　图 7-87

图 7-88　　　　　　　　　　　　　图 7-89

9. 提剑

采用左脚在前的错步站立姿势;右手握剑直臂前平举,虎口向上,左剑指立于右臂内侧;目视前方(图 7-90)。然后身体右转;同时两脚碾转呈开立步;右手握剑随转体直臂下落,并随之臂内旋,虎口向下,屈肘贴身弧形向右肩前提起,剑尖斜向下,左剑指向左斜下伸出,虎口向上,剑指与腰同高;目视剑指(图 7-91)。

图 7-90　　　　　　　　　　　　　图 7-91

10. 云剑

两脚呈开步站立;右手握剑直臂侧平举,虎口向上,上身稍右转,左剑指直臂侧平举,虎口向上;目视右前方(图7-92)。随后右臂内旋上举,然后臂外旋,同时右手腕外旋转动,仰头,使剑在脸上方平圆环绕一周,左剑指向上摆起后附于右腕内侧;目视剑身(图7-93)。

图 7-92   图 7-93

11. 带剑

采用左脚在前的错步姿势站立;右手捏剑直臂前平举,虎口向上,左剑指立于右腕处;目视前方(图7-94)。然后右手握剑使臂内旋,使小指侧剑刃翻转向上,与此同时,由前向右侧后方屈肘抽回;目视前方(图7-95)。随后,右手发力使剑尖向上、向左弧形下落,左剑指屈肘回收,附于右腕处(图7-96)。接着右手握剑,使臂内旋,剑尖向下沿身体左侧贴身弧形向前撩至体前上方,虎口斜向下,力达剑刃前部;目视剑尖,左剑指随之立于右手腕内侧(图7-97)。

图 7-94   图 7-95

图 7-96   图 7-97

12. 架剑

采用左脚在前的错步站立姿势；右手握剑直臂前平举，虎口向上，左剑指立于右腕处；目视前方(图 7-98)。随后，上身右转；同时两脚碾转呈开立步；右臂内旋，使剑向头上方架起，要求剑身横平，手心向前；目视左斜前方。

13. 绞剑

采用右脚在前的错步站立姿势；右手握剑前举，要求与胸同高，手心向上，以腕为轴，剑尖向右、向上立圆绕环一周，使力达剑身前部；左剑指架于头部左上方；目视前方(图 7-99)。

图 7-98   图 7-99

三、刀术基本技法教学

(一)基本握刀法

基本握刀法主要包括左手抱刀法和右手握刀法两种。

1. 左手抱刀法

基本握持方法为左手屈腕,食指与中指夹住刀柄,拇指和虎口扣住护手盘、刀背贴于微屈的左臂内侧,刀尖朝上,刀刃朝前。

2. 右手握刀法

基本握持方法为右臂下垂,右手虎口靠贴刀盘,五指屈握刀柄;刀尖朝前,刀刃朝下。手腕要灵活,随刀法变换,适当调整握力(图7-100)。

图 7-100

(二)刀术基本动作

1. 缠头刀

采用开步姿势站立,右手持刀于体侧,刀尖向前,左臂前举,肘关节微屈,指尖向上,呈侧立掌;目视前方(图7-101)。随后,右臂内旋上举,刀尖下垂,刀背绕至左肩,左臂屈肘左掌摆至右上臂外侧,呈立掌(图7-102)。然后刀背贴背绕过右肩,向左平扫至左腋下,刀刃向左,刀尖向后上方,左掌向左、向上架于头上方。

图 7-101   图 7-102

2. 裹脑刀

以开步姿势站立,右手持刀置于左腋下,刀刃斜向后,刀尖向后上方,左掌架于头上方;目视前方(图7-103)。随后右手持刀,向右平扫至体前再臂外旋上举,使刀尖下垂,刀背沿右肩贴背绕至左肩,左掌向左下落至平举再屈肘平摆至右腋下(图7-104)。最后右手持刀下落,置于身体右侧,刀尖向左前,左手向前推出呈立掌(图7-105)。

图 7-103　　　　　　　　图 7-104　　　　　　　　图 7-105

3. 抹刀

开步站立,右手持刀,直臂前举,左掌立于右前臂内侧;目视前方(图7-106)。然后腰部用力,向右拧转,右臂内旋,刀刃向左,由前向左弧形抽回,左掌顺势助力,仍按于右前臂内侧(图7-107)。

图 7-106　　　　　　　　　　图 7-107

4. 劈刀

右脚在前,错步站立;右手持刀上举,刀刃向前,刀尖向上,左掌按于胯旁;目视前方(图7-108)。然后右手持刀由上向下直臂劈至体前,左掌屈肘上合,置于右肩前(图 7-109)。

图 7-108　　　　　　　　　图 7-109

5. 砍刀

以开步站立,右手持刀直臂举于右斜上方,左掌按于胯旁;目视前方(图 7-110)。然后右手持刀以直臂向左下方斜砍,同时左掌上合,立掌于右肩前;目视刀尖(图 7-111)。

图 7-110　　　　　　　　　图 7-111

6. 撩刀

采用右脚在前的错步站立姿势;右手持刀,直臂前举,左掌立于右肩前;目视前方(图 7-112)。然后右手持刀,臂内旋,直臂向上立绕至体后再变外旋,向下沿身体右侧贴身弧形向前撩至体前上方,刀刃向上,左掌前伸,直臂向上绕至体侧;目视刀尖(图 7-113)。

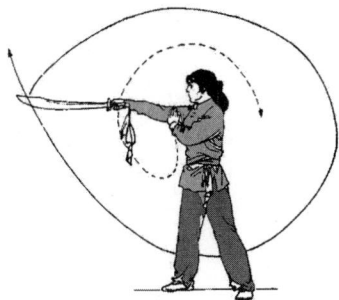

图 7-112　　　　　　　　　　　　　　图 7-113

7. 斩刀

采用以左脚在前的错步站立姿势;右手持刀,直臂前举,左掌立于右上臂内侧;目视前方(图 7-114)。身体右转,右臂内旋,刀向右横击,同时左掌直臂向左侧平分;目视右前方(图 7-115)。

图 7-114　　　　　　　　　　　　　　图 7-115

8. 挂刀

右脚在前,错步侧身站立;右手持刀,直臂侧平举,左掌直臂侧平举;目视右前方。然后右臂内旋,刀尖向下,向左贴身挂出,两手合于腹前。

9. 云刀

右脚在前,错步站立;右手直臂持刀呈侧平举,左掌直臂呈侧平举;目视右前方(图 7-116)。然后右臂内旋上举再变外旋,使刀在头顶上方平圆绕环一周,左掌内合按于右手腕处;目视前方(图 7-117)。

图 7-116　　　　　　　　　　图 7-117

10. 扫刀

左脚在后下蹲呈歇步；右手直臂持刀于身体右侧，刀尖与踝关节同高，左掌直臂举于左斜上方；目视刀尖（图 7-118）。随后身体左转约270°，右臂外旋，刀刃向左，随转体向左旋转平扫一周，左掌合按于右手腕处（图 7-119）。

图 7-118　　　　　　　　　　图 7-119

11. 背刀

以开步站立；右手持刀斜上举，刀背贴靠后背，左掌直臂侧平举；目视前方（图 7-120）。随后臂内旋背于身后，刀尖向左斜上方，左直臂侧平举；目视左前方（图 7-121）。

12. 藏刀

以开步站立，右手持刀，刀尖斜向下藏于右髋侧，左掌直臂前推为平藏刀（图 7-122）。随后变换步法。右脚在前，错步站立；右手持刀，刀身横平，刀尖向后，藏于左腰侧，左掌架于头上方，为拦腰藏刀（图 7-123）。然后再站回开步；右手持刀，刀身竖直藏于左臂后，左掌架于头上方为立藏刀（图 7-124）。

图 7-120　　　　　　　图 7-121

图 7-122　　　　　图 7-123　　　　　图 7-124

第八章　传统体育文化之运动养生文化学练实践研究

传统运动养生文化是传统体育文化非常重要的一个组成部分。时至今日，五禽戏、六字诀、八段锦和易筋经依然被广大传统体育健身爱好者习练，健身健心效果良好。本章就重点对上述四种传统养生运动的学练进行指导。

第一节　五禽戏学练方法

一、五禽戏概述

五禽戏在我国是一项历史非常悠久的健身养生功法。五禽戏的起源，可以追溯到距现代非常久远的远古时代。在那个时期，人们大多居住在江河附近，空气中的湿气较重，这种环境易导致人们患上关节性"重腿"病。为了缓解这种病症对人的影响以及起到相应的预防作用，便产生了一种具有特殊作用的"舞"。这种"舞"的动作灵感来源于日常遇到的动物。我国古人曾经在许多文献中有过对这种活动的记载，如《吕氏春秋·古乐篇》记载："昔葛天氏之乐，三人操牛尾，投足以歌八阕：一曰载民，二曰玄鸟，三曰遂草木，四曰奋五谷，五曰敬天常，六曰达帝功，七曰依地德，八曰总禽兽之极。"从文字中便可清楚地知道这种歌舞就是模仿飞禽走兽的动作及形态而来的。再如《庄子》中有"吹呴呼吸，吐故纳新，熊经鸟申（伸），为寿而已矣"的描述，其中的"熊经鸟伸"就是对古代养生之士模仿动物姿势习练功法的生动而形象的描绘。

而现代人们概念中的引导术五禽戏的创始人为我国名医华佗。这点在诸多历史文献中都有过记载，如《三国志·华佗传》《后汉书·华佗传》。不过遗憾的是，这些史书只是记载了五禽戏由华佗所创，而没有记录下他创编的具体过程，如此也就无法让现代人考证最原始的五禽戏到底是什么样子的。后来在明代周履靖的《夷门广牍·赤凤髓》、清代曹无极增辑的《万寿仙书·导引篇》和席锡蕃的《五禽舞功法图说》等书中均有过对五禽戏动作的描述,有些甚至还配有绘图。此时的"五禽"动作均为单式,排序也变为"虎、熊、鹿、猿、鸟"。不过与过往不同的是,这一时期描述五禽戏的文献中不仅有对动作的说明,还有对练习时人的神情的要求,并且还要求注重练习中的气血协调运行。

　　从现代运动医学和健身养生的角度来看,练习五禽戏对人体的最大帮助在于可以使人体的肌肉和关节得以舒展,而且有益于提高肺与心脏功能,可以改善心肌供氧量,促进组织器官和骨骼的正常发育。其内部蕴含的丰富健身性、康复性和身心皆休性的特点使其最终成了一类具有十分鲜明民族特色的传统气功养生保健功法。

二、五禽戏养生运动学练

(一)预备势

1. 动作练习

　　①两脚并拢,自然伸直,两手自然垂于体侧。胸腹放松,头项正直,下颏微收,舌抵上腭。目视前方。
　　②左脚向左平开一步,约与肩同宽,两膝微屈,松静站立。调息数次,意守丹田。
　　③肘微屈,两臂在体前向上、向前平托,与胸同高。
　　④两肘下垂外展,两掌向内翻转,并缓慢下按于腹前。目视前方。重复③④动作2遍后,两手自然垂于体侧。

2. 动作要点

　　两臂上提下按,意在两掌劳宫穴,动作柔和、均匀、连贯。动作也可配合呼吸,两臂上提时吸气,下按时呼气。

(二)虎戏

1. 虎举

(1)动作练习
　　①两手掌心向下,十指撑开,再弯屈呈虎爪状。目视两掌。
　　②随后两手外旋,由小指先弯屈,其余四指依次弯屈握拳,拳心相对。

两拳沿体前缓慢上提，至肩前时，十指撑开，举至头上方。目视两掌。

③两掌再弯屈呈虎爪状外旋握拳，拳心相对。目视两拳。

④两拳下拉至肩前时，变掌下按，后沿体前下落至腹前，十指撑开，掌心向下。目视两掌。

⑤重复①～④动作3遍后，两手自然垂于体侧。目视前方。

（2）动作要点

十指撑开弯屈呈"虎爪"，外旋握拳，三个环节均要贯注劲力。两掌向上如托举重物，提胸收腹，充分拔长躯体；两掌下落如拉双环，含胸松腹，气沉丹田。眼随手动。动作可配合呼吸，两掌上举时吸气，下落时呼气。

2. 虎扑

（1）动作练习

①两掌握空拳，沿身体两侧上提至肩前上方。

②两手向上、向前画弧，十指弯屈呈"虎爪"，掌心向下。同时，上身前俯，挺胸塌腰。目视前方。

③两腿屈膝下蹲，收腹含胸。同时，两手向下画弧至两膝侧，掌心向下。目视前下方。随后，两腿伸膝，送髋，上身挺腹，后仰。同时，两掌握空拳沿体侧向上提至胸侧。目视前上方。

④左腿屈膝提起，两手上举，左脚向前迈出一步，脚跟着地；右腿屈膝下蹲，呈左虚步。同时，上身前倾，两拳变"虎爪"向前、向下扑至膝前两侧，掌心向下。目视前下方。随后上身抬起，左脚收回，开步站立。两手自然下落于体侧。目视前方。

⑤左右相反的重复①～④动作一次，然后将此8个动作连接起来重复一次后，两掌向身体侧前方举起，与胸同高，掌心向上。目视前方。两臂屈肘，两掌内合下按，自然垂于体侧。目视前方。

（2）动作要点

上身前俯，两手尽力向前伸，而臀部向后引，充分伸展脊柱。屈膝下蹲，收腹含胸要与伸膝、送髋、挺腹、后仰动作连贯，使脊柱形成由折叠到展开的蠕动，两掌下按、上提要与之配合协调。虚步下扑时，速度可加快，先柔后刚，配合快速深呼气，气由丹田发出，以气催力，力达指尖，表现出虎的威猛。

（三）鹿戏

1. 鹿抵

（1）动作练习

①两腿微屈，身体中心移至右腿，左脚经右脚内侧向左前方迈步，脚跟着地。同时，身体稍右转，两掌握空拳向右侧摆起，拳心向下，高与肩平。目随手动，视右拳。

②身体重心前移，左腿屈膝，脚尖外展踏实，右腿伸直蹬实。同时，身体左转，两拳变掌呈"鹿角"状，向上、向左、向后画弧，掌心向外，指尖朝后，左臂弯屈外展平伸，肘抵靠左腰侧；右臂举至头前，向左后方伸抵。目视右脚跟。随后身体右转，左脚收回，开步站立。同时，两手向上、向右、向下画弧，两掌握空拳下落于体前。目视前下方。

③连续的左右交替重复练习①～②动作 7 次。

（2）动作要点

腰部侧屈拧转，侧屈的一侧腰部要压紧，另一侧腰部则借助上举手臂后伸，得到充分牵拉。后脚脚跟要蹬实，固定下肢位置，加大腰腹部的拧转幅度，运转尾闾。动作可配合呼吸，两掌画弧摆动时吸气，向后伸抵时呼气。

2. 鹿奔

（1）动作练习

①左脚向前跨步，右腿伸直，左腿屈膝，呈左弓步。同时，两掌握空拳，向上、向前画弧至体前，与肩同高，与肩同宽，拳心向下。目视前方。

②身体重心后移，左膝伸直，全脚掌着地，右腿屈膝。低头，弓背，收腹。同时，两臂内旋，两掌前伸，掌背相对，拳变"鹿角"。

③身体重心前移，上身抬起，右腿伸直，左腿屈膝，呈左弓步。松肩沉肘，两臂外旋，"鹿角"变空拳，高与肩平，拳心向下。目视前方。

④左脚收回，开步直立，两拳变掌回落于体侧。目视前方。

⑤左右相反的重复①～④动作一次，然后将此 8 个动作连接起来重复一次后，两掌向身体侧前方举起，与胸同高，掌心向上。目视前方。屈肘，两掌内合下按，自然垂于体侧。目视前方。

（2）动作要点

提脚前跨要有弧度，落步轻灵，体现鹿的安舒神态。身体后坐时，两臂前伸，胸部内含，背部呈"横弓"状；头前伸，背后拱，腹收缩，臀内敛，呈"竖弓"状，使腰背部得到充分伸展和拔长。动作可配合呼吸。身体后坐时配合吸气,重心前移时配合呼气。

(四)熊戏

1. 熊运

(1)动作练习

①接上式。两掌握空拳呈"熊掌"状,拳眼相对,垂于下腹部。目视两拳。

②以腰腹为轴,上身做顺时针摇晃。同时,两拳随之沿右肋部、上腹部、左肋部、下腹部画圆。目随上身摇晃环视。

③重复①~②的动作一次,然后左右相反的将之前4个动作重复一次,注意上身要做逆时针摇晃,两拳随之画圆。

(2)动作要点

两掌画圆是因腰腹部的摇晃而被动牵动,要协调自然。两掌画圆是外导,腰腹摇晃为内引,意念内气在腹部丹田运行。动作可配合呼吸,身体上提时吸气,身体前俯时呼气。

2. 熊晃

(1)动作练习

①身体重心右移,左髋上提,牵动左脚离地,再微屈左膝。两掌握空拳呈"熊掌"状。目视左前方。

②身体重心前移,左脚向左前方迈步落地,全脚掌踏实,脚尖朝前;右腿伸直。同时,身体右转,左臂内旋前靠,左拳摆至左膝前上方,拳心向右;右拳摆至体后,拳心向后。目视左前方。

③身体左转,重心后坐,右腿屈膝,左腿伸直。同时,拧腰晃肩,带动两臂前后弧形摆动,右拳摆至左膝前上方,拳心向右;左拳摆至体后,拳心向后。目视左前方。

④身体右转,重心前移。左腿屈膝,右腿伸直。同时,左臂内旋前靠,左拳摆至左膝前上方,拳心向左;右拳摆至体后,拳心向后。目视左前方。

⑤左右相反的重复①~④动作一次,然后将此8个动作连接起来重复一次后,左脚上步,开步站立。同时,两手自然垂于体侧,两掌向身体侧前方举起,与胸同高,掌心向上。目视前方。屈肘,两掌内合下按,自然垂于体侧。目视前方。

(2)动作要点

用腰侧肌群收缩来牵动大腿上提,按提髋、起腿、屈膝的先后顺序提腿。

两脚前移,横向间距稍宽于肩,随身体重心前移,全脚掌踏实,使震动感传至髋关节处,体现熊步的沉稳厚实。

(五)猿戏

1. 猿提

(1)动作练习

①两掌在体前,手指伸直分开,再屈腕撮拢捏紧呈"猿勾"状。

②两掌上提至胸,两肩上耸,收腹提肛。同时,脚跟提起,头向左转。目随头动,视身体左侧。

③两肩下沉,头转正,松腹落肛,脚跟着地。同时,"猿勾"变掌,掌心向下。目视前方。

④两掌沿体前下按落于体侧。目视前方。

⑤重复①～④动作一次,注意转头的方向相反,然后将此8个动作连接起来重复一次。

(2)动作要点

掌指撮拢变勾,速度稍快。按耸肩、收腹、提肛、脚跟离地、转头的顺序,上提重心。耸肩、缩胸、屈肘、提腕要充分。动作可配合提肛呼吸。两掌上提吸气时,稍用意提起会阴部;下按呼气时,放下会阴部。

2. 猿摘

(1)动作练习

①左脚向左后方退步,脚尖点地;右腿屈膝,重心落于右腿。同时,左臂屈肘,左掌呈"猿勾"状收至左腰侧;右掌向右前方自然摆起,掌心向下。

②身体重心后移,左脚踏实,屈膝下蹲;右脚收至左脚内侧,脚尖点地,呈右丁步。同时,右掌向下经腹前向左上方画弧至头左侧,掌心对太阳穴。目先随右掌动,再转头注视右前上方。

③右掌内旋,掌心向下,沿体侧下按至左髋侧。目视右掌。右脚向右前方迈出一大步,左腿蹬伸,身体重心前移,右腿伸直,左脚脚尖点地。同时,右掌经体前向右后上方画弧,举至体侧变"猿勾",稍高于肩;左掌向前、向上伸举,屈腕撮勾,呈采摘势。目视左掌。

④身体重心后移。左掌由"猿勾"变为"握固";右手变掌自然回落于体前,虎口向前。随后左腿屈膝下蹲;右脚收至左脚内侧,脚尖点地,呈右丁步。同时,左臂屈肘收至左耳旁,掌指分开,掌心向上,呈托桃状;右掌经体前向左画弧至左肘下捧托。目视左掌。

⑤左右相反的重复①~④动作一次,然后将此8个动作连接起来重复一次后,左脚向左横开一步,两腿直立。同时,两手自然垂于体侧,两掌向身体侧前方举起,与胸同高,掌心向上。目视前方。屈肘,两掌内合下按,自然垂于体侧。目视前方。

(2)动作要点

眼要随上肢动作变化左顾右盼,表现出猿猴眼神的灵敏。屈膝下蹲时,全身呈收缩状。蹬腿迈步,向上采摘,肢体要充分展开。采摘时变"猿勾",手指撮拢快而敏捷;呈托桃状时,掌指要及时分开。动作以神似为主,重在体会其意境,不可太夸张。

(六)鸟戏

1. 鸟伸

(1)动作练习

①两腿微屈下蹲,两掌在腹前相叠。

②两掌向上举至头前上方,掌心向下,指尖向前。身体微前倾,提肩,缩项,挺胸,塌腰。目视前下方。

③两腿微屈下蹲,同时两掌相叠下按至腹前。目视两掌。

④身体重心右移,右腿蹬直,左腿伸直向后抬起。同时,两掌左右分开,掌呈"鸟翅"向体侧后方摆起,掌心向上。抬头,伸颈,挺胸,塌腰。目视前方。

⑤左脚回落呈左右开立步,两腿微屈半蹲。同时,两掌下落经体侧叠于腹前。目视两掌。

⑥两腿伸直。同时,两掌上举至头前上方,掌心向下,指尖向前。身体微前倾,提肩,缩项,挺胸,塌腰。目视前下方。

⑦接下来两个动作除左右相反外,其他都与③、④动作相同。将此8个动作连接起来重复一次后,左脚下落,两脚开步站立,两手自然垂于体侧。目视前方。

(2)动作要点

两掌在体前相叠,上下位置可任选,以舒适自然为宜。注意动作的松紧变化。掌上举时,颈、肩、臀部紧缩;下落时,两腿微屈,颈、肩、臀部松沉。两臂后摆时,身体向上拔伸,并呈向后及弓状。

2. 鸟飞

(1)动作练习

①两腿微屈,两掌呈"鸟翅"合于腹前,掌心相对。目视前下方。右腿伸

直独立;左腿屈膝提起,小腿自然下垂,脚尖向下。同时,两掌呈展翅状在体侧平举向上,稍高于肩,掌心向下。目视前方。

②左脚下落在右脚旁,脚尖着地,两腿微屈。同时,两掌合于腹前,掌心相对。目视前下方。

③右腿伸直独立;左腿屈膝提起,小腿自然下垂,脚尖向下。同时,两掌经体侧向上举至头顶上方,掌背相对,指尖向上。目视前方。

④左脚下落在右脚旁,全脚掌着地,两腿微屈。同时,两掌合于腹前,掌心相对。目视前下方。

⑤左右相反的重复①～④动作一次,然后将此8个动作连接起来重复一次后,两掌向身体侧前方举起,与胸同高,掌心向上。目视前方。屈肘,两掌内合下按,两手自然垂于体侧。目视前方。

(2)动作要点

两臂侧举,动作舒展,幅度要大,尽量展开胸部两侧;两臂下落内合,尽量挤压胸部两侧。手脚变化配合协调,同起同落。动作可配合呼吸,两掌上提时吸气,下落时呼气。

(七)收势

1. 动作练习

①两掌经体侧上举至头顶上方,掌心向下。

②两掌指尖相对,沿体前缓慢下按至腹前。目视前方。并重复这两个动作两遍。

③两手缓慢在体前画平弧,掌心相对,高与脐平。目视前方。

④两手在腹前合拢,虎口交叉,叠掌。眼微闭静养,调匀呼吸,意守丹田。

⑤数分钟后,两眼慢慢睁开,两手合掌,在胸前搓擦至热。

⑥掌贴面部上下擦摩,浴面3～5遍。

⑦两掌向后沿头顶、耳后、胸前下落,自然垂于体侧。目视前方。

⑧左脚提起向右脚并拢,前脚掌先着地,随之全脚踏实,恢复做预备势。目视前方。

2. 动作要点

两掌由上向下按时,身体各部位要随之放松,直达脚底涌泉穴。两掌腹前画平弧动作,衔接要自然、圆活,有向前收拢物体之势,意将气息合抱引入丹田。

第二节　六字诀学练方法

一、六字诀概述

六字诀,也叫作"六字气诀",它是我国传统导引气功中的一种以呼吸吐纳为主要手段的健身养生方法。最早有记载六字诀的文献是南朝梁代陶弘景所著的《养性延命录》。书中曾记载:"纳气有一,吐气有六。纳气一者,谓吸也;吐气六者,谓吹、呼、唏、呵、嘘、呬,皆出气也。……委曲治病。吹以去热,呼以去风,唏以去烦,呵以下气,嘘以散寒,呬以解极。"这些记载即后世"六字诀"或者"六字气诀"的起源。

与其他导引气功相似的是,今天人们练习的六字诀也已经与最初创立时的六字诀有许多不同。这点从各个时期的历史文献记载中就可以看出,如明代之前的六字诀仅仅只是一种人们练习吐纳(呼吸)的功夫,并不像今天的六字诀那样还包含有肢体动作的配合。而从明朝以后,人们将一些简单的肢体动作加入六字诀中,将吐纳和导引结合起来。

在分析了各个时代关于六字诀相关功法的内容,再加上对现代六字诀的研究后认为,其流传到今天可以说从功法的角度上已经拥有了自己较为完整的体系。但是这并不代表对它本身的内容就没有任何疑问了,如在功法的规范性上就仍存在问题。举个例子来说,六字诀中的个别字诀(呵、呬)的发音、六字的吐音口型及发声与否、六字与脏腑的对应、六字在练习中的排列顺序等都存在着一些歧义,各种功法的呼吸发音与肢体导引动作之间的关系各有特色,尚缺乏统一的科学论证。

二、六字诀养生运动学练

(一)预备势

1. 动作练习

两脚平行站立,约与肩同宽,两膝微屈;头正颈直,下颌微收,竖脊含胸;两臂自然下垂,周身中正;唇齿合拢,舌尖放平,轻贴上腭;目视前下方。

2. 动作要点

鼻吸鼻呼,自然呼吸。面带微笑,思想纯净,全身放松。

(二)起势

1. 动作练习

(1)屈肘,两掌十指相对,掌心向上,缓缓上托至胸前,约与两乳同高。

(2)两掌内翻,掌心向下,缓缓下按,至肚脐前。

(3)微屈膝下蹲,身体后坐;同时,两掌内旋外翻,缓缓向前拨出,至两臂成圆。

(4)两掌外旋内翻,掌心向内。起身,两掌缓缓收拢至肚脐前,虎口交叉相握轻覆肚脐;静养片刻,自然呼吸;目视前下方。

2. 动作要点

鼻吸鼻呼,两掌上托时吸气,下按、向前拨出时呼气,收拢时吸气。

(三)嘘字诀

1. 动作练习

①两手松开,掌心向上,小指轻贴腰际,向后收到腰间。

②两脚不动,身体左转 90°;右掌由腰间缓缓向左侧穿出,约与肩同高,并配合口吐"嘘"字音;两目渐渐圆睁,目视右掌伸出方向。

③右掌沿原路收回腰间;同时身体转回正前方;目视前下方。

④身体右转 90°;同时,左掌由腰间缓缓向右侧穿出,约与肩同高,并口吐"嘘"字音;两目渐渐圆睁,目视左掌伸出方向。

⑤左掌沿原路收回腰间,同时,身体转回正前方;目视前下方。

⑥如此左右穿掌各 3 遍。本式共吐"嘘"字音 6 次。

2. 动作要点

"嘘"字吐气法:"嘘"字音 xū,属牙音。发音吐气时,嘴角后引,槽牙上下平对,中留缝隙,槽牙与舌边亦有空隙。发声吐气时,气从槽牙间、舌两边的空隙中呼出体外。穿掌时口吐"嘘"字音,收掌时鼻吸气,动作与呼吸应协调一致。

(四)呵字诀

1.动作练习

①吸气,同时,两掌小指轻贴腰际微上提,指尖朝向斜下方。目视前下方。屈膝下蹲,同时,两掌缓缓向前下约 45°方向插出,两臂微屈;目视两掌。

②微微屈肘收臂,两掌小指一侧相靠,掌心向上,呈"捧掌",约与肚脐相平;目视两掌心。

③两膝缓缓伸直;同时屈肘,两掌捧至胸前,掌心向内,两中指约与下颏同高;目视前下方。

④两肘外展,约与肩同高;同时,两掌内翻,掌指朝下,掌背相靠。然后,两掌缓缓下插;目视前下方。从插掌开始,口吐"呵"字音。

⑤两掌下插至肚脐前时,微屈膝下蹲;同时,两掌内旋外翻,掌心向外,缓缓向前拨出,至两臂成圆;目视前下方。

⑥两掌外旋内翻,掌心向上,于腹前"捧掌";目视两掌心。

⑦两膝缓缓伸直;同时屈肘,两掌捧至胸前,掌心向内,两中指约与下颏同高,目视前下方。

⑧两肘外展,约与肩同高;同时,两掌内翻,掌指朝下,掌背相靠;然后两掌缓缓下插,目视前下方。从插掌开始,口吐"呵"字音。重复⑤~⑧动作 4 遍。本式共吐"呵"字音 6 次。

2.动作要点

"呵"字吐气法:"呵"字音 hē,为舌音,发声吐气时,舌体上拱。舌边轻贴上槽牙,气从舌与上腭之间缓缓呼出体外。两掌捧起时鼻吸气,插掌、外拨时呼气,口吐"呵"字音。

(五)呼字诀

1.动作练习

①当上式最后一动两掌向前拨出后,外旋内翻,转掌心向内对肚脐,指尖斜相对,五指自然张开。两掌心间距与掌心至肚脐距离相等;目视前下方。

②两膝缓缓伸直；同时，两掌缓缓向肚脐方向合拢，至肚脐前约 10 厘米。

③微屈膝下蹲；同时，两掌向外展开至两掌心间距与掌心至肚脐距离相等，两臂成圆，并口吐"呼"字音；目视前下方。

④两膝缓缓伸直；同时，两掌缓缓向肚脐方向合拢。

重复③④动作 5 遍。本式共吐"呼"字音 6 次。

2. 动作要点

"呼"字吐气法："呼"字音 hū，为喉音，发声吐气时，舌两侧上卷，口唇撮圆，气从喉出后，在口腔中形成一股中间气流，经撮圆的口唇呼出体外。两掌向肚脐方向收拢时吸气，两掌向外展开时口吐"呼"字音。

(六)呬字诀

1. 动作练习

①两掌自然下落，掌心向上，十指相对；目视前下方。

②两膝缓缓伸直；同时，两掌缓缓向上托至胸前，约与两乳同高；目视前下方。

③两肘下落，夹肋，两手顺势立掌于肩前，掌心相对，指尖向上。两肩胛骨向脊柱靠拢，展肩扩胸，藏头缩项；目视前斜上方。

④微屈膝下蹲；同时，松肩伸项，两掌缓缓向前平推逐渐转成掌心向前亮掌，同时口吐"呬"字音；目视前方。

⑤两掌外旋腕，转至掌心向内，指尖相对，约与肩宽。

⑥两膝缓缓伸直；同时屈肘，两掌缓缓收拢至胸前约 10 厘米，指尖相对；目视前下方。

⑦两肘下落，夹肋，两手顺势立掌于肩前，掌心相对，指尖向上。两肩胛骨向脊柱靠拢，展肩扩胸，藏头缩颈；目视斜前上方。

⑧微屈膝下蹲；同时，松肩伸项，两掌缓缓向前平推逐渐转成掌心向前，并口吐"呬"字音；目视前方。

2. 动作要点

"呬"字吐气法："呬"字音 sī，为齿音。发声吐气时，上下门牙对齐，留有狭缝，舌尖轻抵下齿，气从齿间呼出体外。推掌时，呼气，口吐"呬"字音；两掌外旋腕，指尖相对，缓缓收拢时鼻吸气。

(七)吹字诀

1. 动作练习

①两掌前推,随后松腕伸掌,指尖向前,掌心向下。

②两臂向左右分开呈侧平举,掌心斜向后,指尖向外。

③两臂内旋,两掌向后划弧至腰部,掌心轻贴腰眼,指尖斜向下;目视前下方。

④微屈膝下蹲;同时,两掌向下沿腰骶、两大腿外侧下滑,后屈肘提臂环抱于腹前,掌心向内,指尖相对,约与脐平;目视前下方。

⑤两掌从腰部下滑时,口吐"吹"字音。两膝缓缓伸直;同时,两掌缓缓收回,轻抚腹部,指尖斜向下,虎口相对;目视前下方。

⑥两掌沿带脉向后摩运。两掌至后腰部,掌心轻贴腰眼,指尖斜向下;目视前下方。

⑦微屈膝下蹲;同时,两掌向下沿腰骶、两大腿外侧下滑,后屈肘提臂环抱于腹前,掌心向内,指尖相对,约与脐平;目视前下方。重复⑤~⑦动作 4 遍。本式共吐"吹"字音 6 次。

2. 动作要点

"吹"字吐气法:"吹"字音 chuī,为唇音。发声吐气时,舌头、嘴角后引,槽牙相对,两唇向两侧拉开收紧,气从喉出后,从舌两边绕舌下,经唇间缓缓呼出体外。两掌从腰部下滑、环抱于腹前时呼气,口吐"吹"字音;两掌向后收回、横摩至腰时以鼻吸气。

(八)嘻字诀

1. 动作练习

①两掌环抱,自然下落于体前;目视前下方。两掌内旋外翻,掌背相对,指尖向下;目视两掌。

②两膝缓缓伸直;同时,提肘带手,经体前上提至胸。随后,两手继续上提至面前,分掌、外开、上举,两臂成弧,掌心斜向上;目视前上方。

③屈肘,两手经面部前回收至胸前,约与肩同高,指尖相对,掌心向下;目视前下方。然后微屈膝下蹲;同时,两掌缓缓下按至肚脐前。

④两掌继续向下。向左右外分至左右髋旁约 15 厘米,掌心向外,指尖向下;目视前下方。

⑤从上动两掌下按开始配合口吐"嘻"字音。两掌掌背相对合于小腹前,掌心向外,指尖向下;目视两掌。

⑥两膝缓缓伸直;同时,提肘带手,经体前上提至胸。随后,两手继续上提至面前,分掌、外开、上举,两臂成弧,掌心斜向上;目视前上方。

⑦屈肘,两手颈面部前回收至胸前,约与肩同高,指尖相对,掌心向下;目视前下方。然后微屈膝下蹲,同时两掌缓缓下按至肚脐前;目视前下方。

⑧两掌顺势外开至髋旁约 15 厘米,掌心向外,指尖向下;目视前下方。从上动两掌下按开始配合口吐"嘻"字音。重复⑤~⑦动作 4 遍。本式共吐"嘻"字音 6 次。

2. 动作要点

"嘻"字吐气法:"嘻"字音 xī,为牙音。发声吐气时,舌尖轻抵下齿,嘴角略后引并上翘,槽牙上下轻轻咬合,呼气时使气从槽牙边的空隙中经过呼出体外。提肘、分掌、向外展开、上举时鼻吸气,两掌从胸前下按、松垂、外开时呼气,口吐"嘻"字音。

(九)收势

1. 动作练习

①两手外旋内翻,转掌心向内,缓缓抱于腹前,虎口交叉相握,轻覆肚脐;同时两膝缓缓伸直;目视前下方;静养片刻。

②两掌以肚脐为中心揉腹,顺时针 6 圈,逆时针 6 圈。两掌松开,两臂自然垂直于体侧;目视前下方。

2. 动作要点

形松意静,收气静养。

第三节　八段锦学练方法

一、八段锦概述

八段锦,顾名思义是由八组动作构成的一种传统养生健身功法。八段锦的每组动作并不复杂,非常适合各个年龄段的男性与女性练习。其动作设计特点在于每节动作都针对一定的脏腑或病症的保健与治疗需要,有疏通经络气血、调整脏腑功能的作用。

追溯八段锦的创始人和起源时间并不容易,至今学术界没有一个统一的认定。一个有利的证据要数湖南长沙马王堆三号墓出土的《导引图》,其中有四幅绘图中的人物动作与八段锦中的"调理脾胃须单举""双手攀足固肾腰""左右开弓似射雕""背后七颠百病消"动作相似。

现存最早的关于八段锦的文献记载要数南宋洪迈所著的《夷坚志》一书,在书中有文字记载道:"政和七年,李似矩为起居郎⋯⋯尝以夜半时起坐,嘘吸按摩,行所谓八段锦者。"这也说明八段锦在南宋已流传于世。而真正给这套导引术命名还要追溯到南宋时期,当时在南宋人陈元靓所编的《事林广记·修真秘旨》中首次将八段锦定名为"吕真人安乐法",其文已歌诀化,文献中有记载可考证:"昂首仰托顺三焦,左肝右肺如射雕;东脾单托兼西胃,五劳回顾七伤调;鳝鱼摆尾通心气,两手搬脚定于腰;大小朝天安五脏,漱津咽纳指双挑。"而"八段锦"这个名字的由来是在清末,当时的《新出保身图说·八段锦》一书首次以"八段锦"命名该套功法,并给每个动作配图,形成了较完整的动作套路。其歌诀为:"两手托天理三焦,左右开弓似射雕;调理脾胃须单举,五劳七伤往后瞧;攒拳怒目增气力,两手攀足固肾腰;摇头摆尾去心火,背后七颠百病消。"从此,传统八段锦的名称和套路动作被固定下来,一直流传到今天。

二、八段锦养生运动学练

(一)预备式

1. 动作练习

身体直立,两臂下垂,全身放松,舌抵上腭,目光平视。

2. 动作要点

头向上顶,下颏微收,舌抵上腭,嘴唇轻闭,沉肩坠肘,腋下虚掩;胸部宽舒,腹部松沉;收髋敛臀,上身中正。

(二)两手托天理三焦

1.动作练习

①在吸气的同时,两臂从体侧缓缓上举至头顶,掌心朝上;两手指交叉,内旋翻掌向上撑起,肘关节伸直,如托天状;同时两脚跟尽量上提,抬头,眼看手背。

②在呼气的同时,两臂经体侧缓缓下落;脚跟轻轻着地,还原成预备式(图 8-1)。

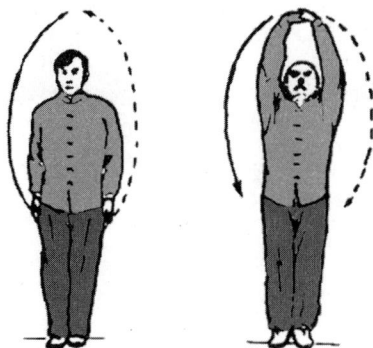

图 8-1

2.动作要点

两手上托时掌根用力上顶,腰背充分伸展。脚跟上提时,两膝用力伸直内夹。反复练习数次。

(三)左右开弓似射雕

1.动作练习

①左脚向左横开一步,屈膝下蹲呈马步,同时两臂屈肘抬起,右外左内在胸前交叉。

②左手拇指和食指撑开呈八字,其余三指扣住,缓缓用力向左侧平推。同时右拳松握屈肘向右平拉,似拉弓状,眼看左手,此为"左开弓"。

③两臂下落,经腹前向上抬起,在胸前交叉,右手在内,左手握拳在外。

④"右开弓"动作与"左开弓"相同,方向相反(图 8-2)。

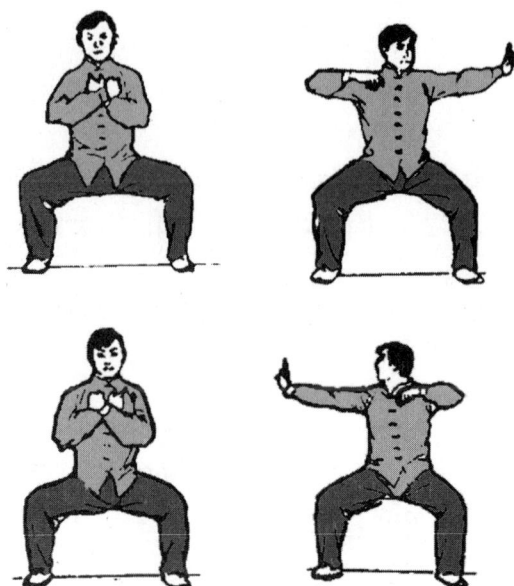

图 8-2

2. 动作要点

模仿拉弓射箭的动作,开弓时要缓缓用力,回收时慢慢放松。开弓时呼气,收回时吸气。如此反复练习。

(四)调整脾胃须单举

1. 动作练习

①并步直立,两臂屈肘上抬至胸前,掌心向下。

②左手内旋上举至头顶,同时右手下按至右胯旁,此为"左举"。

③左手向下,右手向上至胸前。除左右相反外,"右举"动作与"左举"相同(图8-3)。

2. 动作要点

以吸气配合上举下按,以呼气配合过渡性动作。上举时须有托、撑的意思。反复练习。

图 8-3

(五)五劳七伤往后瞧

1. 动作练习

①两脚并步,头缓缓向左、向后转,眼看后方。
②上动稍停片刻,头慢慢转回原位。
③头缓缓向右、向后转,眼看后方(图 8-4)。

图 8-4

2. 动作要点

转头时,身体保持正直,以呼气配合转头后看动作,以吸气配合转头复原动作。反复练习。

(六)攒拳怒目增气力

1.动作练习

①左脚向左平跨一步呈马步,两手握拳抱于腰间,眼看前方。
②左拳向前用劲缓缓冲出,小臂内旋拳心向下。
③左拳变掌,再抓握成拳收抱腰间。
④右拳向前用劲缓缓冲出,小臂内旋拳心向下。
⑤左侧冲拳,方法同左前冲拳,推向左侧冲出。
⑥右侧冲拳同左侧冲拳,唯左右相反(图8-5)。

图 8-5

2.动作要点

冲拳时呼气并瞪眼,收拳时吸气。身要正,步要稳,冲拳要运劲。

(七)两手攀足固肾腰

1.动作练习

①两脚并步,上身后仰,两手由体侧移至身后。
②上身缓缓前俯深屈,两膝挺直,两臂随屈体向前、向下,用手攀握脚尖,或手触地,保持片刻(图8-6)。

2.动作要点

身体放松,动作缓慢,上身后仰吸气,前屈攀足呼气,反复练习。

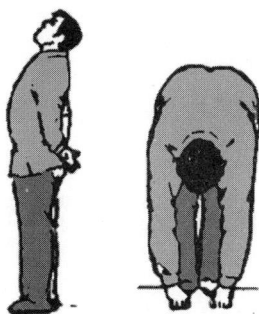

图 8-6

(八)摇头摆尾去心火

1.动作练习

①左脚向左横跨一步呈马步,两手扶按在膝上,虎口朝里。

②随着吸气,头向左下摆,臀部向右上摆,上身左倾。

③随着呼气,头向右下摆,臀部向左上摆,上身右倾。

④上身前俯,头和躯干和向左、向后、向右、向前绕环一周。

⑤同上一动作,方向相反(图 8-7)。

图 8-7

2. 动作要点

上身摇摆时,坐要稳,不要上下起伏。左右摆动数遍后,再左右绕环数遍。呼吸与头、臀摇摆协调一致。

(九)背后七颠百病消

1. 动作练习

①两手左里右外交叠于身后;脚跟尽量上提,头上顶,同时吸气。
②脚跟轻轻落下,接近地面,但不着地,同时呼气(图8-8)。

图 8-8

2. 动作要点

呼吸与提脚配合,如此连续起落颠动,使全身放松。最后脚跟落地直立垂臂收功。

第四节　易筋经学练方法

一、易筋经概述

易筋经是我国一种传统的导引气功养生保健法,它将健身和养生完美地结合到了一起,在我国气功导引术中占有极高的地位,直至今天它仍然对现代中国传统功法和民族体育的发展有较为广泛的影响。

从易筋经的字面文字来看，"易"即改变，含有改善、促进和增强的意思；"筋"即主要指人体的运动系统，如骨骼、肌肉、关节、筋骨、经脉等；"经"即一种方法和套路。因此整体上看，"易筋经"就是指一种以活动筋骨肌肉为主要手段，进而达到增进健康、延年益寿目的的健身方法。

我国历史文献上最早出现易筋经的是明代天启四年（1624年）的手抄本，而直到清道光年间才拥有了较为正式的刻印本。而追溯易筋经的创始人我们会发现相关内容比较杂乱。的确，对于易筋经的创始人在学术界有着众多的说法。不过通过总结和归纳，我们分析出了这些学说共分为三种：

①易筋经、洗髓经和少林武术等为达摩所传。达摩原为南天竺国（南印度）人，526年来到我国并最终到达嵩山少林寺，被称为禅宗初祖。

②六朝时流传的《汉武帝内传》等小说中记载有东方朔"三千年一伐毛，三千年一洗髓"等神话，所以把易筋经初祖归在东方朔身上。

③易筋经起源于劳动人民的劳动实践，先民从舂谷、载运、进仓、收囤和珍惜谷物等各种农活姿势中提炼出了易筋经。

易筋经对于健身祛病都具有较为理想的效果。不过它并不是从创立伊始就一直保持着原本的样子，而是在几百年的发展过程中几经改良和完善，直到形成今天人们见到的状态。从现代体育健身养生的角度上看，易筋经很好地融科学性与普及性于一体，它的动作连贯、有序，环环相扣，最终形成统一的整体。另外，它的动势注重伸筋拔骨、舒展连绵、刚柔相济，在注重外在动作形态的同时还要求与呼吸相协调，力求以形导气，意随形走。多种优势集于一身，使其成为现代众多气功养生健身方法中颇受青睐的一种。

二、易筋经养生运动学练

预备：两脚并拢站立，两手自然垂于体侧；下颏微收，百会虚领，唇齿合拢，舌自然平贴于上腭；目视前方。

（一）韦驮献杵第一势

①左脚向左侧迈开半步，约与肩同宽，两膝微屈，呈开立姿势；两手自然垂于体侧。

②两臂自体侧向前抬至前平举；掌心相对，指尖向前。

③两臂屈肘，自然回收，指尖向斜前上方约30°，两掌合于胸前，掌根与膻中穴同高，虚腋；目视前下方。动作稍停（图8-9）。

图 8-9

(二)韦驮献杵第二势

①接上势。两肘抬起,两掌伸平,手指相对,掌心向下,掌臂约与肩呈水平。

②两掌向前伸展,掌心向下,指尖向前。

③两臂向左右分开至侧平举,掌心向下,指尖向外。

④五指自然并拢,坐腕立掌;目视前下方(图 8-10)。

图 8-10

(三)韦驮献杵第三势

①接上式。松腕,同时两臂向前平举内收至胸前平屈,掌心向下,掌与胸相距约一拳;目视前下方。

②两掌同时内旋,翻掌至耳垂下,掌心向上,虎口相对,两肘外展,约与肩平。

③身体重心前移至前脚掌支撑,提踵;同时,两掌上托至头顶,掌心向上,展肩伸肘:微收下颏,舌抵上腭,咬紧牙关。

④静立片刻(图 8-11)。

图 8-11

(四)摘星换斗式

①右足稍向右前方移步,与左足形成斜八字形(右脚跟与左足弓相对,相距约一拳),随式身向左微侧。

②屈膝,提右脚跟,身向下沉呈右虚步;两上肢同时动作,左手握空拳置于腰后,右手指掌握如钩状下垂于裆前。

③右钩手上提,使肘略高于肩,前臂与上臂近乎直角钩手置于头之右前方。

④松肩,屈腕,肘向胸,钩尖向右;头微偏,目视右掌心,舌抵上腭;含胸拔背,直腰收臀,少腹含蓄,紧吸慢呼,使气下沉;两腿前虚后实,前腿虚中带实,后腿实中求虚。左右两侧交替锻炼,姿势及要求相同(图 8-12)。

图 8-12

(五)倒拽九牛尾式

①左腿向左平跨一步(其距较两肩为宽),两足尖内扣,屈膝下蹲呈马裆式;两手握拳由身后划弧线形向裆前,拳背相对,拳面近地;上身略前俯,松肩,直肘;昂头,目前视。

②两拳上提至胸前,由拳化掌,呈抱球式,随式直腰;肩松肘曲,肘略低于肩;头端平,目前视。

③旋动两前臂,使掌心各向左右(四指并拢朝天,拇指外分,呈八字掌,掌应挺紧),随式运劲徐徐向左右平(分)推至肘直;松肩,直肘,腕背屈,腕、肘、肩相平。

④身体向右转侧,呈右弓左箭式(面向左方)。两上肢同时动作,右上肢外旋,屈肘约成半圆,拳心对面,双目观拳,拳高约与肩平,肘不过膝,膝不过足尖;左上肢内旋向后伸,拳背离臀,肩松,肘微屈,两上肢一前(外旋)一后(内旋)作螺旋劲,上身正直,塌腰收臀,鼻息调匀。左右两侧交替锻炼,姿势相同(图 8-13)。

图 8-13

(六)出爪亮翅式

①两手仰掌沿胸前徐徐上提过顶,旋腕翻掌,掌心朝天,十指用力分开,虎口相对,中、食指(左与右)相接;仰头,目观中指、食指交接之处,随式脚跟提起,离地约 10～13 厘米,以两足尖支持体重。肘微曲,腰直,膝不得屈。

②两掌缓缓分开向左右而下,上肢呈一字并举(掌心向下),随式脚跟落地;翻掌,使掌心朝天,十指仍用力分开,目向前平视,肩、肘、腕相平,直腰,膝勿屈(图 8-14)。

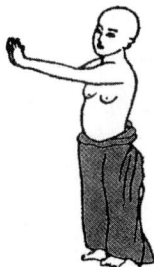

图 8-14

(七)九鬼拔马刀式

①足尖相接,脚跟分离呈八字形,腰实腿坚,膝直足霸。同时两臂向前呈叉掌立于胸前。

②运动两臂,左臂经上往后,呈钩手置于身后(松肩,直肘,钩尖向上);右臂向上经右往胸前(松肩,肘略屈,掌心向左,微向内凹,虎口朝下),掌根着实,蓄劲于指。

③右臂上举过头,由头之右侧屈肘俯掌下覆,使手抱于颈项。左手钩手化掌,使左掌心贴于背,并在许可范围内尽可能上移。

④头用力上抬,使头后仰;上肢着力,掌用劲下按,使头前俯,手、项争力。挺胸直腰,腿坚脚实,使劲由上贯下至踵。鼻息均匀,目微左视。

⑤运动两臂,左掌由后经下往前,右上肢向前回环,左右两掌相叉立于胸前。左右交换,要领相同(图 8-15)。

图 8-15

(八)三盘落地式

①左腿向左平跨一步,两足之距较肩为宽,足尖内扣,屈膝下蹲呈马裆式,两手叉腰,腰直胸挺,后背如弓,头端平,目前视。

②两手由后向前抄抱,十指相互交叉而握,掌背向前,虎口朝上,肘微屈

曲,肩松;两上肢似一网盘处于上胸。

③由上式,旋腕转掌,两掌心朝前。运动上肢,使两掌向左右(划弧线)而下,由下呈仰掌沿腹胸之前徐徐运劲上托,高不过眉,掌距不大于两肩之距。

④旋腕翻掌,掌心朝地,两掌(虎口朝内)运劲下按(沿胸腹之前)呈虚掌置于膝盖上部。两肩松开,肘微屈曲,两臂略向内旋;前胸微挺,后背如弓,头如顶物,双目前视(图 8-16)。

图 8-16

(九)青龙探爪式

①左腿向左平跨一步,两足之距约当肩宽,两手呈仰拳护腰式。身立正直,头端平,目前视。

②左上肢仰掌向右前上方伸探,掌高过顶,随式身略向右转侧,面向右前方,目视手掌,松肩直肘,腕勿屈曲。右掌仍作仰拳护腰式。两足踏实勿移。

③由上式,左手大拇指向掌心屈曲,双目视大拇指。

④左臂内旋,掌心向下,俯身探腰,随式推掌至地。膝直,脚跟不离地,昂首,目前视。

⑤左掌离地,围左膝上收至腰,呈两仰掌护腰式,如本式①。左右手交替前探,要领相同(图 8-17)。

图 8-17

(十)卧虎扑食式

①右腿向右跨出一大步,屈右膝下蹲,呈左仆腿式(左腿伸直,脚底不离地,足尖内扣)。两掌相叠,扶于右膝上。直腰挺胸,两目微向左视。

②身体向左转侧,右腿挺直,屈左膝,呈左弓右箭式,扶于膝上之两掌分向身体两侧,屈肘上举于耳后之两旁,然后运劲使两掌徐徐前推,至肘直。松肩,腕背屈,目视前方。

③由上式,俯腰,两掌下按,掌或指着地,按于左足前方之两侧(指端向前,两掌之距约当肩宽),掌实,肘直,两脚底勿离地,昂首,目前视。

④右脚跟提起,足尖着地,同时在前之左腿离地后伸,使左足背放于右脚跟上,以两掌及右足尖支撑身体。再屈膝(膝不可接触地面),身体缓缓向后收,重心后移,蓄劲待发。足尖发劲,屈曲之膝缓缓伸直。两掌使劲,使身体徐徐向前,身应尽量前探,重心前移;最后直肘,昂起头胸,两掌撑实。如此三者连贯进行,后收前探,波浪形地往返进行,犹如饿虎扑食。左右交换,要领同左侧(图 8-18)。

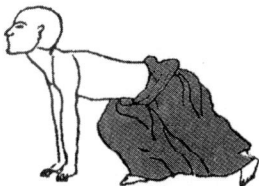

图 8-18

(十一)打躬式

①左腿向左平跨一步,两足之距比肩宽,足尖内扣。两手仰掌徐徐向左右而上,呈左右平举式。头如顶物,目向前视,松肩直肘,腕勿屈曲,立身正直,腕、肘、肩相平。

②由上式屈肘,十指交叉相握,以掌心抱持后脑。勿挺胸凸臀。

③由上式,屈膝下蹲呈马裆式。

④直膝弯腰前俯,两手用力使头尽向胯下,两膝不得屈曲,脚跟勿离地。

(十二)工尾式(掉尾式)

①两手仰掌由胸前徐徐上举过顶,双目视掌,随掌上举而渐移;身立正直,勿挺胸凸腹。

②由上式，十指交叉而握，旋腕反掌上托，掌心朝天，两肘欲直，目向前平视。

③由上式，仰身，腰向后弯，上肢随之而往，目上视。

④由上式俯身向前，推掌至地。昂首瞪目，膝直，脚跟再离地。

第九章　传统体育文化之搏击
文化学练实践研究

　　传统体育中的搏击运动深受人们的欢迎,它不仅具有强健身心的作用,在某些职业领域中还有实际运用价值。为此,本章就对传统搏击文化中的散打、摔跤和擒拿的学练进行指导。

第一节　散打学练方法

一、实战姿势

　　以正架式为例,两脚左前、右后开立,略比肩宽,两脚尖微内扣,两膝微屈,重心在两腿之间。前脚掌内侧与后脚脚跟内侧在一延长线上。两手左前、右后握拳,拳眼均朝上,左臂弯屈,肘关节夹角在 90°～110°之间。左拳与鼻同高,右臂弯屈,肘关节夹角小于 90°,大臂贴近右侧肋部,相距约 10 厘米。身体侧立,下颌微收,闭嘴合齿,面部和左肩、右拳正对对手。

　　散打的实战姿势需从实战出发,因此,要便于进攻和防守,并便于移动。另外,还要注意姿势不可太低,重心控制在两脚之间,两手保护躯体,注意防护头部,尽量缩小暴露给对手的部位。

二、基本步法

(一)滑步

1. 前滑步

　　后脚掌蹬地,前脚稍离地向前滑出 20～30 厘米,后脚随之跟进相同距离,身体重心保持在两脚之间,整个动作完成后仍为原来的姿势(图 9-1)。

2. 后滑步

前脚掌蹬地,后脚稍离地向后滑出 20～30 厘米,前脚随之后退相同距离,身体重心保持在两脚之间,整个动作完成后仍为原来的姿势(图 9-2)。

图 9-1   图 9-2

在运用滑步时,要想达到理想的步法运用效果,要注意以下几个方面:第一,靠近运动方向的一侧脚先移动;第二,脚要沿着地面滑动;第三,滑步时,身体重心移动要平稳,上身不可前俯后仰,重心不要超出两脚的支撑面;第四,脚掌尽可能不离开地面,腿部肌肉放松自然,不可做跳跃步;第五,移动过程中,两脚应始终保持平行,以保持稳定性;第六,移动时应以脚掌为支撑点,不应出现迈步现象。

(二)交换步

从预备姿势开始,前后脚同时蹬地稍离地面,在空中左右腿前后交替,转体 120°左右,同时两臂也做前后体位的交换,完成动作后呈与原来相反的预备姿势(图 9-3)。

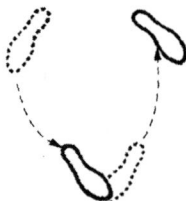

图 9-3

在运用交换步时,要以髋部力量快速带动两腿交换,同时身体不能腾空过高,否则就会影响步法的运用效果。

(三)纵步

以前纵步为例,从预备姿势开始,两脚同时蹬地,使身体向前或向后移动(图9-4)。

在运用纵步时,为了能够达到理想的步法运用效果,要注意以下几个方面:第一,启动前不宜过分减低重心,不然容易暴露动作意图;第二,动作主要靠脚踝的力量向前纵出,但不宜过于腾空;第三,向后纵步,动作要领与向前纵步相同,但方向相反。

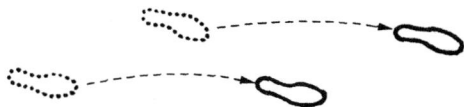

图 9-4

(四)垫步

从预备姿势开始,重心前移,后脚蹬地向前脚内侧并拢,随即前脚屈膝提起,根据情况使用蹬、端腿法;上动不停,在使用腿法的同时,支撑腿随蹬(端)腿向前再垫出一步,脚跟斜向前(图9-5)。

在运用垫步时,为了能够取得理想的步法运用效果,要注意以下几个方面:首先,后脚向前脚并拢要快,前腿提起的动作与后腿的并拢动作不脱节,不停顿;其次,配合后腿的垫步要与腿法同时完成,但要注意垫步时不能腾空,为加大力度和充分伸展,端出后的支撑腿脚后跟必须斜向前方。

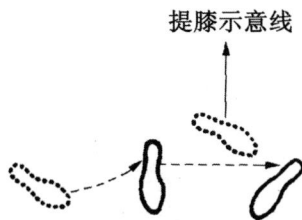

提膝示意线

图 9-5

(五)闪步

1. 左闪步

从预备姿势开始,上身保持原来的姿势,前脚向左侧迅速蹭出 20～30

厘米,紧接着后脚以前脚为轴迅速向左滑动,角度在 45°~90°以内,动作完成后呈预备姿势的步型(图 9-6)。

2. 右闪步

从预备姿势开始,后脚向右方横向蹭出,随后以髋部带动前脚向右侧滑动,身体转动一般在 60°~90°之间,动作完成后呈预备姿势(图 9-7)。

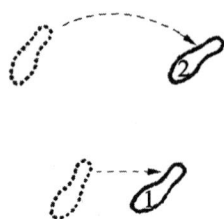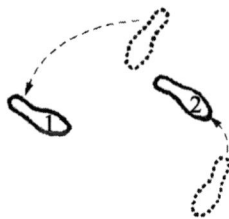

图 9-6   图 9-7

需要注意的是,此步法也常常用于侧闪防守时,其中关键的动作是转体闪躲。因此,为了能够较好地躲闪对方的正面进攻,侧闪步的同时要转体,否则就会影响步法的运用效果。

(六)击步

1. 向前击步

从预备姿势开始,重心前移,后脚蹬地向前脚内侧迅速靠拢,在后脚着地的同时前脚向前方迅速跃出,着地后两脚呈预备姿势步型(图 9-8)。

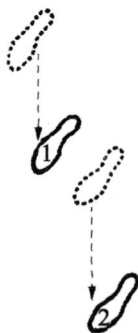

图 9-8

2. 向后击步

从预备姿势开始,重心后移,前脚蹬地向后脚内侧迅速靠拢,着地后两脚呈预备姿势步型(图 9-9)。

图 9-9

在做击步时,要想取得较为理想的步法运用效果,需要注意以下事项:第一,不能腾空过高,两脚动作要依次、连贯、快速;第二,完成动作的过程中要注意上身不能前俯后仰。

三、基本拳法

(一)冲拳

1. 左冲拳击头

从基本搏斗姿势开始,右脚掌蹬地,使重心快速前移到左脚上,身体右转,右脚跟稍向内转一下。在转体的同时,探左肩,左臂迅速向前伸出,力量集中在拳头顶部,在击拳瞬间应该感到肩部有催劲。左膝稍弯一下。右手防护下颌,肘部防护身体;左手击打完成后应尽快收回呈开始姿势(图 9-10)。

在运用左冲拳击头时,要注意出拳时身体重心不能过分前倾,不要翘臂、夹肩,右手不能向后拉,否则会影响拳法的运用效果。

图 9-10

2. 右冲拳击头

从基本搏斗姿势开始,以右脚前脚掌支撑蹬地,同时脚跟外转,把蹬地力量传至全身。身体随左后转,旋右臂向前沿直线冲出,在接近目标刹那合肩,将拳握紧。随出拳瞬间,重心移在左脚上,全脚着地。右脚微向左脚踵跟进,右膝靠近左膝。收左手防护头及上身(图 9-11)。

在运用右冲拳击头时,为了能够取得较为理想的拳法运用效果,要注意以下几方面的事项:第一,蹬地、前移重心、转脚、屈膝、转体、顺肩、旋臂和出拳动作要协调一致;第二,左膝不能过屈;第三,不能有右拳后撤动作,发拳之前重心不要过早移到左腿上。

图 9-11

3. 左冲拳击上身

从基本搏斗姿势开始,重心移至左脚。左脚微向里扣,脚跟微外转,左膝屈成 110°～120°。重心向左脚移动。右脚蹬地,身体随之右转。同时左臂沿直线快速冲出。右手防护不变(图 9-12)。

为了能够取得较为理想的拳法运用效果,在运用左冲拳击上身时,要注意:第一,头不能超出前脚尖过多;第二,左脚外转与屈膝要同时进行;第三,出拳时上身微向前弯,但不能仰头或低头。

图 9-12

4. 右冲拳击上身

从基本搏斗姿势开始,重心移向右脚,以右前脚掌为支点,用力蹬地,身体随之左后转;重心前移到左脚,全脚着地。在身体左后转的同时,左膝屈约 100°～130°。重心在后脚。与转腰同时,右手臂沿直线向前冲出。左手护头,肘护肋(图 9-13)。

在运用右冲拳击上身时,既可以直接击打上身或闪躲后击上身,也可以在左拳击出后使用。不管用哪种,通常都会取得较为理想的拳法运用效果。

图 9-13

(二)掼拳

1. 左掼拳击头

身体重心移至右脚,随之向右转体带臂,左肘微屈,使左拳前送并横向从左向右摆动。同时左脚蹬地,脚跟微外转,随之全脚掌着地,左膝屈约110°～120°。右手保护下颌(图 9-14)。

在以左掼拳击头时,要注意:第一,要以腰带臂;第二,出拳的手臂边前伸,边横摆,以加快速度。否则会对拳法的运用效果有一定的影响。

图 9-14

2. 右掼拳击头

从基本搏斗姿势开始,右脚尖蹬地,脚跟微外转,身体随之猛向左拧转,右臂由侧横向呈弧形摆动。边摆边前冲,再加上肩部动作一起向击打方向送出。身体重心略移到左脚。击打后,身体稍降低,微向左侧偏,以防身体前倾失去重心、暴露弱点。击打的刹那左肩比右肩略低,击打后的右手不要离开身体过远。左手保护下颌(图 9-15)。

在运用右掼拳击头时,要想取得较为理想的拳法运用效果,就需要注意以下几方面:第一,击打时抡臂与转腰同时,拳与肘接近水平,即边出拳边起肘;第二,抬肘不要过高,免得动作僵直缓慢;第三,拳头边出边内旋,击中后就停,用脆劲,以便于收作开始姿势。

图 9-15

3. 左掼拳击上身

重心右移,两膝微屈,重心下降。同时身体及腰部向右突转带动左手臂(左臂微屈)将拳横向朝对方上身击出。右手保护头部(图 9-16)。

在运用左掼拳击上身时,注意要边出拳边抬肘、碾脚、蹬地,转体带臂。这样才有可能取得较为理想的拳法运用效果。

图 9-16

4. 右掼拳击上身

从基本搏斗姿势开始,上身向右转。同时身体微俯,右拳屈臂横向向左击出。边出拳边抬肘、碾脚、蹬地、转体带臂,重心左移。拳触目标时向里推击,防止对方把腹部绷紧。击后迅速呈开始姿势。

运用右掼拳击上身时,要想取得较为理想的拳法运用效果,就要注意以下几方面事项:第一,重心降低并前移;第二,后腿屈膝,脚跟外展,以利用上全身的劲;第三,摆臂时不要有意抬肘;第四,臂微屈,但要放松。

（三）抄拳

1. 左抄拳击头

从基本搏斗姿势开始，重心移向左脚，体位微下沉，腰部和左腿瞬间挺直，借挺展力量带动手臂，将拳由下往上抄起。击打刹那间，拳心朝内（图 9-17）。

在运用此拳法时，既可以直接击头，也可用于挡对方右冲拳击己方头部时，己方向右侧闪，同时用左抄拳击对方头部。需要注意的是在运用时，为了取得较为理想的效果，要注意动作的标准性。

2. 右抄拳击头

从基本搏斗姿势开始，重心微降，右脚前脚掌蹬地，重心移至左脚。上身略向击打方向伸直，腰微左转、前送，借转体力量带臂（臂屈约 45～80°）将拳自下而上，用挺展力量击出。击打刹那间拳心向内（图 9-18）。

图 9-17　　　　　　　　　图 9-18

在运用右上抄拳时，要想取得较为理想的拳法运用效果需注意：第一，要脚跟朝外转动，以加大打击力量；第二，右脚蹬地与转脚跟要协调一致。

3. 左抄拳击上身

左抄拳击上身的动作方法与左抄拳击头基本相同，不同之处在于身体弯度加大（图 9-19）。

这种拳法的应用较为广泛，既可以直接击打对手上身，也可以在防住对手右腿踢后，用左抄拳击其上身；除此之外，还可以先用右手做假动作，使身体重心移至左脚，微屈膝，上身微向左转，重心下降，随之左膝蹬直，用左抄拳击对方上身。也可具体根据对手的特点和具体情况,进行有针对性的选择。

4. 右抄拳击上身

从基本搏斗姿势开始,身体重心移至右脚,体位略下沉。右脚猛蹬地,使腰部突然微左转挺展带动手臂将拳由下向上抄起,击打对方腹部,同时重心移至左脚。一般随出拳向前跨一步(图9-20)。

用右抄拳击上身时,应注意的事项与右抄拳击头部基本相同,其中,最为关键的是动作的协调性要强。

图 9-19　　　　　　　　图 9-20

(四)鞭拳

1. 左鞭拳击头

从基本搏斗姿势开始,重心前移,上身前探,左臂旋臂前伸,随之以肘为轴,猛甩腕翻拳,用拳背击打对方头部。

左鞭拳击对方头可用于败势退步时,突然左插步向左后转身180°鞭击对方;或前手佯攻,朝对手方向倒插步转身鞭击其头部。为了取得较为理想的拳法运用效果,要注意以下几个方面:第一,发劲要快要有力,使臂部有鞭击动作;第二,臂部放松,勿发僵劲;第三,肘微屈,不要有意抬肘;第四,转身鞭拳应注意插步转体要快。

2. 右鞭拳击头

从基本搏斗姿势开始,重心前移,上身前探,右臂旋臂前伸,随之以肘为轴,猛甩腕翻拳,用拳背击打对方头部(图9-21)。

用左鞭拳击对方头部时,需要注意的是:第一,发动要快而有力,使臂部有鞭击动作;第二,臂部放松,勿发僵劲,肘微屈不要有意抬肘;第三,转身鞭拳,注意插步转体带臂要快。另外,这一拳法可用于败势时,右脚插步,向右后转身用右拳鞭击对方头部,还可用于前手佯攻,朝对手方向插步转身鞭击其头部。

图 9-21

四、基本腿法

(一)正蹬腿

支撑腿微屈,另一腿蹬地屈膝上抬,脚尖微勾起,展髋向正前方猛蹬冲。同时上身微后倾,髋前送,右脚触及目标瞬间全身肌肉绷紧,力达脚跟,再次发力用前脚掌点踏(图 9-22)。

图 9-22

在运用正蹬腿时,要想取得较为理想的腿法运用效果,需要注意以下几方面:第一,支撑腿微屈,蹬出腿屈膝尽力向上顶;第二,猛送髋,大腿发力带动小腿,脚沿直线向前蹬伸;第三,脚跟与前脚掌先后依次发力,先蹬再点踏。

(二)边腿(侧弹腿)

前脚向前滑动一步,前移约 10～20 厘米,带动后脚前移,支撑身体重量。几乎在落步同时,屈膝向斜前抬大腿,带小腿,随之用力拧腰转髋,猛挺膝,横向由外向内用力踢出,力达足背(图 9-23)。

在运用边腿时,要注意:第一,起腿时支撑腿微屈,上身向支撑腿一侧倾斜,以维持身体平衡,起腿越高,倒体越大;第二,用鞭击方式发力,踢击后立即收回。把握好这两点,通常都会取得较为理想的腿法运用效果。

图 9-23

(三)侧踹腿

支撑腿脚尖微外转,腿微屈,侧对对方;另一腿屈膝高抬,脚尖自然勾起,脚外沿朝向对方,腿部猛然伸直,用脚掌沿直线蹬踹目标。发力瞬间转髋,加大旋转劲,以助腿部鞭打效果。踹腿时上身自然向相反方向倒体,踹腿越高倒体越大(图 9-24)。

在运用侧踹腿时,为了能够取得较为理想的腿法运用效果,要注意:第一,要以转髋助踹踹;第二,起腿要突然,沿直线越快越好;第三,注意在不断移动中调整距离。

图 9-24

(四)小边腿

重心略后移,支撑腿微屈;另一腿抬起,快速向斜下侧弹出。上身自然朝踢击方向微转(图 9-25)。

图 9-25

在运用小边腿时,要注意:第一,起腿离地不要过高;第二,弹腿要快而有力,发劲时身体重心随之下降;第三,弹击后恢复原来姿势。把握好这几点,往往就能取得较为理想的腿法运用效果。

五、基本快摔法

(一)接腿搂颈摔

己方右脚在前,对方起右脚蹬己方上身时,己方用左臂由外向内抓其小腿,右手搂其颈部并外旋。左手猛力上抬对方右腿,右手继续向右后下方边搂边抓压,形成力偶,同时用右脚截其支撑腿使其倒地(图9-26)。

在运用接腿搂颈摔时,注意要转体带臂,一抬一压,造成旋转动势而摔倒对手。否则,往往很难取得理想的摔法运用效果。

图 9-26

(二)抓臂按颈别腿摔

对方用右掼拳或右直拳向己方头部击来,己方迅速向左微转体,用左前臂向左上架格挡住,左手下滑抓其腕部。随身体左转上右脚,用右腿别住对方右腿。右臂向左挟拧对方颈部时身体再向左拧转,左手用力向左后拉对方右臂,右臂向左下猛挟拧对方颈部,继续用力使对方倒地(图9-27)。

在运用抓臂按颈别腿这一摔法时,注意挟颈要紧,转体要快,否则就不会取得较为理想的摔法运用效果,给对方可乘之机。

图 9-27

(三)抱腿压摔

对方用左边腿击己方上身,己方迅速靠近对方,用右手从上抓握其左脚踝,并屈左臂用肘窝夹住其左膝窝。右脚向右后撤一步,上身随之右后转并屈膝降重心。左臂夹紧其膝部,右手先向左后拽拉,后向上扳其小腿。左肩前靠,形成力偶,使对方向后倒地(图 9-28)。

运用抱腿压摔时,要注意向右后转体时,右手向上扳与左肩朝下压腿动作要一致。否则就不会取得较为理想的摔法运用效果。

图 9-28

(四)闪躲穿裆靠摔

　　对方左脚在前,用左冲拳或掼拳向己方头部击来。己方迅速屈膝下潜,使对方击打落空。下潜的刹那,上右脚落于对方左脚后。同时用左手抓按对方的左膝,右臂沿对方左腿内侧伸进裆内,别住其右膝窝处,用头顶住对方胸部,上身用力向后猛靠使对方倒地(图9-29)。

　　在运用闪躲穿裆靠这一摔法时,要注意两点:第一,按膝、穿裆同时上步;第二,上身向后靠时,向右后转体。把握好这两点,往往就会取得较为理想的摔法运用效果。

图 9-29

(五)抱腿别摔

　　对方用左边腿击己方上身,己方迅速靠近对方,用右手从上抓其左脚腕,并屈左臂用肘窝夹住其左膝窝。随即躬身用左手由裆下穿,用左手掌扣住其右膝窝,右手往右后扳拉其左脚腕。身体右后转,同时下降重心,右手继续向右后扳拉,形成力偶,迫使对方瞬间失去重心而倒地(图9-30)。

　　在运用抱腿别摔时,要注意左别右搬,协调一致,转体与两臂用力一致。这样往往能够取得较为理想的效果。

图 9-30

(六)格挡搂推摔

对方左脚在前,用左冲拳或掼拳向己方头部击来。己方用右手臂上架来拳,并屈臂顺势向右后经由对方左臂外侧由上往下滑动,用力卡住其左臂。上左腿,右手下滑至对方左大腿时,向回按扒,同时用左手猛推对方左胸部,使其失去重心倒地(图 9-31)。

在运用格挡搂推摔时,要注意一拉一推的动作要同步。否则就会对摔法的运用效果产生一定的影响。

图 9-31

六、基本防守法

(一)拍压

拍压主要用于防守对方以直线手法或腿法向己方中、下盘进攻,如下冲拳和蹬、踹腿等。左(右)拳变掌,以掌心或掌根为力点,由上向前下拍压（图 9-32）。

在运用拍压时，需要注意的是，拍压时臂弯屈，手腕和掌指要紧张用力，臂内旋，虎口、指尖均朝内。否则就难以取得较为理想的防守效果。

图 9-32

（二）拍挡

拍挡主要用于防守对方以直线拳法或横向腿法向己方上盘进攻。左架实战势开始（以下同），左（右）手以手腕为力点，向里横向拍挡（图 9-33）。

在运用拍挡时，要注意前臂尽量垂直，拍挡幅度小，用力短促。这是拍挡的动作关键，掌握好这一要点，往往能够取得较为理想的防守效果。

图 9-33

（三）挂挡

挂挡主要用于防守对方以横向的手法或腿法向己方中、上盘进攻，如右（左）掼拳或左（右）横踢腿等。即用左（右）手屈臂向同侧头部挂挡（图 9-34）。

在运用挂挡时,需要注意上臂与前臂相叠,贴于头侧,垂肘,上身含蓄,防守面要大。否则往往取得的防守效果会不理想。

图 9-34

(四)里挂

里挂主要是指结合左闪步防守对方向己方正面或偏右以腿法攻击己方中盘部位。实战势开始,以左手里挂为例。左臂内旋,左拳由上向下、向右后斜下挂防,拳眼朝内,拳心朝后(图 9-35)。

在运用里挂时,要注意两个方面:第一,臂尽量内旋,略屈肘以桡骨侧为力点划挂;第二,幅度要小,同时上身应略向右转。只有把握好这两点,才有可能取得较为理想的防守效果。

图 9-35

(五)里抄

里抄主要是抄、抱对方直线腿法或横线腿法向己方右侧攻击上、中盘部位,如正面的蹬、踹腿和左横踢腿等。左(右)臂微屈并外旋,紧贴腹前,手心朝上。同时右(左)手屈臂紧贴胸前,立掌虎口朝上,掌心朝外(图 9-36)。

　　需要注意的是,在运用里抄时,两臂要紧贴体前,保护胸、腹部,抱腿时右(左)手掌心朝下与左(右)手相合锁扣。这样往往能够取得较为理想的防守效果。

图 9-36

(六)外抄

　　左(右)手臂外旋弯屈,上臂接近垂直,前臂近似水平,手心朝上。同时右(左)手屈臂紧贴胸前,立掌,手心朝外,手指朝上(图 9-37)。

　　在运用外抄时,要注意两上臂紧护躯干,两手心呈钳子状,抱腿时两手相合锁扣。这一防守法主要适用于应付接抱对方以横踢腿向己方中、上盘进攻,如右横踢腿等。

图 9-37

(七)外挂

外挂是指结合左、右闪步,挂防对方蹬、踹腿或横踹腿攻击己方中盘以下部位。实战势开始,以左手外挂为例。左拳由上向下、向后左斜挂,拳心朝里,肘尖朝后,臂微屈(图9-38)。

在运用外挂时,需要注意左臂肘关节微屈,肘尖里收朝后,左臂向左后斜下挂防。这样往往能够取得较为理想的防守效果。

图 9-38

(八)提膝闪躲

提膝闪躲主要用于防守对方从正面或横向以腿法攻击己方下盘部位,如低踹腿、弹腿、低横踢腿和勾踢腿等。实战势开始,前腿(左前右后)屈膝提起离地(图9-39)。

图 9-39

在运用提膝闪躲时,需要注意的是:重心后移,含胸收腹,提腿迅速,根据对方腿法进攻的路线和方位,膝盖分别有里合、外摆或垂直向上的变化。把握好这一点,通常就能够取得较为理想的防守效果。

(九)掩肘阻格

掩肘阻格主要是防守对方以由下至上的手法攻击己方中、下盘部位,如抄拳等。实战势开始,以左掩肘为例。左臂弯屈,前臂外旋,在腰微向右转的同时向内、向腹下滚掩,拳心朝里,以前臂尺骨下端(小指侧)为防守力点,含胸、收腹、低头(图 9-40)。

在运用掩肘阻格时,需要注意:上身微缩,两手紧护胸腹,以腰带臂,滚掩如关门闭户。否则防守效果就会受到一定程度的影响。

图 9-40

第二节　摔跤学练方法

一、摔跤基本姿势

(一)站立姿势

摔跤运动基本站立姿势(也称实战姿势)是:运动者一脚站于另一脚的斜前方,两脚之间的距离约为一脚宽,两膝微屈,上身略前倾,两肘贴紧肋部,前臂向前伸出,尽量使身体重心平均分配在两腿上。

①一般来说,根据运动者双脚放置的位置,把实战姿势分为平行站立、左式站立、右式站立三种。

平行站立:两脚在一条直线上开立,这种站立姿势一般不被运动者所采用。

左式站立:从平行站立开始把左脚向前迈一步,即左脚在前右脚在后,通常也称为左架或左实战姿势。

右式站立:从平行站立开始把右脚向前迈一步,即右脚在前左脚在后,通常也称为右架或右实战姿势。

②根据重心的高低,又可以将实战姿势分为高站立和低站立。

高站立:运动者站立时,重心较高,两腿几乎伸直。

低站立:运动者站立时,膝关节屈曲,重心较低。

(二)跪撑姿势

摔跤运动基本跪撑姿势是:运动者两膝跪在垫子上,两手撑垫,两膝间距离大约与肩同宽,足尖撑地,两手间距离略宽于肩,手与膝肩的距离不得小于 20 厘米,两脚不得交叉。

运动者在摔跤时实践中,掌握跪撑姿势后,要学会如何从跪撑姿势迅速站起来呈站立姿势或从跪撑姿势迅速摆脱对方的控制,这是非常重要的。

二、摔跤抓握方式及步法移动

(一)抓握方式

在抓握对手时,摔跤运动者除单手的正常抓握外,两手的联合(搭扣)一般有以下三种方式:

①两手掌心相对,手指相对并互握。

②一手握住另一手腕处或小臂。

③一手放在另一手上,掌心相接触。

抓握不采用两手手指相交错的方式,是因为这种方式会使手指不能迅速及时地分开,而且容易使手指受伤,尤其是由站立倒下时。

(二)步法移动

摔跤比赛中双方攻防动作变化快,这使摔跤运动员不可能保持静止姿势,必须不停地进行步法移动。

1. 基本移动步法

上步：运动者平行站立，左(右)脚先向前迈出一步。

跟步：在上步的基础上右(左)脚立即再上一步。

后撤步：运动者平行站立，左(右)脚向后撤一步或双脚同时后撤一步。

背步：双方均平行站立，一方右脚先上步至对方右脚前，然后左脚从自己右脚跟后上步至对方左脚前，同时身体左后转，背对对方，重心保持平稳或下降，左脚即为背步。

2. 步法移动原则

以滑步为主，尽量不使用交叉步。要先移动欲移动方向的腿，向左移动先动左腿，向右移动先动右腿，向前移动先动前腿，向后移动先动后腿。两脚的距离不能过宽或过窄，身体不要过于前倾或后仰。另外，移动时不要抬脚过高。

三、转移技术

转移指得分分值小、动作幅度不大、改变身体位置移动到对方身后控制对方的技术。它是摔跤比赛中运动员常用的站立和跪撑技术之一。

(一)接臂转移

1. 动作技术

以右实战姿势组合。如图 9-41 所示：甲左手抓乙右手腕处，用右手从里抓握乙右上臂，并向自己右下方用力拉，同时右脚上步于乙右脚内侧，以右脚为轴，上左步于乙右脚后，左手换抱乙腰部，右手迅速与左手搭扣环抱乙腰，准备使用抱腰过胸摔等其他动作；或是右手继续向右后下方用力拉，整个身体向右后方倒，迫使乙呈跪撑状态，甲在乙上面控制住。

2. 防守与反攻

甲使用接臂转移时，乙背左步，左手握住甲手腕处，右肩插入甲右腋下，降低重心，变成"单臂背"，将甲从背上摔出。

图 9-41

(二) 握颈潜入转移

1. 动作技术

如图 9-42 所示：甲乙互相搭扣锁颈，或甲右手握乙颈部，左手插棒，乙用右臂锁甲左肩时，甲用左臂上架住乙右臂，右手向右下方拉乙颈部，同时上左脚于乙右脚后，头从乙右腋下潜入，左手握抱乙腰部，迫使乙呈跪撑，转移到乙身后控制住。

图 9-42

2. 防守与反攻

甲使用此技术时,乙用力搭扣锁甲颈部,使乙不能下潜或尽量避免与甲互相搭扣。

(三)推臂潜入转移

1. 动作技术

以右实战姿势组合。如图 9-43 所示:乘乙向前顶的时机甲身体突然下降,同时左手推乙右上臂,右手抱乙左侧腰部并向自己身体方向拉,头潜入到乙右腋下。同时上左步于乙右脚后,左手换抱乙腰部,从后面将乙控制住,迫使乙呈跪撑状态。

2. 防守与反攻

甲使用此技术时,乙迅速降低重心,下压被推起的臂阻止甲的进攻。

图 9-43

(四)后倒背转移

1. 动作技术

如图 9-44 所示:甲乙互相插捧,甲用左臂夹住乙右前臂于左腋下,上左步于乙右脚外侧,同时右脚上步于乙右脚外侧(位于自己左脚内侧),右手从乙右腋下插入并环抱乙右上臂,身体向后倒(挺胸)并向左转体,迫使乙呈跪撑。同时左手换抱乙腰部,头从乙右腋下抽出,控制住乙。

图 9-44

2. 防守与反攻

当甲后倒时,乙右臂用力下压甲胸部,倒地后尽力抽臂并移动身体,阻止甲的抱腰动作。

(五)绊腿接臂转移

绊腿接臂转移为自由式摔跤动作。

1. 动作技术

如图 9-45 所示:双方右势站立,甲左手抓乙右手腕处,用右手抓乙左上臂内侧,并向自己右下方用力。同时右脚上步于乙两脚之间靠近乙右脚内侧,以右脚为轴,身体右转,上左步于乙右脚后,左手换抱乙腰部,右手继续向右后下方用力拉,整个身体向右后方下倒。右腿绊住乙右腿,迫使乙呈跪撑状态,并在乙身后控制住。

2. 防守与反攻

甲使用绊腿接臂转移时,乙用右手反抓握甲右臂,同时身体尽量不左转,借甲后倒之势,身体向下压,并用腿勾绊甲右腿,使甲后倒。

图 9-45

(六)抱单腿转移

抱单腿转移为自由式摔跤动作。

1. 动作技术

如图 9-46 所示:甲乙右势站立,甲上右步于乙两脚之间,头部紧贴乙右腹部,双手抱住乙右大腿,右脚上步于乙右腿外侧,同时向右甩头并向右转体,右手换抱乙腰部,将乙转移呈俯撑状态并在后控制住。

图 9-46

2. 防守与反攻

当甲抱腿时：

①乙向后蹬右腿,身体下压或用右腋下压甲头颈迫使甲放弃进攻。

②乙采用抱肩颈滚或向后翻技术。

③乙用右腋下压甲头颈并转移至甲身后控制。

④乙转体使用腿挑动作。

四、站立摔法

(一)过背摔

利用自己的腰部为支点,将对方从背上摔过的技术便是过背摔。此动作幅度较大。

1. 握颈和臂过背摔

(1)动作技术

如图 9-47 所示:甲乙右势站立,甲左臂将乙右臂夹在腋下(或用左手握乙右臂),右手或臂握乙颈部,上左步于乙左脚前,左脚背步于乙左脚前,转体填腰,降低身体重心,屈膝将乙背在腰上,伸膝蹬双腿、提腰,背起对方,同时左手向下夹压乙颈部,左手拉,向左甩脸,将乙从背上摔出,并控制住乙于垫上。

图 9-47

（2）防守与反攻

当甲转体时,乙身体下沉,抬头挺髋,同时两手抱甲腰部,蹬腿将甲抱起并向侧或向后摔倒。

2. 抱肩颈过背摔

（1）动作技术

如图 9-48 所示:甲乙右势站立,甲左手从乙右腋下插入,右手从乙颈部左侧圈住乙头颈并与左手搭扣,双手向右后方引移乙。上右脚于乙右脚前,背左步于乙左脚前,转体填腰,降低身体重心,屈膝将乙背在腰上。同时发力蹬腿,双手向下压,向左甩脸,上身前倾并向左转,将乙从背上摔倒呈压桥姿势。

图 9-48

（2）防守与反攻

在甲要做动作前,乙先抢先一步转体使用抱肩颈过背摔,迫使甲防守并放弃抱肩颈搭扣。

3. 握臂和躯干过背摔

（1）动作技术

如图 9-49 所示:甲乙右势站立,甲左手握抱乙右臂(或用左臂将乙右臂夹在腋下),上右脚于乙右脚前,背左步于乙左脚前。同时右手从乙左腋下穿出扶在乙的后背部,转体填腰,降低身体重心,屈膝将乙背在腰上。同时发力蹬双腿(伸膝、提腰),左手拉,右手向上捧,上身前倾,向左甩脸,将乙从背上摔出并控制乙于垫上。

（2）防守与反攻

当甲转体时,乙身体下沉,抬头挺髋,同时两手抱甲腰部,蹬腿将甲抱起并向后或向侧摔倒。

图 9-49

4. 握同名臂和躯干过背摔

（1）动作技术

如图 9-50 所示：甲乙右势站立，甲开始时先用右手握乙的右手腕向自己的右侧拉。并快速换左手握乙的左前臂继续向自己的右侧拉。同时上右步于乙的右脚前，背右脚于乙的右脚前，用右手抱乙的腰。转体填腰，降低身体重心，屈膝将乙背在腰上，伸膝蹬双腿、提腰，背起对方，左手拉，向右甩脸，将乙从背上摔出，并控制住乙于垫上。

（2）防守与反攻

在甲拉时右手阻抗向回拉或解脱抓握。

图 9-50

(二)过肩摔

以腰为支点,将对方从肩上摔过的技术为过肩摔,它是摔跤中常用的动作之一。

1. 握臂过肩摔

(1)动作技术

如图 9-51 所示:甲乙右势站立,甲用右臂将乙右臂夹在自己右腋下(或右手握住乙左上臂),上右步于乙右脚前,背身步于乙右脚前(或乙的两脚之间)。同时转体屈膝,降低身体重心,右肩插于乙右腋下,将身体贴紧对方,上身前倾,双臂向下拉,向右甩脸,发力蹬双腿,将乙从肩上摔过呈压桥状态。

图 9-51

(2)防守与反攻

使用侧面抱躯干摔来反攻。当甲将右肩插于乙右腋下时,乙用力阻抗并用右手抱住甲腰,与右手搭扣并将甲抱起向后摔。当甲插肩时,乙可使用接臂转移或身体下沉,阻止甲插肩并向右下方压,迫使其放弃。

2. 钻扛向侧摔

(1)动作技术

如图 9-52 所示:甲左势站立,乙右势站立。甲快速用右手抓握住乙右手腕并从胸前拉向自己的右侧,用左臂圈住乙右上臂,并用右侧脸部贴紧乙右胸部,身体先右转,用胸部压挤乙右臂。乙为了不随甲转动,往往会向后挣,甲则趁机降低身体重心,右膝跪地,头部潜入乙右腋下,身体快速向左侧方向倒下,用头部紧紧顶住乙右胸部,将乙摔倒在自己身体左侧并控制住乙。

(2)防守与反攻

甲潜入时,乙快速下降身体重心,同时向后下方夹臂阻止甲的进攻。甲潜入腋下时,乙双腿后撤,右腋向下压迫甲头颈变前抱肩颈滚桥或转移。

图 9-52

3. 钻扛向后摔

(1)动作技术

如图 9-53 所示:甲左势站立,乙右势站立。甲快速用右手抓握住乙右手腕从胸前拉向自己的右侧,用左臂圈住乙右上臂,并用右侧脸部贴紧乙右胸部,身体先右转,用胸部压挤乙右臂。乙为了不随甲转动,往往会向后挣,甲则趁机降低身体重心,右膝跪地,头部潜入乙右腋下,用右臂抱住乙腰,身体先向上再向左后方倒下,将乙摔倒在自己身后并控制住。

图 9-53

（2）防守与反攻

甲潜入时，乙快速下降身体重心，同时向后下方夹臂而阻止甲的进攻。甲潜入腋下时，乙双腿后撤，右腋向下压迫甲头颈变前抱肩颈滚桥或转移。

4.抱单臂挑

（1）动作技术

如图 9-54 所示：甲乙右势站立，互相插棒，甲先用左臂将乙右臂夹在自己左腋下，上左步于乙右脚外侧，同时用右臂从乙右腋下插入并上夹住乙右上臂，上右腿从外侧别在乙的右大腿后面，身体向右前下方用力，向左侧转体甩脸，右腿向后上方挑腿，使整个身体向下压乙单臂，使乙向后摔倒呈仰卧姿势。

（2）防守与反攻

当甲出腿别乙时，乙先用力转髋回顶，缓解甲的力量，再使用抱单臂挑摔反攻甲。

图 9-54

（三）过胸摔

搂抱对方，将其从胸上摔过去的技术称为过胸摔。过胸摔与过桥摔非常相似，不同在于过桥摔是成桥向后摔倒对方，动作幅度更大一些。摔跤中常将二者合称为过胸摔，一般用在古典式摔跤中，技术分值较高。

1. 捧臂过胸摔

（1）动作技术

如图 9-55 所示：甲乙右势互相插捧，甲用左臂将乙的右臂夹在左腋下，用右臂从乙左腋下插出并向上捧，同时上右步于乙两脚之间，左脚上步于乙右脚外侧，两膝微屈，右臂猛力向上捧。此时主动后倒，两腿蹬地发力，用右侧腹部撞击乙腹部，抬头向左侧后仰挺髋挺胸甩脸，发力将乙两脚捧离地面时向右过胸将其摔倒。

（2）防守与反攻

乙重心下降，身体向后挣脱甲的捧臂。或双手环抱甲腰，趁甲主动后倒时，乙身体迅速下沉，顺势变抱腰折反攻。

图 9-55

2. 正抱躯干过胸摔

（1）动作技术

如图 9-56 所示：甲乙右势站立，甲乙互相搂抱对方肩颈，甲上右步于乙两脚之间，左脚跟步（或左脚上步于乙右脚外侧），两膝微屈，两臂勒紧乙上身并将乙的左臂抱住。然后甲主动后倒，同时两腿蹬地发力，用腹部撞击乙腹部，抬头后仰挺胸，当后脑部快要着地时，向左转体将乙摔倒在垫上并控制住。

（2）防守与反攻

当甲要使用此技术时，乙也可提前使用正抱躯干过胸摔进行反攻。甲主动后倒时，乙身体迅速下沉，顺势变抱腰折反攻。

图 9-56

3. 后抱腰过胸摔

（1）动作技术

如图 9-57 所示：甲利用接臂转移或潜入转移之机转到乙身后抱住乙腰，两膝微屈，降低身体重心，两臂勒紧乙腰部，然后主动后倒，同时两腿蹬地发力，用腹部撞击乙臀部，后仰抬头挺胸挺腹，将乙仰面摔倒。

（2）防守与反攻

乙要利用接臂转移或潜入转移时，破坏其动作使其不能绕到自己的身后。甲绕到自己身后时，乙要快速降低身体重心，趴在垫上。

图 9-57

4. 侧面抱躯干过胸摔

(1)动作技术

如图 9-58 所示:甲乙右势站立,先用右手握乙左手腕,用左手换握乙左上臂并向自己左侧方向拉,同时右脚上步于乙的左脚后,从乙身体左侧用两手臂将乙左臂和躯干一同抱住,屈膝并发力蹬腿,挺腹后仰,向右后方后倒(成桥),将乙向后摔倒。

(2)防守与反攻

乙迅速用左手握紧甲的左臂并向前折,趁势转体使用单臂背技术摔倒甲。

图 9-58

5. 锁双臂过胸摔

(1)动作技术

如图 9-59 所示:甲乙互相插捧,甲让乙用双手环抱住自己胸部,趁机用双臂从其外侧经腋下插入其胸前并用双臂锁夹其双臂,自己两手可搭扣。然后上右步于乙两脚之间,左脚跟步(或左脚上步于乙右脚外侧),两膝微屈,紧接着主动后倒,同时两腿蹬地发力,用腹部撞击乙腹部,抬头后仰挺胸,当后脑部快要着地时,向左转体将乙摔倒。

(2)防守与反攻

在甲使用此技术时,乙要迅速降低身体重心,并挣脱掉甲双臂的夹抱。另外,乙可使用抱腰折技术反攻甲。

图 9-59

(四)抱折摔

1. 抱腰折

(1)动作技术

如图 9-60 所示:甲乙右势站立,互相插捧,甲右臂插进乙左腋下向上捧,身体突然向下沉,左手插进乙右腋下并与右手搭扣(或从外将乙左臂一起抱住)。上右步于乙两脚之间,左脚跟步,将右侧脸部紧贴乙的胸腹部,两臂环抱并用力向前勒腰,头向前下方用力,将乙折成仰卧。

(2)防守与反攻

当甲抱腰时,乙快速降低身体重心,同时转体使用夹颈背。当甲抱腰时,乙立即使用抱单臂过胸摔。

图 9-60

2. 抱单臂折

(1)动作技术

如图 9-61 所示:甲乙右势站立,互相插捧,甲用左臂将乙右臂夹在自己左腋下,用右手换握乙右上臂,以两手握抱乙右臂,然后向右后方用力引牵乙(目的使乙向自己的右后方移动)。接着双手突然向左前下方用力,使整个身体向下折乙单臂,使乙来不及调整身体重心而向后摔倒。

(2)防守与反攻

当甲使用抱单臂折时,乙一方面尽量保持身体重心,另一方面用另一只手环抱甲腰部,使用接臂转移。

图 9-61

(五)抱绊腿摔

握抱或勾绊对方单腿或双腿,使对方失去平衡而被摔倒的技术为抱绊腿摔。它是自由式摔跤中的常用动作之一。

1. 握颈扣异名腿摔

(1)动作技术

如图 9-62 所示:甲乙右势站立,右手互握颈,甲右手突然向下拉乙颈部,同时身体下沉,上右步,左手握住乙右脚跟,左脚跟步。右手向自己的左前下方猛推,左手向自己的右侧拉,身体向左侧挤压,使乙倒向左侧。

（2）防守与反攻

在甲下拉扣腿时，乙快速降低身体重心，同时向后蹬右腿。

图 9-62

2. 握颈扣同名腿摔

（1）动作技术

如图 9-63 所示：甲乙右势站立，甲右手握乙右侧颈部向右下方用力拉，使乙重心移到右腿上。迅速降低身体重心，屈膝下蹲，同时左手握扣住乙左脚腕向自己的左上方拉，自己左膝可跪地，同时左手向左下方继续用力拉。上右步，用身体挤压乙，使乙仰倒在垫上。

（2）防守与反攻

在甲下拉扣腿时，乙向后蹬腿，右手向前推甲。

图 9-63

3. 抱单腿压摔

（1）动作技术

如图 9-64 所示：甲乙右势站立，甲上右步于乙两腿之间，左脚跟步，双手握抱乙左大腿向上提拉。左脚向右后方撤步，左手下滑握抱乙左脚跟，身体向左侧侧倒，用肩向下压对方膝部，使得身体向左侧倒下，将乙压倒。

（2）防守与反攻

被抱住腿后，乙转身蹬腿逃脱。在甲抱腿枕压时，乙左转身体同时左腿骑于甲身上。

图 9-64

4．抱单腿手别摔

（1）动作技术

如图 9-65 所示：甲乙右势站立，甲上右步于乙两腿之间，左脚跟步，双手握抱乙右腿，并向上提拉使其位于身体左侧，然后右手从内侧别在乙左大腿后侧处，同时用右肩向前下方压乙右大腿，将乙摔倒。

图 9-65

（2）防守与反攻

当甲握抱住乙腿时，乙立即将腿放在甲两腿之间，转体腿挑翻甲。当甲握抱时，乙向后蹬腿，摆脱握抱，用反抱大腿翻技术反攻。

5. 抱双腿冲顶

（1）动作技术

如图9-66所示：甲乙右势站立，甲上右步于乙两腿之间，左脚跟步，同时两臂分别插向乙的左右大腿外侧，并环抱乙腿部。同时胸部与乙的腿部贴紧，向前冲顶，在乙仰面倒下的同时向右侧移动，两手抱乙双腿向上提拉，使乙双肩着垫。

（2）防守与反攻

当甲抱乙双腿时，乙向后蹬双腿，同时身体向下压甲，迫使甲放弃。

图 9-66

五、跪撑技术

跪撑技术一般分为摔和翻两种方法。摔的方法主要是使对手离开垫子，翻的方法则一般是不使对手身体全部离开垫子。跪撑技术中，凡是没有用上肢握抱或用下肢勾绊对方腿部的动作，都是古典式摔跤动作，其他则只能在自由式摔跤中使用。

(一)正抱提过胸摔

1. 动作技术

如图 9-67 所示:乙跪撑姿势(或俯撑),甲在后面抱住乙腰部,左脚置于乙两脚之间,右脚置于乙右腿外侧。然后向上抱提乙腰部,将乙整个身体提起,同时左腿从乙两腿之间迈出落下,同时发力蹬腿挺髋,身体转向左后方,成过胸摔将乙摔倒。

图 9-67

2. 防守与反攻

当甲向上抱提时,乙突然向前后左右方向移动,并尽量将两腿放在甲两腿之间,破坏甲的动作。

(二)反抱提过胸摔

1. 动作技术

如图 9-68 所示:乙跪撑姿势(或俯撑),甲在后面抱住乙腰部,然后身体移向乙左侧,左膝跪垫(或两膝均跪垫)顶住乙躯干左侧。双手反抱乙腰部,然后双臂用力向上抱提乙腰部,同时两腿站立起来,蹬腿挺腹,身体转向左后方,成过胸摔将乙摔倒。

2. 防守与反攻

当甲向上抱提时,乙突然向前后左右方向移动,破坏甲的动作。

图 9-68

(三)杠杆握颈翻

1. 动作技术

如图 9-69 所示:乙跪撑姿势,甲在后面抱住乙腰部。在控制住乙的前提下,用左前臂压住乙颈部,右手从乙右腋下穿过并握住自己的左前臂。然后左前臂用力向下压乙头颈,右前臂为杠杆向上用力撬乙右上臂,使乙向前翻过去,并控制住。

2. 防守与反攻

乙的头部向右侧倒,不让甲从腋下伸进右手,然后用右手脱下甲的左臂。

图 9-69

(四)后抱腰滚桥翻

1. 动作技术

如图 9-70 所示：乙跪撑姿势，甲在后面抱住乙腰部。将右腿放在乙右腿外侧，并将右腹紧靠乙右臀部。两臂抱紧乙腰部，右侧脸部贴在乙的背上，用右肩突然向乙右肩处发力并挤压，使乙随着自己向右前方滚去，在自己头部着地时，两脚撑地，并向头部方向蹬腿、挺腹挺髋成桥，将乙滚翻过去并控制住。

2. 防守与反攻

乙将四肢打开，用力支撑，使甲不能滚动。同时不停地爬动和移动，使甲不能滚动。

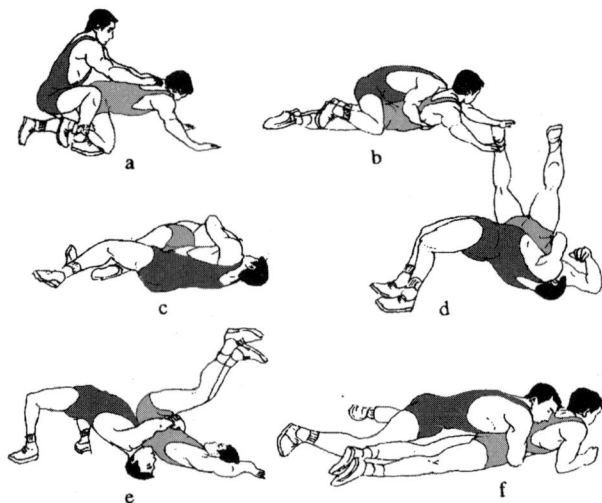

图 9-70

(五)侧面抱单臂翻

1. 动作技术

如图 9-71 所示：乙跪撑姿势，甲在后面抱住乙腰部。在控制住乙的前提下，身体移向乙右侧。右手从乙右侧胸前伸向乙左腋下握其左上臂，左手伸进握住乙右上臂,用胸向乙前压挤乙上身(右脚可迅速向右前方移动),同时双手用力回拉乙右臂,将乙向左侧侧翻过去。

2. 防守与反攻

当甲企图使用此技术时,乙可迅速将两臂打开俯卧在垫子上。当甲握臂时,乙用左手反握甲的右臂,同时身体抬起,迅速蹬起左腿,身体向右后方后仰倒,将甲翻倒并控制住。

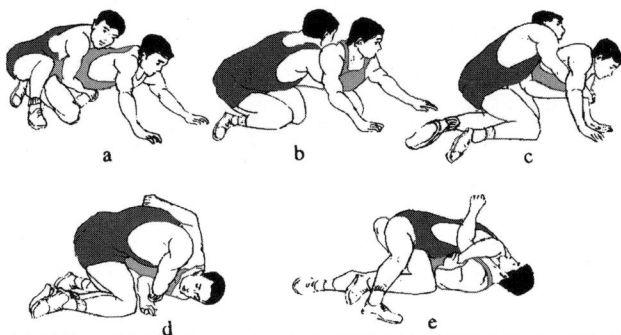

图 9-71

(六)里肩下握颈翻

1. 动作技术

如图 9-72 所示:乙跪撑姿势,甲在后面抱住乙腰部。在控制住乙的前提下,左手由乙左腋下穿过握住乙头颈,右臂压抱乙腰部或用右手握自己的左前臂并用右臂压在乙的肩背上。同时左臂用力撬压乙左肘关节和头颈,同时用上身搓挤乙身体左侧,左腿配合向乙头前移动,将乙翻转过去并控制住。

2. 防守与反攻

乙将头贴住自己的左臂,不让甲伸进左手。当甲使用此技术时,乙用右手撑垫,用力抬头挣脱甲的握颈并站立起来。

图 9-72

第三节　擒拿学练方法

一、擒拿的基本手法

(一)抓

对方用拳或掌击来,五指合力将其前臂或腕关节握住。在实战中,抓和拿是并举配合运用的。

(二)压

当对方用拳或掌击打我方腹部时,我方前臂由上向下挤住对方前伸臂用力向下。其常与拿一起使用,压住对方的臂、腕、肘、膝等关节处,使其无法移动。

(三)托

对方用拳或掌由上向下击来,我方用手掌由下向上举,控制对方手臂,阻止对方下击。

(四)刁

对方用拳或掌击打我方头面部,我方反手由里向外,小指一侧先接触对方前臂或腕关节,然后五指合力,将其前臂或腕关节攥住。

（五）拧

对方用拳或掌击来，抓住对方前臂或腕关节向里或向外旋转，将其控制住。

（六）推

对方用拳或掌击来，用手向外或向前用力，使其前臂移动，改变攻击方向。

（七）架

对方用拳或掌击来，用前臂向上横截，支撑对方前伸臂。

（八）拨

当对方用拳击打我方腹部时，我方用前臂由上向下、向里封堵，使对方攻击方向改变后迅速回收。

（九）缠

当对方抓住我方手腕时，我方被抓手以腕关节为轴向上、向外、向下旋转，抓拧对方手腕。

（十）搅架

对方用拳或掌击打我方头面部，我方用前臂向斜上方架出，拳心朝里，当触到对方前臂后迅速外旋上架前臂，拳心朝外。上架前臂要贴紧对方前臂，不但使对方前臂改变攻击方向，还可紧紧将其控制住。

（十一）掳抓

对方用拳或掌击打我方头面部，我方用前臂由下向上横截，当触到对方前伸臂时，顺势反手抓紧对方前臂或腕关节，用力向自己斜下方拉。

二、擒拿基本功练习

(一)增加指力的练习

1. 指功

面对墙壁、木桩或其他物体,用两手食指交替向其戳击。初学者开始练习时用力不要过猛,练习次数由少到多。

在联系指功时,首先,要精力集中,经常练习指力大增;其次,还要注意由轻到重,循序渐进,以避免手指出现损伤。

2. 抓罐子

自备一个小罐子,内可装沙子等物,重量大小适宜。两腿屈膝半蹲呈马步,左右手交替抓罐子。也可抓铁锥等物体。重量和练习次数可逐渐增加(图 9-73)。

在练习抓罐子时,需要注意的是,两脚站稳,抓握要有力,否则练习的效果就会受到一定的影响,达不到增加指力的效果。

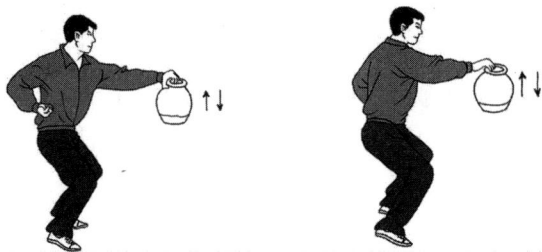

图 9-73

3. 抓沙袋

自制一个重量适宜的小沙袋,内装沙子或谷物。两脚开立或两腿屈膝蹲呈马步,然后一手上抛沙袋,待其下落时另一手迅速抓握,左右手交替抛接沙袋,反复练习。此项练习还可以两人或多人互相扔、抓沙袋,反复练习(图 9-74)。

在进行抓沙袋练习时,需要注意的是:两脚站稳,抛接要协调有力。另外,重量和练习次数可根据练习者的实际情况逐渐增加,注意要避免运动损伤的发生。

图 9-74

4. 抓铁球

两腿开立半蹲,一手抓握铁球,然后上抛。当铁球下落时,另一手迅速抓握,两手交替反复练习(图 9-75)。

在进行抓铁球练习时,需要注意:两手配合要协调,抓握要有力。否则练习的效果就会受到一定的影响,达不到增加指力的效果。

图 9-75

(二)增加臂、腕力量的练习

1. 推砖

两脚开立,屈膝半蹲呈马步。上身正直,两手各握一块砖,拇指在上,屈肘收于两腰侧,目视前方。然后左右两手交替向前平推,动作同冲拳。初练时重量可轻,随功力增强,练习的时间、次数和重量可逐渐增加,也可手持哑铃做冲拳练习。开始每组 30 次,每天推 2～3 组,以后可不断增加(图 9-76)。

在进行推砖练习时,需要注意:推出时手臂要伸直,前推时身体尽量减少摆动,都则会影响练习的效果,达不到增加臂力和腕力的目的。

图 9-76

2. 拧棒

将若干块砖或一个重物系在一绳子上,拴在圆木棒上。两手各握木棒两端。两脚开立蹲呈马步,两手向前臂伸直,握棒两手向前下用力拧棒,将重物拧起,随即两手向后反拧慢慢放下,如此反复练习。初学者可用一块砖或轻重量的物体练习。随着功夫的增长,练习的时间、次数和重量逐渐增加。一般每次练习 3～5 组,每组 50 次(图 9-77)。

在进行拧棒练习时,动作的标准程度非常重要。首先,头部和身体要正直,不要歪斜;其次,两脚要站稳,动作要缓慢。只有做到动作标准,才能取得较为理想的练习效果。

图 9-77

3. 缠腕

二人面对相距两步左右半蹲呈马步。甲乙双方同时伸出左手或右手,由对方外侧向里,两手相交在手腕处,同时向外旋,掌心向下,虎口向前抓握对方手臂向下拧压,然后将手松开,再以另一手缠抓对方。如此反复交替练习,目随手转(图 9-78)。

在进行缠腕练习时,需要注意:两脚要站稳,抓拧要有力。否则就会影响缠腕时的发力程度,影响练习的效果,增加臂力和腕力的效果就会有一定程度的降低。

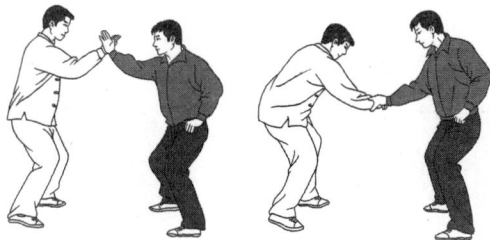

图 9-78

三、擒拿与反擒拿实用技法练习

(一)缠臂推击

对方右手从背后抓我方右肩(图 9-79);我方迅速左后转,同时左臂抡绕缠夹对方右臂,右掌推击对方下颏,也可顺势顶膝(图 9-80)。

在运用缠臂推击这一技法时,需要注意:转身抡绕要快,缠夹要紧并上提,右手短促发力。做到这一要求,才有可能取得较好的激发运用效果,否则,往往无法取得理想的激发运用效果。

图 9-79   图 9-80

(二)挑掌抓拧

对方正面左手由外侧向内抓握我方手腕,我方左脚向左前上半步,脚尖内扣,同时屈右肘下沉,右手做八字掌上挑(图 9-81、图 9-82);小臂内旋,右掌由上向右下翻切,反抓握住对方左手腕,随即右脚向斜后撤半步,右手由外向里翻拧(图 9-83、图 9-84)。

在运用挑掌抓拧这一技法时,要注意手法与步法配合要协调,抓拧要有力,否则就会影响擒拿对方的效果,给对方以可乘之机。

图 9-81

图 9-82

图 9-83

图 9-84

(三)掀压击肘

我方正面双肩被对方双手抓住时(图 9-85),双手从对方双手中间环抱,左臂上掀右臂下压对方肘部,即可解脱(图 9-86);左手顺对方右臂内侧下捋,抓对方右手腕,同时左脚上步,右臂屈肘横击对方左颊部(图 9-87)。

在运用掀压击肘这一技法时,需要注意动作的标准性,具体来说,要求环抱双手抬平,上掀下压对方肘部时整体发力,横击时以腰带动。否则就会影响技法的运用效果。

图 9-85　　　　　　　　图 9-86　　　　　　　　图 9-87

(四)扣腕格肘

　　我方右手腕被对方的右手抓握时,左手由上向下扣握住对方右手,同时屈右肘横抬(图 9-88、图 9-89);随即左脚向左前上半步,右手变掌反抓握住对方右手腕向内拉,同时上身右前倾,左肘向下格压对方右肘(图 9-90、图 9-91)。

图 9-88　　　　　　　　　　　　图 9-89

图 9-90　　　　　　　　　　图 9-91

在运用扣腕格肘这一技法时,需要注意:扣、抓、拉要紧,格压要有力。否则会影响技法的运用效果。

(五)扣手缠腕

对方右手由上向下抓握我方手腕,我方左手由上向下扣握住对方右手背,同时屈右肘横抬(图9-92、图9-93);顺势向右后撤右步,同时右手变掌上挑抓握对方右手腕向外向下拧压,擒拿对方腕部(图9-94、图9-95)。

在运用扣手缠腕这一技法时,动作的标准具有非常重要的意义。具体来说,需要注意:扣握要紧,抓腕切拧要有力,撤步要快。否则就会对技法的运用效果产生一定的影响。

图 9-92

图 9-93

图 9-94

图 9-95

(六)撤步折腕

对方正面右手抓握我方右手腕,我方左手扣握对方右手,拇指顶其手背,右臂屈肘横抬,左脚后撤一步(图9-96、图9-97);左手和右手四指同时扣抓住对方的右掌心,两拇指前顶,双手推压其手腕,并向下、向后拉带,边卷边压(图 9-98、图 9-99)。当对方抓我方胸时也可用此方法。

在运用撤步折腕这一技法时,要注意动作的标准性。具体来说,需要注意:扣、抓掌要快,推、压、拉带要协调有力。否则会对技法的运用效果产生一定的影响。

图 9-96

图 9-97

图 9-98

图 9-99

(七)抓腕脱打

我方右手腕被对方的右手抓握时(图 9-100),右手握拳屈肘,从对方右手拇指一侧,忽然上挑至右肩前。同时左手向下推压其右腕(图 9-101);右手解脱后,随右脚向前半步的同时,右拳背抡击对方右颊部(图 9-102)。

在运用抓腕脱打这一技法时,要注意动作的标准性。具体来说,就是需要注意:屈肘、上挑、下推要一气呵成,上步和抡击迅速有力。以避免动作不规范对技法的运用效果产生一定的影响。

图 9-100　　　　　　　　图 9-101　　　　　　　　图 9-102

(八) 抓颈顶裆

对方正面双手掐我方颈喉部,我方立即向后撤右步,双臂屈肘上抬,两小臂从里向外格挡对方小臂(图 9-103);顺势两手变掌砍抓对方颈部(图 9-104);随即两手抓握对方后颈部,用力回抓,同时屈抬右膝向前上顶击对方小腹或裆部,使其失去抵抗能力(图 9-105)。

在运用抓颈顶裆这一技法时,需要注意两个方面:一方面是抓颈要突然,发力要迅猛;另一方面是顶裆时双手抓握要紧,上下肢协调配合。只有做到这两点,才有可能取得较好效果。

图 9-103　　　　　　　　图 9-104　　　　　　　　图 9-105

(九) 撑脱顶肘

对方从后面将我方双臂抱住(图 9-106),我方右脚后撤半步,同时身体快速下蹲,两臂屈肘外撑上抬,即可解脱(图 9-107);左手顺势抓对方右手腕,同时右肘尖猛力顶击对方肋部(图 9-108)。

在运用撑脱顶肘这一技法时,要注意动作的连贯性,撤步、下蹲、撑臂、抬肘要一气呵成,转腰顶肘要发力短促。否则就很难取得理想的技法运用效果。

图 9-106   图 9-107   图 9-108

(十)分手撞击

我方双腕被对方抓握时,两臂微内旋向下伸,向左右分开。右脚向前上半步,同时头部前额向对方面部撞击(图 9-109、图 9-110);对方后仰,我方趁势右脚进步,以右肩为力点冲撞对方胸部,顺势右手背撩击对方裆部(图 9-111、图 9-112)。

图 9-109   图 9-110

图 9-111   图 9-112

在运用分手撞击这一技法时,要注意两个方面:一方面是头部攻击对方时,颈部要张紧;另一方面是头、肩撞击时周身发力,完整一气。把握好这两点,往往就能取得较好的激发运用效果。

(十一)脱腕顶胸

我方右手腕被对方双手紧抓握住时(图 9-113),将左手从对方两臂中间插入抓握自己右拳拳面,上搬右小臂,右臂趁势沉肘上抬,即可解脱(图 9-114);随之上步进身,用右肘尖顶击对方胸部,继而用左手食指、中指插击对方双眼,也可用左掌根推击对方下颌(图 9-115、图 9-116)。

在运用脱腕顶胸这一技法时,需要注意:搬、抬要突然,顶肘、插击要连贯准确。否则就会对运用效果产生一定程度的影响。

图 9-113

图 9-114

图 9-115

图 9-116

(十二)推拧压肩

对方右手由左搂握我方颈部(图 9-117),我方以左手上托握住对方右肘,同时缩身低头向左由对方右臂下钻出;右手顺势捋抓其右手腕并向内拧,同时左肘下压对方右肩,对方必前俯被擒(图9-118);对方欲向后挣脱,我方则右手顺势从对方右腋下上穿封喉,随即左掌拍击对方裆部(图9-119、图9-120)。

在运用推拧压肩这一技法时,动作的速度、力度和标准性都非常重要。具体来说,要注意:托肘、缩身、低头要快,捋、抓、拧、压一气呵成,上封下击准确连贯,黏劲不失。这样往往就能收到较为理想的激发运用效果。

图 9-117

图 9-118

图 9-119

图 9-120

(十三)拉臂侧摔

对方由后用右臂锁住我方喉部、左手向后拉我方左手腕,我方迅速用右手抓拉对方右小臂(图9-121、图9-122);左脚向对方腿后撤步并靠牢,以腰为轴向左转身的同时,左臂向后下外拨对方身体,将对方摔倒(图9-123、图9-124)。

在运用拉臂侧摔这一技法时,为了能够取得较为理想的激发运用效果,需要注意:动作要迅速准确,拉臂、外拨要有力。否则还有可能给对方以可乘之机,变主动为被动。

图 9-121

图 9-122

图 9-123

图 9-124

(十四)拧颈顶裆

对方正面双手搂抱我方腰部(图 9-125),我方右手扳对方后脑向怀里猛带,左手同时推按对方下颏,双手合力拧转对方头部,即可解脱(图 9-126);随即抬左膝向斜上顶击对方小腹或裆部,使其失去抵抗能力(图 9-127)。

图 9-125

图 9-126

图 9-127

在运用拧颈顶裆这一技法时,需要注意两个方面:一方面是扳、带、推、拧发力快脆;另一方面是顶裆时双手不要松动。否则就达不到理想的技法运用效果。

(十五)掐喉勾踢

当对方用右拳击打我方头部,我方迅速用左臂外架,顺势捋抓住对方右臂,左脚前迈,并紧贴住对方右腿,同时右手前伸,用掐喉拿法将对方拿住(图9-128、图9-129);对方若用左手托我方右肘部并用力向我方嘴部推按,欲用推肘拿将我方拿住时(图9-130),我方则迅速改用左手抓握住对方左前臂用力向斜下方领拉,右手用力击打对方右侧背部,同时左脚向回勾踢,将对方摔倒(图9-131、图9-132)。

在运用掐喉勾踢这一技法时,要想取得较为理想的技法运用效果,就必须注意两个方面:一方面是拉、打与回勾3个动作要同时进行,并做到协调迅猛有力;另一方面是左脚勾踢时,脚跟要紧贴地面,脚尖上翘。

图 9-128

图 9-129

图 9-130

图 9-131

图 9-132

(十六)别肘压肩

双方对面相向行走或对方出右拳向我方击打,我方左手迅速抓握对方右手腕,同时右小臂由下向上挑起,穿过对方右臂,同时上左脚,身体迅速右转(图9-133、图9-134、图9-135);上动不停,左手上推对方右手腕,右臂拉别对方右臂肘部,随转体右手迅速按压其右肩部(图9-136)。

在运用别肘压肩这一技法时,需要注意:抓腕要准,上步要快,按压有力。否则会影响技法的运用效果。

图 9-133

图 9-134

图 9-135

图 9-136

第十章 各民族地区传统体育文化学练实践研究

我国是一个由 56 个民族组成的多民族国家,进而就有众多民族传统体育运动项目存在。在这其中有很多人们耳熟能详的项目,也有许多几乎不为大众所知的项目。民族传统体育运动带有地域性特点,这是由当地的自然环境和人文环境决定的,处于不同地域的民族所产生的运动项目的形式和开展方法有显著不同。为此,本章就主要对不同地域具有代表性的民族传统体育运动项目进行重点分析和研究。

第一节 东北及内蒙古地区常见民族传统体育项目学练方法

一、射箭运动

(一)射箭运动概述

射箭运动在我国有着悠久的历史。在古代,射箭最主要的用途是负责军事战争中的远距离进攻。在我国,射箭运动在许多地区都有广泛的开展,但其中以蒙古族的射箭活动最具代表性。早在 13 世纪时,成吉思汗一统蒙古诸部落,蒙古军队也以其高超的骑射技艺闻名于世。

对于蒙古族人来讲,射箭是"男儿三技"之一,顾名思义就是男子汉需要掌握的运动技术。因此,射箭运动也就自然成为蒙古那达慕大会的重要活动内容。在蒙古族群众中,优秀的射手往往受到人们的尊敬,射手也乐于当众表演或参加射箭比赛。

蒙古族的射箭活动使用的弓箭的做法也较为传统,并不是现代体育中竞技射箭的器材。其弓箭常用牛角弓、皮筋弦、木制箭,射程不远,仅有 20 米左右。箭靶为五种不同颜色涂成的"毡片靶",靶心是活的,箭射到就会掉下来。还有不设箭靶的射箭比赛活动,是从几十米远处射击地面上堆砌起来的实物目标,目标呈塔形,射中目标为胜。

蒙古族的射箭比赛主要有两种形式,一种是骑射,一种是静射。射箭比赛应遵守的规则主要是:一般规定每个参赛者射击4箭,分3轮射完,以中靶次数多少评定胜负。大型的骑射比赛活动有数百人参加,比赛跑道为4米宽、8米长、0.66米深的一条沟,设3个靶位,靶位与靶位之间相距25米。第一、二靶位在射手的左侧,第三靶位在射手的右侧。比赛规定1马3箭,即每人每轮射3支箭,共射9支箭。

骑射比赛开始时,射手背弓,将3支箭插入背后箭袋,骑马到骑马线签到;裁判员发令后起跑,弯弓射箭。静射比赛中,裁判员下令后射手盘弓搭箭,一齐射向靶心,凡是射中的,靶心自行脱落。

(二)射箭的基本技术教学

因为习惯手不一样,所以射手射箭时持弓搭箭的手也有左右之分。这里以左手持弓、右手撒放为例来讲解分析。

射箭的基本技术包括站立、搭箭、推弓、勾弦、举弓、开弓、靠弦、瞄准、撒放、暂留与收势等,这些基本技术动作组成了一个规范的、协调一致的、节奏鲜明的动作整体。

1. 站立

射手站于起射线上,左肩向着目标靶位,左手持弓,两脚开立与肩同宽,中心在双脚之间,身体微前倾。

2. 搭箭

将箭搭在箭台上,单色主羽毛向自己,箭尾槽扣在弓弦箭扣上。

3. 推弓

左臂内旋前撑,手腕伸直,桡腕撑点一线直,手触弓面积尽量小,施力集中。

4. 勾弦

三指勾弦,中指力量稍大,箭放置于食指和中指的缝间。勾弦用力在手指,小臂手腕放松平伸,自然弯屈在掌心。

5．举弓、开弓、靠弦

三直(弓垂直于地面,持弓臂直,躯干直),一屈(勾弦臂弯屈),一靠(拉弦时手靠下颌),紧背、胸肩平、箭平、推拉平。

6．瞄准

正头,优势眼瞄准,眼睛通过弓弦一侧使准星和靶上的黄心相吻合,形成三点一线。

7．撒放

满弓后继续加力,捕捉撒放时机。撒放时深勾弦手指用滑弦方式撒开。撒放要求勾弦手和拉弓臂不动,只是弦滑离三指。

8．暂留与收势

保留正确姿势在两秒左右,收弓呈原站立姿势。

二、珍珠球

(一)珍珠球运动概述

珍珠球运动最早在满族群众中开展,是我国少数民族传统运动中较有代表性的项目之一。珍珠球运动是一种象形运动,它由人们采集珍珠的生产劳动场景演化而来。因此,珍珠球以其颇具民族风格的特色于1991年第4届全国少数民族传统体育运动会上被组委会列入正式比赛项目中。同年5月,国家体育总局、国家民委在承德市召集专家、学者对珍珠球的竞赛规则进行了重新编写,由此珍珠球运动开始走上竞技化道路。此后,珍珠球运动在全国大、中、小学蓬勃发展起来。特别是在北京、辽宁、河北、吉林、黑龙江等北方地区的高校中还将珍珠球运动列为必修课或选修课。而一些满族自治县更是修建了专门为举办珍珠球比赛而用的体育馆。这些措施无疑在很大程度上促进了珍珠球运动的发展。

珍珠球是一种体现集体性的运动项目。珍珠球比赛时,需要遵守一定的比赛规则,具体为:运动员可在"水区"内按照规则规范地传、投、拍或滚动"珍珠"(球),力争让站在得分区内持抄网的本方队员采到"珍珠"得分。规定时间内得分多的队伍取得比赛的胜利。珍珠球比赛往往场上攻守往复,银球穿梭飞舞,4只"蛤蚌"忽张忽合,非常精彩。珍珠球运动,不仅能够强身健体,还具有良好的趣味性和观赏性,能起到良好的健心与精神意志的培养作用。

(二)珍珠球的基本技术教学

珍珠球运动的基本技术主要包括移动、运球、传接球、持球突破、投球、抄网得分、抢打断球、防守对手以及封锁区防守等,具体如下。

1. 移动技术

珍珠球比赛中为改变位置、方向、速度和争取高度所采用的各种脚步动作方法便是移动技术。进攻中的移动技术,往往是为了摆脱防守去接球、选择位置、牵制对手,或是为了合理而迅速地完成运球、传球、突破、投球等,以创造得分机会。防守运用移动技术,主要目的在于抢占有利位置,防止对手摆脱或及时、果断、准确地抢球、打球、断球。

2. 传接球技术

传接球技术指珍珠球比赛中队员有目的地转移球,它是比赛中组织进攻和协调队员之间联系的纽带,是实现战术打法的重要途径。传接球技术影响着队员各项技术的发挥和全队的战术配合。传接球技术越好,球队的水平就相应地越高。

3. 运球技术

珍珠球运动中,持球队员用手连续按拍从地面反弹起来的球的动作就是运球技术,它是珍珠球比赛中重要的进攻手段。珍珠球的运球技术不仅是个人重要的进攻技术,也是全队战术实施的基础。运球技术水平的程度,是运动者控制球和支配球能力的反映,同时这种能力的提高有助于其他基本技术的掌握和提高。

4. 持球突破技术

在珍珠球比赛中,持球突破技术是持球队员运用脚步动作和运球技术超越对手的一项攻击性技术。掌握好突破时机,合理地运用突破技术,是比赛中直接得分或者创造机会发动进攻的有效手段。不仅如此,持球突破还能打乱对方的防守部署,造成对方犯规。由此可见,持球突破技术是珍珠球运动的重要技术。

5. 投球技术

投球是珍珠球比赛中进攻队员为将球投向抄球网而采用的各种专门动作的总称。从动作上看,投球技术可分为三种:原地投球技术、跑动投球技术和跳起投球技术。而从投球出手的部位来分,又可以分五种:原地单手肩上投球、跑动单手肩上投球、向上跳起肩上投球、向前跳起单手肩上投球和跳起体侧投球。

6. 抄网得分技术

抄网得分是珍珠球运动中确保得分的技术,具体是指珍珠球比赛中手持抄网的队员将水区中队员投出的球抄入抄网的技术。

7. 抢球、打球、断球

抢球、打球、断球是珍珠球比赛中积极防守战术的基础,是一项攻击性很强的防守技术。

8. 防守对手

防守对手是指珍珠球比赛中,防守队员合理地运用各种防守动作,积极抢占有利位置,阻挠、破坏对手进攻,以争夺控制球权为目的的动作技术。珍珠球运动必须重视个人防守技术,较好的个人防守能力有利于促进集体防守。

9. 封锁区防守技术

封锁区防守技术是珍珠球比赛中防守队员用球拍封锁住球,不让对方将球投入抄球网的手段。封锁区的队员不仅要将球封锁好,还要在获得球后迅速、准确地发动快攻,以起到助攻的作用。

三、狩猎

(一)狩猎运动概述

狩猎,原本是人类生产劳动的基本活动。这种生产行为发展到今天已经逐渐演变成为一种集生理、心理、技术、战术于一体的运动项目。实际上,狩猎行为始终伴随着人类文明前进着,历史较为悠久。据记载,在我国西周时代便已经出现以运动为目的的狩猎活动。西周时期,不同季节的"猎"有不同的教法,比如,春猎称"搜",夏猎称"苗",秋猎称"狝",冬猎称"狩"。春搜是西周农闲时的练兵制度之一,其主要任务是整编队伍,进行基本军事知识教练,即所谓"仲春教振旅",行搜田之礼。《左传·隐公五年》:"故春搜……皆于农隙以讲事也。"夏苗即夏天田猎,也是西周时期农闲时的练兵制度之一,主要任务是演练阵法和夜营训练。《左传·隐公五年》:"夏苗……皆于农隙以讲事也。"杜预注:"苗,为苗除害也。"秋狝即秋天出猎,也是西周时期农闲时的练兵制度之一。《左传·隐公五年》:"秋狝……皆于农隙以讲事也。"冬狩即冬季狩猎,也是农闲时的练兵制度之一。《左传·隐公五年》:"冬狩……皆于农隙以讲事也。"而因为冬季打猎较多,故通称打猎为狩猎。

狩猎作为一种运动在我国古代的各个朝代都是非常常见的,众多的历史文献中也记录了关于狩猎运动的文字。例如,《淮南子·本经训》:"焚林而田,竭泽而渔。"春秋战国时期,常常会用狩猎来练兵。《史记·魏公子列传》:"公子与魏王博,而北境传举烽,言赵寇至……复从北方来传言曰:'赵王猎耳,非为寇也。'"《道德经》云:"驰骋田猎,令人心发狂。"唐杜甫曾写诗云:"春歌丛台上,冬猎青丘旁。呼鹰皂栎林,逐兽云雪岗。"

现代的狩猎运动有着其较为独特的比赛规则,具体如下:分成两队进行,每队3人。双方队员穿不同颜色服装,背不同颜色背篓(塑料篓),分站在15×15米的正方形场地中线的两侧。宣布比赛开始后队员可在场内任何地方站立或活动。持猎球(沙袋模型)的一方通过传递等方式,力图将猎球投入对方的背篓中,而对方则力争得到对方投出的猎球,向对方反攻。投中得1分,投中后由不得分的一方从背篓中取出猎球,力争将猎球投入对方篓中。每场比赛20分钟,中间休息5分钟。终场以得分多少判断胜负。

(二)狩猎的基本技术教学

狩猎运动中的基本技术主要包括移动、传猎球、接猎球、投猎球、抢猎球、打球、断球等,具体如下。

1. 移动

狩猎比赛中,所谓的移动,就是队员为了改变位置、方向、速度等所采用的各种脚步动作方法的总称。移动对进攻或防守技术的掌握与运用有着重要意义。进攻中运用移动技术是为了选择有利位置,把猎球投入对方篓中;防守中运用移动技术,目的在于阻挡对手的移动,破坏对方的进攻。

移动技术主要以踝、膝、髋关节为轴的多个运动动作组成,由准备姿势和身体协调用力两个环节构成,具体动作方法主要包括下面几点。

（1）起动

起动，是指运动员在运动场上由静止变为运动状态的一种起始动作，是获得位移初速度的方法。起动从基本站立姿势开始，起动时身体重心向跑动方向移动，以后脚（向前起动）或异侧脚（向前起动）的前掌突然有力地蹬地，同时上身迅速前倾或侧转手臂协调地摆动，充分利用蹬地的反作用力迅速向跑动方向迈出。

（2）跑

跑是指运动员在运动场上改变位置、发挥速度的重要方法。跑是比赛中运用最多的一种移动技术。比赛中常用的跑的技术主要包括以下几种：

变速跑：跑动中利用速度的变换来争取主动的一种方法。

变向跑：在跑动中突然改变方向摆脱进攻或紧追对手的一种方法。

侧身跑：向前跑动中为了观察球场上的情况，侧转上身进行攻守行动的移动方法。

后退跑：在运动场上背对前进方向的一种跑动方法，目的是为了观察场上的攻守情况。

（3）跨步

跨步作为一种起步的方法，做动作时以一脚为中枢脚，另一脚向前或向侧跨出，以便衔接其他动作。

（4）滑步

滑步的作用在于能够有效保持身体平衡，可向侧、向前和向后进行滑动来阻截对方的移动。

（5）交叉步

向右移动时左脚前脚掌内侧用力蹬地向右侧横跨出，同时右脚碾地，上身随之右转。

（6）后撤步

这是变前脚为后脚的一种起步方法。运动员为了保持有利的位置常用后撤步移动，并与滑步、跑等结合运用。

（7）攻击步

攻击步是运动员突然向前跨出的一种动作。其方法是利用后脚蹬地，前脚迅速向前跨出，逼近对手。

（8）急停

急停，是指运动员在跑动中突然制动的一种动作方法，是各种脚步动作衔接和变化的过渡动作。比赛中急停更多的是与其他移动技术结合在一起运用。

急停转身：在跑动中突然制动而且突然向后改变方向的方法。动作方法是队员先跨出一大步用脚跟先着地过渡到全脚掌着地,迅速屈膝,同时身体微向后仰,后移重心。然后跨出第二步,脚着地时脚尖稍向内转,用脚前掌内侧蹬住地面,两膝弯屈,两脚同时用力带动髋、上身向后转,直到转至原前进方向的反方向。

急停侧闪:这是在跑动中突然制动而且突然向两侧改变方向的方法。动作方法是队员先跨出一大步用脚跟先着地过渡到全脚掌着地,迅速屈膝,同时身体微向后仰,后移重心。然后跨出第二步,脚着地时脚尖稍向内转,用脚前掌内侧蹬住地面,两膝弯屈,两脚同时向后,脚侧用力,带动身体向后脚侧偏移,转向后再直接向前跑出。

2. 传猎球

传猎球是狩猎比赛中进攻队员间有目的地转移球的方法。它是场上进攻队员相互联系和组织进攻的基础动作,是实现战术配合的基本手段。传猎球技术动作主要包括持球手法和传猎球动作。

(1)持球手法

单手持球方法:手指自然分开,把猎球紧紧抓在手中,放在身边有利的位置。

双手持球方法:双手自然张开,手指稍错开,把猎球抓在手中,肘关节稍屈在胸前。

(2)传猎球方法

传猎球要下肢蹬地,全身协调用力,最后通过上肢的动作把球传到想要传的位置。传球时应根据接猎球队员的位置和移动速度,决定传球的用力大小和用力方向。传猎球的具体方法有下面几种:

①单手头上传猎球:单手举手过头,身体向持球手侧的后方反拉呈弓状,通过蹬地、转体,带动上肢向前挥出。

②单手胸前传猎球:单手持猎球屈肘在胸前,身体稍向持球方向转。通过蹬地、转体、肘关节的前伸,最后通过拨指把猎球传出。

③单手体侧传猎球:单手持猎球向体侧后面拉,通过蹬地、转体,带动手臂向前挥出。

④单手下手传猎球:单手持球在体侧,两膝稍下蹲,持猎球手向后面拉,然后后脚向前蹬地,身体向前送,手臂随之向下、向前摆,把猎球传出。

⑤单手胯下传猎球:上身稍向前倾,单手持球把球从体前经胯向后扔出。

⑥双手头上前传猎球:双手持球向后拉,然后蹬腿、收腹、上身带动上肢向前挥,最后利用摔腕的力量把球抛出。

⑦双手头上后传猎球：双手持球在体前，蹬腿、展腹带动上肢，从下、前向后挥，把球扔出。

⑧双手胸前传猎球：双手持球在胸前，身体重心稍向后移，然后蹬腿，重心前移，双手同时向前用力，用力拨指把球拨出。

⑨双手胯下传猎球：双手胯下传猎球与单手胯下传球基本相似，只是利用双手用力。

3. 接猎球

接猎球有单手和双手之分，其基本要求是接球时眼睛要注视球，肩、臂要放松。

（1）单手接猎球

①单手接头上猎球：来球的位置较高时，接球队员提起脚跟或者跳起，接球手尽量向上伸，主动去迎接球，用五指把球抓在手里。

②单手接胸前猎球：来球的高度在胸前时，五指自然张开在胸前，掌心朝前，主动迎接球，抓住球后迅速回收。

③单手接体侧猎球：一只手可以接同侧或异侧的来球，要求手臂伸向体侧，五指自然张开，掌心向前，主动迎接来球。

④单手接下手球：来球较低时，双脚向下弯屈，双手自然张开，伸在胯下，掌心向前，主动迎球。

（2）双手接猎球

①双手接头上球：来球位置较高时，要提起脚跟或者跳起，接球的双手尽量向上伸，双手呈半圆状，主动去迎接球，用双手十指把球抓在手里。

②双手接胸前球：来球的高度在胸前时，五指自然张开在胸前，两手腕靠拢，掌心朝前，两手呈半圆状，主动迎接球，抓住球后迅速回收。

③双手接下手球：来球较低时，双脚向下弯屈，双手手指自然张开，两手手掌的小指侧靠拢，伸在胯下，掌心向前，呈半圆状主动迎接球。

4. 抢猎球

这是从进攻队员手中获得猎球的基本方法手段。抢球要先判断时机，在持球队员思想松懈或没有做好保护而使球暴露比较明显时，迅速把球抢过来。

5. 投猎球

这是进攻队员为将球投进对方队员的篓子而采用的方法技术。它是狩猎运动的主要进攻技术，同时也是得分的唯一手段。投猎球技术可以分为以下几种：

①单手肩上投猎球：单手持球屈肘置于脸前，通过蹬腿、抬臂、伸肘、拨指把猎球投出。

②单手下手抛投猎球：单手持球在体侧，通过蹬腿、摆臂、伸肘、手指动作把球向前抛出。

③双手胸前投猎球：双手持球在胸前，利用蹬腿、伸肘的力量把球投出。

6. 打球

打球就是击落对方手中球的方法。

7. 断球

断球是截获对方传接途中的球的方法，具体有横断球、纵断球和封断球等。

四、顶罐走

(一)顶罐走运动概述

顶罐走运动流行于我国东北地区的朝鲜族群众中，它源自朝鲜族妇女特有的一种劳动方式。人类搬运东西的方式很多，如手搬、肩挑、背负、头顶等。通常情况下，用头负重搬运不太方便，也不容易做到，不如肩挑背负实用。但有时情况并非完全如此。例如朝鲜族人民从前主要靠贩运货物以换取食物生存。贩运要翻山越岭，途中攀爬悬崖时相当危险。如果用头顶货物，若失足，只要头一歪，就可以丢弃货物而保证人的安全。这是扁担负重所不具备的优势。在朝鲜族聚居区，妇女们多头顶瓦罐送水或用头顶搬运其他物品。插秧、锄草季节，妇女们常头顶瓦罐将饮水或米酒送至田间地头。虽然头负重物，但她们也能行走如风。

这种"顶罐"技能经过长期演变，逐渐成为当地人普遍接受的一项传统体育运动。同时，其也作为一种简单的娱乐游戏而受到广泛喜爱，以至于一些由民间体育组织举办的运动会中还将顶罐走运动作为比赛项目而进行竞赛活动。

作为比赛项目，顶罐走所顶水罐约重5千克，具有一定的负荷，对参赛者的腰背、颈部、腿部肌肉以及全身的平衡能力都有较高的要求，而长期参与顶罐走活动，能够达到提高全身协调、平衡能力的目的。

（二）顶罐走的基本技术教学

顶罐走的基本技术及要求主要有以下几个方面：

（1）顶罐走比赛，不仅要保持头上的水罐在高速行走的过程中不掉，而且水也不能洒出。

（2）走的过程中，身体重心的活动轨迹上下起伏不能过大，左右摇摆亦不可过大。

（3）上身和头部要保持正直，脖子要梗住，头不能晃动，双眼要平视前方。

（4）重心的平稳要靠踝、膝关节在行走过程中调整，两臂左右维持平衡。因而顶罐走对参赛者的平衡感和调节能力的要求更高。

五、打布鲁

（一）打布鲁运动概述

"打布鲁"是根据蒙古语音译过来的，其意思为投掷布鲁。布鲁是一种脱手器材，将之投掷出去后能打击飞禽、野鸡、野兔和狐狸等。最早的打布鲁实际上也是人们狩猎的一种方法，此外，布鲁还能够作为用来防身的武器。打布鲁和前文中提到的射箭同为"男儿三艺"之一，在那达慕盛会上，它也是较为常见的一种传统节目，受到了人们的欢迎与喜爱。

布鲁作为游牧工具，是由一根长约 66 厘米的坚硬木棍做成，将木棍头部弯成镰刀状，钻孔，穿一皮绳，绳端拴心状铁器。出牧时，牧民将布鲁带在身上，遇狼、獐、兔、鹿等，驰马摇转布鲁而追，然后对准猎物让飞转的心状铁器狠击之，被击中的猎物往往会因此毙命。

现在的打布鲁运动经过长期的演变已经与传统的打布鲁有了一些区别。在现代，打布鲁运动已经不再是人们狩猎的行动了，更多时候已经被蒙古族人当作一种喜庆节日的传统娱乐项目来开展。活动要求表演者对着15 米外一个形如兔子的目标，做出如在马上飞驰的姿势，同时摇动手中布鲁对准投出，击中目标者获胜。该项目能使锻炼者投掷的准确性与臂力得到有效提高，深受蒙古族人民喜爱。

一般情况下，打布鲁竞赛的活动形式主要是掷远。新中国成立后，打布鲁运动开始逐渐被传播，并得到了一定的发展。1953 年在天津举行的全国民族形式体育表演大会上和 1982 年在呼和浩特举行的第 2 届全国少数民族传统体育运动会上,打布鲁作为表演节目得以展示;1957 年,在内蒙古自治区成立 10 周年举办的全区那达慕大会上,库伦旗三家子运动员以 99.85 米的成绩获布鲁掷远第一名,并打破内蒙古全区纪录;1985 年,在哲里木盟(现通辽市)举行的第 1 届全区少数民族传统体育运动会上,库伦旗选手掷出了 142.10 米的成绩,获得冠军。现在打布鲁仍然是蒙古人民生活和节日中不可或缺的运动项目之一。

(二)打布鲁的基本技术教学

在打布鲁的基本技术中,最核心的就要数投掷技术了。具体来说,投掷技术主要包括两种,一种是原地投掷,一种是助跑投掷。

1. 原地投掷

右手持布鲁后斜下举,左脚在前、右脚在后,分腿立于投掷线前一步左右。然后尽力转身向后下方弯,右腿半屈,重心落在右脚上,身体左侧正对掷出方向;右脚尖亦转向右方,左脚点地,右手握布鲁接近地面,左手自然侧上举;左脚提起离地,旋以左脚前踏,两脚尖为轴,急速转体向前(掷出方向),左臂用力往后,并利用腰部扭转力量拉动右臂,使布鲁从肩上向前掷出;左手往后,右手也往左腰隙带出,右脚顺势提起跟进往前踏出一步。掷出后,身体微向左转,避免冲出界线,同时左脚向后举起,保持身体的平衡。同时,根据抛物线原理,布鲁的最佳抛射角应为 45°,才能创造最远的成绩。

2. 助跑投掷

打布鲁的助跑投掷分为两种形式,即垫步式和交叉步式。具体技术方法如下。

(1)垫步式

右手握布鲁后下举,助跑至最后几步,右脚落地,并迅速蹬地起身向右侧转,左侧朝掷出方向,左臂微屈上举;上身后倾,左脚前举横踩一步,右脚横步向左脚横踩位置靠近,转体尽量向右下弯;右腿半屈,重心靠右脚,身体左侧正对掷出方向,右脚尖亦转向右方;左脚点地,右手握布鲁接近地面,左手自然侧上举;左脚提起离地,旋以左脚前踏,两脚尖为轴,急速转体向前(掷出方向)倾倒,左臂用力后摆,并利用腰部扭转力量拉动右臂,使布鲁从肩上向前掷出;左手向后摆,右手也往左脚隙带出,右脚顺势提起跟进往前踏出一小步。掷出后,身体微向左转,以避免冲出投掷线,同时左脚向后举起以维持身体平衡。

（2）交叉步式

助跑方法与垫步式基本相同，唯一的区别在于开始进行交叉步时，左脚前踏一步，同时身体向右转体后倾，左侧朝掷出方向，左臂微屈上举；上身后倾倒，左臂用力后摆，右手握布鲁后下举；随即右脚在左脚前或后交叉一步，左脚再前踏一步，急速转体向前倾，并利用转体及腰部力量，拉动右臂将布鲁从肩上掷出；同时右脚再向前踏一小步，左腿后举，阻止身体前进；略微左转，以免触及投掷线。

第二节　西北地区常见民族传统体育项目学练方法

一、木球

（一）木球运动概述

木球运动流行于我国宁夏、湖南、北京等地区。这些地区的木球玩法还有些许不同，不仅如此，木球的名称也会因为不同的地区传统打法和地方特色而有所不同，如在宁夏回族中称大吉子、打毛球；湖南称木球、木棒球；北京称木球。木球运动也是我国少数民族传统体育运动会的竞赛项目。

关于木球的起源有众多说法，每种说法都与其地域差异和风俗特色有关。例如，湖南关于木球起源的说法为，在清朝顺治年间，一次瑶族欢度传统节日时，有几个坏蛋向聚会的庙堂里乱扔石头。一位老者忍无可忍，举杖还击，将石头回击而去，打得坏蛋抱头鼠窜落荒而逃。从此瑶族人认为以杖击石很有用，纷纷效仿练习而逐渐演变成木球游戏。北京地方则认为木球是由清朝民间盛行的"打卯球"发展而来。相传它在清朝乾隆年间传入承德地区回民居住的地方，后来为各族喜爱而开展形成。

改革开放以后，我国社会经济稳定繁荣，百姓的生活更加富足。此时，宁南地区回族青年发起了木球活动，并与附近乡村开展交流比赛，引起了广泛关注。1982 年 9 月，在内蒙古自治区主办的第 2 届全国少数民族传统体育运动会上，木球运动被作为表演项目进行。1983 年，湖南、宁夏、北京等地经过整理、加工，试行了木球运动的新规则，并正式将该项运动纳为省市民族运动会的竞赛项目。1986 年，在新疆乌鲁木齐市举办的第 3 届全国少数民族传统体育运动会上，宁夏木球队再次进行了表演，木球运动开始从传统游戏活动模式向现代竞技运动过渡。1989 年宁夏首届全国木球邀请赛上，木球比赛在端线设门，用以打门得分的形式取代了赶球入坑的传统游戏模式，由此木球的场地设计和竞赛规则初步形成，基本完成向现代竞技运动的过渡。此后，在 1991 年举办的第 4 届全国少数民族传统体育运动会上，木球被列为正式比赛项目。

近几年来，木球运动普遍在宁夏广大农村、湖南江东和北京的部分中小学中广泛开展，有些地方甚至还将木球收纳到中小学体育教材之中。这也标志着木球运动的发展被揭开了崭新的一页，相信这项民族传统体育运动发展的前景更加令人期待。

(二)木球的基本技术教学

木球的基本技术主要包括传球、接球、运球、射门、抢截球以及守门员技术等，具体如下。

1. 传球

传球是组织进攻、变换战术和创造射门机会的有效手段，主要包括正手传球、反手传球、传腾空球等。

2. 接球

接球指运动员有目的地用击球板的合理部位，将运行中的球停挡在控制范围内的技术。接球技术动作有正板接球和反板接球两种，它们由移动方法、停球部位、削弱球的动作、停球后的随移动作四个环节组成。

3. 运球

运球是运动员在跑动中，用击球板推拨球，有目的地将球保持在自己的控制范围内而做的连续触球动作。它包括拨球运球、推球运球。

4. 射门

射门是取胜的关键，是一切技战术配合的目的。掌握快速准确的射门技术，养成良好的射门意识，能为取胜打下良好的基础。射门的突然性、准确性是得分的关键。它包括扫射、击射等。

5. 抢截球

抢截球指防守队员利用规则允许的合理动作，把对手控制的球或对方传出的球抢截住或破坏掉的技术动作。它包括截球抢截、勾球抢截两种方法。

6. 守门员技术

守门员是防守的最后防线,他的主要任务是不让球被射入本方球门,另外,也要观察全局,指挥本队的进攻和防守。守门员技术包括选位、准备姿势、移动、用板挡球、半分腿挡球、双腿侧躺挡球等。

二、赶羊跑

(一)赶羊跑运动概述

赶羊跑运动最早流行于北方回族地区,起初这项运动源自人们喜爱的"打卯球"运动。赶羊跑运动的方法为赶"羊"人双手持棒赶"羊"上路,"羊"在木棒控制下跑动;当"羊"进入接力区,将"羊"赶进圈后即可传棒给同队队员,进行接力;接力共需 4 人完成。

赶羊跑运动的规则较为简单,其中在比赛中需要注意的是一定要在规定的接力区内传递,如在接力区外传递则属于犯规。通过其运动方式就可以看出这是一项考验队伍双方队员身体素质的集体项目。这项运动除了是对运动员的速度素质考验外,还对运动员的灵敏、协调性等素质有着较高的要求,因此在训练时,要想取得理想的运动效果,就必须以技术、速度为核心。需要指出的是,这个项目对培养队员的相互合作、协调一致有积极作用,并能使运动员的各项身体素质得到很好的发展。

(二)赶羊跑的基本技术教学

赶羊跑是一项 4 人×50 米接力跑的比赛,采用的比赛场地可选择 200 米跑道(跑道宽 1.22 米)的田径场。

赶羊跑技术要求赶"羊"人双手持棒赶羊上路,"羊"始终要在木棒控制下跑动。赶"羊"时,运动员要利用手中的"羊铲"灵活地控制"羊",用拨、推、贴、挑等技术将"羊"推动向前快速行进;到羊圈时,将"羊"挑赶进圈内。重点在于运动员在快速奔跑时要始终将"羊"控制在"羊铲"下,一起前进。

三、叼羊

(一)叼羊运动概述

叼羊运动流行于我国北方草原上的游牧民族中间。它起源较早,历史非常悠久。在众多民族中,一般认为哈萨克族牧民对于叼羊运动最为热衷。早期时候,游牧部落非常痛恨草原恶狼,一旦有狼被捕获,牧民便将其驮于马上奔跑,争相抢夺以庆贺。由此逐渐发展成一项活动,并将叼狼改为叼羊。现在,叼羊运动更多的是出现在民族喜庆节日或重要节气时的庆典仪式中。

叼羊运动对参与者的考验,不仅仅局限于力量和勇敢,而且还对智慧和骑术也有较高的要求。优秀的叼羊手在族内很受尊敬,被誉为"草原上的雄鹰"。叼羊比赛一般分两组进行。每组先出一人,在角力过程中出场人数逐渐增多,最后谁抢到羊谁获胜。叼到羊的人把羊扔到哪家,就表示会给这家带来幸福吉祥。而收到祝福的这家人当晚要宴请所有参加叼羊的骑手,祝愿吃到羊肉的人能除病消痛,交上好运。在 1986 年 8 月,新疆举行的第 3届全国民族运动会上,叼羊运动成为比赛项目。

叼羊运动对人的多项身体素质都能起到极大的促进作用,因此它具有较强的健身性。经常参加这项运动,能够较好地锻炼参与者的身心素质,使其与困难做斗争的勇气得到进一步提高,增强身体的协调性与灵活性,对培养集体主义精神等也有积极作用。

(二)叼羊的基本技术教学

叼羊的基本技术主要包括速度技术、抓羊、持羊、抢夺技术以及和队友的配合等几个方面,具体如下。

1. 速度技术

在叼羊运动中,冲刺抓羊、持羊返回及追赶对手时,骑马快跑是必不可少的,因此拥有良好的骑马速度是对叼羊选手的基本要求。

骑马快跑时,要求骑乘者身体前倾,坐时臀部要略微离开马鞍,以减轻马背负重,让马跑得更快。骑马者必须使自己的身体随着马匹的前进节奏而移动。

2. 抓羊技术

抓羊要采取镫里藏身的技术方法。由于马跑的速度很快,往往稍有差错就会失手,所以抓羊时出手要迅速准确。在抓羊的时候,最好抓羊腿,并注意下手时机,避免抓到其他异物划破手。

3. 持羊技术

①抢到羊便要把羊搭在马鞍前放稳,用身体半压住并护好。要避免用手提羊,也要避免露出羊腿,不然容易被对手抢走。

②持羊后为更好地保护自己,同时使对手无法抢夺,可以通过各种变向、假传、虚晃来诱骗对方。面对堵截时,摆脱对手动作要快、突然,假动作要逼真。

③向目的地冲刺要发挥控制骑乘速度和自由变换方向的能力。注意不要减慢速度,一旦速度变慢,羊就容易被抢走。技术好的选手能以熟练的持羊技术避过对方的阻截。

④要求运动员视野开阔,眼睛要看到整个比赛场地(尤其是远端)的情况,不能只盯着羊。

4. 抢夺技术

叼羊运动的抢夺技术是将对方手中的羊抢下来的技术。该技术对反应时间和动作速度的要求极高,需要在瞬间判断持羊者及同伴的意图,然后大胆出手抢羊。持羊者往往同样会以快速的反应躲避对手的抢夺。在持羊飞奔的过程中对方会利用身体掩护羊或变换骑行方向,所以抢夺技术要求在追赶时不断调整位置,寻找合适时机。

想要更好地运用抢夺技术,运动员还需要注意三个问题:一是要观察持羊者的运动方向,抢占有利位置,并掌握好出手时机,看准目标,果断、准确地出手;二是抢夺羊的腿、头或脖子等部位;三是要保持好自身平衡,等抢夺成功后就应该马上调整骑乘步伐,迅速离开。

5. 和队友的配合

叼羊比赛是一项集体运动,因此,这就需要在运动过程中不仅要求队员个人要熟练掌握各项技术,同时还要具有团体合作意识。冲夺羊时同伴之间要互相掩护,通过阻挡等方法为夺羊者创造出一条安全道路,以便最先接近目标。另外,集体比赛时为躲避对方抢夺,经常会在同伴之间传接羊。这项技术要求找准时机和位置,利用手臂力量将羊送到同伴手中。传接配合要选好时机再进行,判断要及时,动作要果断,扔羊的线路要短,方向要准,避免对手趁机抢夺。接羊者要对准同伴抛出的方向,及时伸手接住羊。

四、且里西

(一)且里西运动概述

"且里西"是维吾尔语,是摔跤的意思。且西里是新疆人民传统的、喜闻乐见的民族传统体育运动,它具有悠久的历史和鲜明的民族特色。关于且里西在新疆的流行可以追溯到 7 世纪。1983 年,我国考古工作者在新疆喀什地区的巴楚县挖掘出了许多古代文献,这些文献记载了在 7—10 世纪,且里西已相当普遍,其技术动作也达到了较高水平;11 世纪著名学者麻赫穆德·喀什噶里完成的古典巨著——《突厥语大词典》就收录了许多有关摔跤的专业用语;元代时,在西域曾设立"校署",管理各民族部落的摔跤活动。另外,《新疆图志》还记载了关于男孩四五岁行割礼,诸亲友相率馈物致贺,为赛马斗跤之乐的事情。于是摔跤逐渐发展成为喜庆节日的主要活动项目。到了清代,维吾尔族的摔跤活动日渐寻常,成为人们日常生活中最常见到的休闲体育活动。

且里西之所以受到人们的广泛欢迎,与其活动特点是分不开的。且里西的运动特点主要表现为:平常的且里西活动多在松软的土地上进行,不分体重级别,无统一服装要求,无时间限制,推举德高望重的长者担任裁判即可进行。且里西规则简便,把人摔倒在地便取胜,胜负判别分明,易于观赏和接受。比赛时,不仅有众多人参与,场面壮观、竞争激烈,而且还有浪漫诙谐、情意绵绵的表演性娱乐场景。

实际上我国民族创造了多种摔跤运动,新疆且里西的产生和发展与诸如蒙古族、汉族等的摔跤运动有共同之处。但是,且西里的发展又与其自身鲜明的民族个性有着非常密切的关系。经过长时间的沉淀、发展与创新,且里西已经成为我国民族传统体育文化和项目中的重要组成部分。且西里运动发展到今天多出现在维吾尔族人民传统的古尔邦节和肉孜节中。还有民间的一些如婚礼、农闲和赶集等活动也常能够看到且里西活动的表演。

(二)且里西的基本技术教学

且里西是一种对技巧和灵活性较为重视的对抗性运动,能够充分体现出力量与技艺的完美结合。因此,这项运动的技术水平并不与身材是否健壮呈正比,很多时候,瘦小的小伙子也能摔倒壮汉。

在进行且里西比赛时,运动员腰间通常要各自系一条带子,规则要求在比赛过程中双手不得离开对方的腰带部位,运动员相互抓着这条带子用力下压,脚下腾挪使绊,让对方上身(肩胛骨、侧身、臀部)先着地则获胜,不用再与对手进行跪撑或寝技。因此,手上动作较少,主要是用脚进行内勾、外勾,或用自身力量与对手进行背、抱、扛、卷等。

第三节　西南地区常见民族传统
体育项目学练方法

一、抢花炮

(一)抢花炮运动概述

抢花炮运动流行于我国广西壮族、侗族和仡佬族等民族地区。其运动方法有些类似于现代的橄榄球运动。抢花炮之所以经历数百年长久不衰，这与其强烈的对抗性、娱乐性和独特的民族风格是分不开的。

在查阅历史文献后发现，抢花炮运动在我国西南民族地区的开展历史已有约500年。一般盛大节日和重要节气时就是抢花炮运动的表演季。例如，每逢三月三或秋后是抢花炮的季节，人们穿上节日盛装涌到赛场，或参赛或呐喊。在运动中抢得花炮象征着村寨来年将会五谷丰登、人畜两旺。光绪《贵县志·卷五·纪人节令》中描述壮族抢花炮情景："城厢初二日，众会社前放花炮，大小不等，大者高丈余，小者亦尺许，周身糊以花纸，名曰花炮。有头、二、三等名目，结草环为标，识轰起时，接得者谓之得炮头。会董用鼓吹，仪仗送琉璃镜一座，至其家香花酒烛供奉堂中。次年及期，亦照样另备屏镜、大炮、金猪，鼓乐送至社前，谓之还炮。"另外，据广西三江侗族自治县县志记载："花炮会届时男女咸集，其竞赛以冲天铁炮内装铁环，若实弹燃，燃铁炮后，铁炮直飞云霄，观众闻炮声，即以铁环为目标蜂拥争取，以夺得铁环者按头、二、三名依次领奖，其他友族皆簇拥庆贺，欢声若雷。"这种运动在广西、湖南、广东一直延续至今并有所发展，已经成为全国少数民族传统体育运动会的正式比赛项目。

(二)抢花炮的基本技术教学

抢花炮的基本技术主要包括两个方面，一是进攻技术，二是防守技术，具体如下。

1. 进攻技术

抢花炮的进攻技术主要包括持炮、传炮、接炮。

（1）持炮

指握炮的方法与技巧，分为单手握炮和双手握炮两种。

①单手握炮：五指自然张开，将花炮贴于掌心，拇指紧贴外侧，其余四指内扣握住炮的下沿。此方法的优点是握炮稳，跑动中不易掉炮；缺点是动作慢，不便于快速传、接炮。

②双手握炮：两手掌五指自然张开，并交叉将花炮压在两手心内。这种方法的优点相对于单手来讲握得更加牢固，不易脱落，但缺点是奔跑慢。

（2）传炮

传炮是抢花炮比赛中运用最多的技术动作之一。此项运动的特点决定了抢得花炮后不能暴露，否则对方就会有几个甚至十几人向你跑来争抢袭击，因此，传、接时要巧妙地通过假传、接或真传、接来分散对手防守的力量，从而发动进攻。根据传炮的不同方式，分为肩上传炮、体侧传炮和低手传炮。

①肩上传炮：肩上传炮不但有力、准确，而且动作符合人的生理结构，肩臂不易受伤，它是运动员最基本、用得最多的传球方法。传炮前，面对传炮目标，两腿前后开立，约同肩宽，膝部微屈，右手拇指从前往回扣，其余四指及掌心紧贴花炮。传炮时，后脚稍用力蹬地，借助转体带动肩、肩带动手臂加速前挥，身体重心前移，向传炮目标屈腕，扣指将炮传出，头部始终保持正直，目视目标。出手后炮的弧线不要太大，尽量控制炮的落点，以在接炮队员的胸部高度为宜。

②体侧传炮：当接住低于腰部的来炮且传炮距离较近时，可用体侧传炮。接住炮后，右手随缓冲动作持炮后引，并根据传抢方向的需要决定腿部伸踏的方向，重心移到屈膝的后支撑腿上，上身转动，左肩对准抢的方向，头保持正直，两眼正视目标。传炮时，后脚蹬地，重心前移，带动转腰送胯与摆臂，右臂经体侧前挥时肘应前引，前臂伸展约与地面平行，并伴以挑腕外旋将炮传出，炮在空中呈平旋飞行。由于体侧传炮横向打击时角度大，所以挑腕外旋务必对准目标，以免左右偏离太多而造成失误。

③低手传炮：（以右手为例）右手将炮持于体前，先向后预摆，然后向接炮队员方向挥臂、拨腕、挑指将炮传出。此时炮的飞行弧度稍大，要根据接炮队员的距离远近、炮的落点尽量控制在接炮队员的胸部高度。

（3）接炮

根据接炮方式的不同，可分为单手接炮和双手接炮两种。

①单手接炮：首先判断炮的飞行情况，确认落点，然后快速移动，面对来炮向前上方伸出右手，以虎口迎炮；当炮接触虎口时，手指迅速向内扣握，并顺势屈臂缓冲。

②双手接炮：首先判断落点，然后两手自然张开迅速移动至持炮队员所在的位置，当炮触及手掌时，两手迅速向内扣握并顺势屈臂缓冲收至腹前，同时原持炮队员松手即可。这种接炮技术动作重心稳、伸展幅度大，接炮后转入传炮最为便捷，对于初学者或高水平运动员来讲都同等重要，因此，成为比赛中最基本、最常用的接炮方法。

2. 防守技术

抢花炮的防守技术主要包括抢断炮、抢夺炮、拦截以及抱腰。

（1）抢断炮

抢断炮，是指防守队员抢断进攻队员之间传递炮的行为。其要点在于首先判断攻方队员会向哪一位同伴传炮或炮会飞向哪个方向，以便提前移动，抢占有利位置；然后根据炮的飞行方向向上跳起，尽量拍打花炮或拍打攻方队员接炮的手，使攻方队员接不住花炮。

（2）抢夺炮

首先判断花炮在哪一位攻方队员手中，然后通知队友协同抢夺，即抱腰、拉手，将花炮硬抢夺过来。在不犯规的前提下以多防少，尽量不让进攻方将炮传出。

（3）拦截

拦截是不让攻方队员进入罚炮区，破坏攻方队员的掩护或战术配合。

（4）抱腰

抱腰是防守技术中较难掌握的一个动作，当拦截对方进攻时，只要他持炮进攻，就可抱腰防守，为队友抢花炮创造条件。

二、押加

（一）押加运动概述

押加，也被称为"大象拔河"。在藏语里，押是"拉"的意思，加是"脖子"，顾名思义，就是"用脖子拔河"。

押加流行于我国西藏、青海、甘肃和云南等地区，发展到今天已经走过了百余年的历史。押加运动在我国西南地区的特殊自然环境和独特的民族生活基础上产生，并以独特的形式世代相传，在该地区的藏族群众中具有深厚的运动基础。押加运动时至今日在逢年过节或者平日农牧闲暇时都会开展，一般的活动地点也较为随机，或是在牧场上，或是在田间。参与运动的人们互相把两条背带或腰带连在一起,以游戏的形式练习和比赛。既充实了人们生活,又锻炼了身体,是一项老少皆宜的体育项目。

"押加"运动有着其较为独特的规则,具体来说,主要包括:需要在平地上划两道平行线作为河界,由两名男子将一条长约10米的绳子两头打结,从各自胯下穿过,经腹部套在脖子上,背对背站在河界两边,模仿大象姿势,两手与脚尖着地,以脚、腿、肩、颈的力量发力向前,直至其中一名运动员把系在绳子中间的红布标志拉过自己的河界,即为胜利。

押加运动在前5届全国民族运动会中被列为表演项目,在第6届全国民族运动会上被列为正式竞赛项目。第8届全国少数民族传统体育运动会上,押加比赛只设男子项目,众多选手根据体重的不同被划分为多个级别,主要设有55公斤级、61公斤级、68公斤级、76公斤级、85公斤级、95公斤级以及95公斤级以上级等级别的比赛。

(二)押加的基本技术教学

押加运动没有复杂的技术动作,主要是通过比赛时不同的姿势和赛绳捆绑的位置不同分为跪卧式、站立式两种。

1. 跪卧式

跪卧式的特点是模拟大象的动作,要求参赛双方背向而立,把绳子打结套入脖子,将绳子经过胸腹部从裆下穿过,运动员两手、两膝、前脚掌着地,拉直赛绳。以绳子中间的标志物为中界。听到预备令后,运动员两膝离地,身体前倾;当开始口令发出后,运动员利用颈部、肩部、腰部、腿部及手臂的力量向前爬拉。比赛期间,选手也可站立扯拉,直到垂直的标志物被拉过河界为止,标志物偏靠那方胜。

2. 站立式

押加运动的站立式技术动作又可以分为两种,即单人站立式和单人腰力比赛。

(1)单人站立式

单人站立式要求运动员面对而立,把打好结的绳环套在双方的脖子上并将绳拉直,绳中间的标志物垂直于中界,两腿可站立。听到开始的口令后,双方用颈部和腰腹部的力量向后拉扯,直到垂直的标志物被拉过河界为止,标志物偏靠那方胜。

(2)单人腰力比赛

单人腰力比赛要求运动员面对而立或背对而立,把绳环套在双方的腰部,绳中间的标志物垂直于中界。面对而立时,不可用手抓绳,背对时手的位置和下肢的动作不限。当听到比赛开始的口令后,双方用腰部和下肢的力量拉拖,直到垂直的标志物被拉过河界为止,标志物偏靠那方胜。

三、朵加

(一)朵加运动概述

朵加也是藏族的代表性民族运动。朵加实际上就是抱石头的意思,它起源于藏族人民在生产实践过程中创造的一种独特的技巧性和力量性相结合的体育活动,据称这种运动在松赞干布时期就已经出现。据《贤者喜宴》记载:吐蕃赞普赤松德赞时,有一大力士能将一头牦牛举起。到了7世纪第三十四代赞普芒松芒赞时期,人们都会纷纷前来聚集到一起参加声势浩大的角力大会。松赞干布时期朵加活动已经非常普遍。到了15世纪,五世达赖规定男子必须要具备"九术",其中就包含有朵加运动技术。朵加运动在藏区的受欢迎程度从藏族的大昭寺、桑耶寺、布达拉宫等寺庙壁画中都能有所体现。图画中,参与运动的抱石者均为彪形大汉,威风凛凛,长发梳辫,身穿长袍,下着长裤,腰间系带,足穿翘头鞋,从起抱到石头上肩,全部过程及人的神态都被画者描绘得栩栩如生、十分逼真。由这些壁画可见朵加运动在西藏人民生活中的重要性。

中华人民共和国成立前,藏历正月十八通常被认定为朵加比赛的日子,运动地点通常在大昭寺松曲绕瓦(广场)。组织者会挑选重量150千克左右的椭圆形石头作为比赛用具。为了提高比赛的难度,他们会在赛前给石头周围涂上光滑的油脂。中华人民共和国成立后,朵加得到了进一步的传播与普及,通常情况下,在喜庆节日和劳动闲暇或赛马会上都会举行朵加比赛,大力士都会为了勇猛武士的荣誉,抱起几百斤重的大石头。而在藏北草原,在物资交流会上,朵加演变成了抱沙袋石,也颇有情趣。

在1982年的西藏自治区第4届体育运动会上,朵加成为表演项目。其比赛的方法基本与藏族传统保持了一致,只是在一些细微的地方予以革新,比赛的石头呈椭圆形,重量分为25千克、100千克、125千克和150千克4个量级,采取先抱轻、后抱重,从易到难的办法,四个量级必抱。

(二)朵加的基本技术教学

朵加的基本技术除了正确的预备姿势外,还有抱石、发力、后抛、呼吸等,具体如下。

1. 预备姿势

朵加的预备姿势是让两脚贴住石头,尽量使石头的重心和身体重心在同一地面垂直线上。然后目视前下方,两腿屈膝下蹲,两臂自然伸直打开,尽可能抱住石头,五指自然分开,扣紧石头。臀部的高度要于肩和膝之间。臀位的高低要根据伸膝、伸髋力量的大小和体型特点来决定。伸髋力量强而躯干又短的人最好采用高臀位,而躯干长、伸膝力量强的人最好采用低臀位,由于臀位低,上身前倾角度小。这些做法有利于缩短阻力臂、减轻腰部的负担和充分发挥伸膝力量。

2. 抱石

在做预备姿势时,腰背肌适度紧张,让其他肌肉保持放松的状态,以便于为抱石时更好地发挥力量创造良好的条件。在抱石前,要调整呼吸节奏,先呼气,然后再吸大半口气,吸气的同时开始收紧腰背部的伸脊柱肌肉,固定肩胛骨,加强抱石时两臂的牵引作用,也可使脊柱固定,从而加强躯干的支撑作用。协调配合吸气和收缩腰背肌,随着腰背肌的收紧,腿部伸肌也开始用力收缩,臀部缓慢上抬,两臂抱石随臀部的提起而升高。

3. 发力

发力是在开始抱石的基础上、引膝动作结束的瞬间进行的。发力要迅速,这样才能充分发挥出肌肉的最大力量,使石头获得向上运动的最大速度以便上升到必要的高度,同时注意用力顺序以快速蹬腿和伸髋做基础。

4. 后抛

把石头抱举起时,要顶髋,利用腰背肌的力量同时双臂伸直后摆,迅速掷出石头,出手角度应约 45°角,这样石头运行的轨迹为抛物线形,从物理学的角度来讲以这样的角度出手可以在理论上使石头飞行的距离最远。另外,要注意的是,在抱石后抛的过程中,要尽可能缩短抱石头的距离。因为用同样的力量,抱石头的距离越短,抱的重量就越大。

5. 呼吸

抱石头用力的动作时间不短,因而会有较大的身体负荷。人们在用力过程中往往会憋气,但是长时间的憋气会让运动员在完成抱举过程中出现头晕现象,这是由于憋气前吸气太多或呼吸方法不正确引起的。因此,在预备姿势后准备抱石头时应做一至两次深呼吸,而后正常呼吸,在上拉和起立过程中憋气,憋气时量在 2/3 至 3/4 间。当起立两腿接近伸直时借调整石头位置的瞬间迅速做几次短促的呼吸,以调节需氧量,然后憋气上举直至起立后再自然呼吸。

第四节　中东南地区常见民族传统体育项目学练方法

一、打陀螺

(一)打陀螺运动概述

打陀螺,在民间有许多称呼,如"抽陀螺""赶老牛""打猴儿""拉拉牛"等,它是我国瑶族群众中独具特色的民族传统体育项目,在当地受到人们的广泛青睐与喜爱。

打陀螺运动在我国的历史非常悠久。据麻国钧等所著的《中华传统游戏大全》考证,北宋时期就已经出现了打陀螺。宋人周密《武林旧事·小经纪》载:"若夫儿戏之物,名件甚多,尤不可悉数,如……千千车、轮盘儿。"清人翟灏《通俗编》称:"宋时儿戏物有千千,见《武林旧事》……皆陀螺之类。"另外,古代宫廷妇女喜欢玩耍的"妆域"之戏,亦与陀螺颇相关联。从上面的记载来看,"千千车""妆域"等旋转类玩具,都可以被看作是陀螺的前身。到明代时就有了"杨柳活,抽陀螺"的习俗。在古代文献中,除记载有打陀螺活动的场面外,还有陀螺的制作方法、形状、材料及游戏方法的介绍。

在 10 世纪以前,中国的这种民间体育游戏就已经传到了朝鲜、日本等国,并流传至今。新中国成立后,陀螺游戏在各民族地区有了更加广泛的开展,成为学校体育和群众文化娱乐活动的重要内容。

(二)打陀螺的基本技术教学

打陀螺的基本技术主要包括放陀技术和攻陀技术两个方面。

1. 放陀技术

(1)缠绕陀螺与持握陀螺

左手握陀螺顶部,拇指在陀螺脚槽处压住鞭子尾尖部,右手持鞭向内缠绕,并用鞭压其尾端,不使其松脱。鞭子缠绕要紧密,鞭头缠在右手上,拉紧鞭绳,同时右手拇指压在陀螺顶部,食指、中指托住陀螺侧下方,无名指和小指握住鞭绳并顶在陀螺侧面。缠绕陀螺的关键在于鞭子要缠得紧密整齐;持握陀螺的关键在于拉紧鞭绳,拇指压实,防止绳子松脱或脱手。

(2)旋放陀螺

将缠好的陀螺持握好,身体右侧对着旋放区。放陀前两膝随上身转动屈伸调整身体重心,左手持陀向左侧方引臂,右手持鞭随摆,重心随之移到左脚上,左膝稍屈,维持身体平衡,保证掷陀有较长的距离空间。引臂后,利用左脚蹬地向右转体,带动左臂向前挥摆,使力量通过手臂和手指作用于陀螺,使陀螺平头朝上、锥尖朝下向旋放区飞出。右手持鞭顺势前摆,当陀螺飞到旋放区上方距地面20厘米左右,右脚用力蹬地向左转体,右手持鞭向左猛力回拉,使陀螺的旋转获得更大的动力,同时将向前飞旋的陀螺回拉而平稳地落于旋放区内。

2. 攻陀技术

(1)缠绕陀螺与持握陀螺

攻陀技术与放陀技术在缠陀、持陀、持鞭的方法上是一样的。

(2)攻打陀螺

攻方瞄准守方陀螺后,利用右脚蹬地,身体左转,带动右臂向前快速挥摆,至肘关节伸直时将陀螺掷出手,使陀螺平头朝上、锥尖朝下对准守方陀螺飞出。陀螺出手后,右臂随势向左斜下摆动,腿屈膝维持身体平衡,防止踩越攻击线。这时,左手随即持鞭顺势左摆,用力拉动鞭绳,当鞭绳全部拉完后,陀螺即沿鞭绳拉力结束时的即时速度飞向守方陀螺。鞭绳拉完后迅速收回,防止鞭绳触及守方陀螺或鞭杆触及比赛场区。

二、跳竹竿

(一)跳竹竿运动概述

跳竹竿,也被称为"竹竿舞",在我国海南地区较为流行。早期,跳竹竿运动是黎族人民的一种祭祀活动,其发展历史已经有几百年了。那时黎家人为庆贺丰收、祭祀祖先神明,村里男女老少就会穿上节日盛装,酿造糯米酒,宰杀禽畜。在酒酣饭饱后,聚集到山坡上,点燃篝火,跳起竹竿舞。竹声叮咚,庆祝稻谷丰登,祈祷来年好收成。"跳竹竿"每年从开春之日起，直至元宵，几乎夜夜篝火通明，欢跳不息，热烈气氛充溢着山坡村寨。跳竹竿活动乡土气息较为浓郁，其器材是用当地盛产的毛竹、金竹做成的。表演形式多种多样，其中，较为常见的有单人表演、双人表演和集体表演。

跳竹竿运动主要动作有单腿跳、双腿齐跳、分腿跳和翻跟斗等。跳竿者做出各种姿势，如磨刀、筛米、穿门、鹿跳等，非常优美，动作敏捷大方、优美舒展、节奏分明、风格突出。这种运动不仅仅是人身体素质的展现，更要求跳竿者还要具备一定的舞蹈技巧，可谓是一种运动与美的结合。经常参加此项活动，有利于锻炼身体，增强体质，并能增强灵敏性、协调性和耐久力等身体素质。此外，这项活动对场地、器械的要求简单，对年龄、性别均无条件限制。鉴于这些优势使得这项民族传统体育运动直到今天仍旧具有较为广泛的普及度，受到该民族地区人们的喜爱。

今天的"跳竹竿"习俗已经逐渐成为一种带有民族文化色彩的体育健身活动，同时，祭祀的色彩也逐渐褪去。过去那种封建传统思想，只限"女打男跳"的习俗如今也换成"男女混合打跳"，为男女青年搭起了"鹊桥"。竹竿舞不但跳遍大江南北，很多国外的游客也对此产生了浓厚的兴趣。他们称赞跳竹竿为"世界罕见的健美操"。不少外国旅游者专门来到黎村，向黎族青年学跳竹竿舞。这也标志着我国的民族传统体育运动已经开始逐渐走向世界。

(二)跳竹竿的基本技术教学

跳竹竿的基本技术主要有打竿、跳竹竿两种，具体如下。

1. 打竿

比赛时 8 名击竿者分成 4 人一排，相向蹲在竹竿的外沿，两两相对，每人两手各握一竿，由队长或打竿队员之一用口令或哨子指挥，或者是在锣鼓的伴奏下，相对的两人按照节拍、鼓点，不断地将手中的竹竿分分合合、一高一低地击打、滑动，发出铿锵清脆的响声，跳竿者 4—8 人随着竹竿的高低分合，有节奏地跳跃其间。

2. 跳竹竿

跳竹竿动作有单腿跳、双腿齐跳、转体单腿跳、分腿跳和翻跟斗等，再结合手上舞姿，按不同的节奏在不断开合的细竹竿空隙中左跨右跳，时而腾空，时而停于细竹竿间，既不能踩着竿，也不能被细竹竿夹着，否则就代表表演失败。若要跳得轻松欢快，则以前脚掌着地为佳。

(1)2 拍跳法

①单腿跳进

左脚前跳 1 拍,右脚越竿前跳 1 拍。

②单腿进退

左脚前跳 1 拍,右脚越竿前跳 1 拍。左脚越竿前跳 1 拍,右脚越竿后跳 1 拍。

③转体 180°跳进

左脚跳进 1 拍,右脚越竿跳进同时左转 180°。右脚跳进 1 拍,左脚越竿跳进同时左转 180°。

(2)3 拍跳法

①交换腿法(以二合一开为例)

左脚跳进 1 拍,右脚原地跳 1 拍。左脚越竿跳进 1 拍,右脚越竿跳进 1 拍。左脚原地跳 1 拍,右脚越竿跳进 1 拍。

②单脚连跳(以一合二开为例)

左脚跳进 1 拍,右脚越竿跳进 1 拍,右脚原地再跳 1 拍。

③单双腿交换跳(以一合二开为例)

左脚跳进 1 拍,双脚越竿、原地各跳 1 拍,双脚原地跳 1 拍。

④分腿跳(以二合一开为例)

双脚跳进 1 拍,双脚分腿原地跳起 1 拍,左脚越竿跳进 1 拍。

(3)4 拍跳法

①踢腿跳

双脚跳进 1 拍,原地右踢腿跳 1 拍,双脚越竿跳进 1 拍,原地左踢腿跳 1 拍。

②脚跟点地跳

双脚跳进 1 拍,右脚原地跳 1 拍,同时右脚跟右前点地,上身右倾。双脚越竿跳进 1 拍,左脚原地跳 1 拍同时左脚跟左前点地,上身左倾。

(4)7 拍跳法

左脚跳进 1 拍,右脚越竿跳进 1 拍。左脚跳进 1 拍,右脚越竿后跳 1 拍。左脚原地跳 1 拍同时右脚尖越竿点地收回。右脚越竿后跳 1 拍,右脚原地跳 1 拍。

(5)集体跳法

①纵向排列式

队员成一路纵队排好,先由排头者跳出,然后后面的队员一个接一个地整齐跳出,出竿亮相后转身在竿外依次排回队尾。

②并排式

是以 2 人、3 人、4 人等形式手牵手同时跳进,跳的过程中可牵手向前摆,也可举于头上左右摇摆。

三、稳凳

(一)稳凳运动概述

稳凳,原名"问凳"。稳凳流行于我国浙江一带的畲族民间,属于传统民族体育项目。这项运动的历史非常悠久,甚至在上古时代就已经出现。上古时的人们面对身染疾病或家受灾难等情况时多以问凳的方式祈求神灵保佑,以达到驱邪避祸保平安的目的。由此可见,问凳活动最早是作为一种宗教祈祷活动而存在的。其活动方法是在三脚架的一条长板凳上,两端各坐一人,上下翘动板凳,同时左右旋转,边问边答,告知除病的消灾方法,被称为"问凳"。

此后随着社会的发展,稳凳运动逐渐弱化了祈祷仪式功能,到今天完全成了带有浓厚民族特色的体育活动。1987 年,体育工作者对其进行进一步挖掘、整理和改进,并将此项运动的名字正式由"问凳"更改为"稳凳"。此后多年时间里对稳凳项目继续开发、研究,将此项目显著的民族性、健身性、竞技性、观赏性、普及性特点充分挖掘出来。也正因为如此,这项运动才受到广大民众的青睐与喜爱。

稳凳活动形式主要是由 2～4 人在转翘的器械上做各种身体练习、竞赛或表演,主要动作包括抓、摆、蹬、摇、翻、挺、屈、仰、投、抛等基本技术。其竞赛或表演的形式主要有"稳凳"套圈和"稳凳"插旗两种。具体来说,稳凳应该遵守的比赛规则为:"稳凳"套圈的参与者分别站在凳的一端,手持凳板扶手,上凳后,在快速转翘板凳的过程中,将地上的 10 个小圈逐个捡起,并套进离凳 3.5 米远处的标志杆中,最后以套中多者为胜;"稳凳"插旗要求竞赛者每人手持一彩旗,上凳后在快速转翘板凳的过程中,将旗插入离凳 0.6 米处的标杆内,先插上者为胜。

(二)稳凳的基本技术教学

1. 上凳

上凳指运动员登上离地一定高度的稳凳凳面的方法,根据凳的高矮或运动水平的高低,其技术分为直接上凳法和跑动上凳法。

(1)直接上凳法

适合初学者或在矮凳上(高 1.2 米以下)使用。预备时,左手扶凳板,右手抓握板凳前扶手,上凳时上身侧前倾,左腿用力蹬离地面,同时右腿以髋为轴,直腿后摆,越过后扶手,分腿骑坐于凳上。

(2)跑动上凳法

指运动员通过助跑(走)的方式登上稳凳凳面的方法。预备时,左手扶凳,右手抓握前扶手,上凳时双方运动员先按逆时针方向跑动 3~5 步后,左腿用力蹬地,右腿后摆越过后扶手分腿骑坐于凳上。

2. 凳上动作

(1)转翘板凳

运动员上凳后,通过双脚不停地蹬踩地面,使板凳沿逆时针方向转翘。这是做好稳凳凳上动作的基础,是稳凳运动员必须掌握的基本技术。运动员在上凳后,要以左脚前掌内侧和右脚外侧,依次蹬踏地面使板凳逆时针方向转、翘,转、翘的速度取决于运动员蹬地的力量,力量越大,转速越快。

(2)套圈动作

用右手大拇指、食指、中指握圈,无名指、小指自然卷曲附后,将圈持在胸前,与地面水平。套圈时,通过向前伸臂后屈腕和展指的力量将圈抛出,使圈以平面顺时针方向转动向前飞行。整个动作要求协调、柔和。

(3)单挂膝挺身套圈

在放圈处蹬离地面后,开始左臂屈肘,左手握前扶手,上身前倾,身体侧翻下,左膝顺势挂住后扶手,当凳转至一周,正好下落在放圈处,右手及时捡圈,并开始做挺身动作。在随凳上翘、出手点与目标约 30°角时,将圈抛出。因运动员身体下翻后,起抛点较低,因此在抛圈时上身要尽量向上抬起。

(4)分腿骑坐套圈

通过用力蹬地使稳凳快速转翘后,左手握前扶手,右手持圈,当板凳转、翘接近最高点、与目标(标志杆)约 30°角时,上身右转,通过伸臂、后屈腕和手指的柔和力量将圈抛出。

(5)分腿骑坐转身插旗

主要技术包括持旗、插旗两部分。持旗用右手大拇指、食指、中指的第一指节握住离旗杆下端约 0.3 米处,无名指及小指轻托旗杆内侧,使旗杆与地面呈垂直状态。插旗时,左手扶前扶手,上身右后转,在凳下降与插旗座 20°左右角时,瞄准目标,右手将旗杆稳、准地插进插旗座内。

（6）双扣腿后仰套圈

在放圈处蹬地后,当凳转翘至接近最高点时,开始左手换握后扶手,左右小腿交叉以脚踝扣住凳板,同时上身后仰。在凳端降至放圈处,右手捡圈,当凳转翘接近最高点与目标约 10°角时,将圈向后抛出。

3. 下凳

（1）依次下凳

当稳凳的速度逐渐减慢至将停住时,后下的运动员上身后仰、双腿微屈撑地停住稳凳;先下的运动员双手握撑扶手或左手握扶手、右手扶凳板,上身稍前倾,右腿用力后摆,跨过后扶手着地（注意:用脚前掌着地做屈膝缓冲动作）;这时后下的队员方可站起,一腿外摆过后扶手离凳。

（2）同时下凳

当稳凳的速度逐渐减慢时,由一方队员发出指令,一般是用叫口令的方法,如喊"1、2、3"的"3"时,双方队员同时做下凳动作。因转翘的惯性,稳凳仍在转动,这时双方队员均不能松开扶手;若在高凳上,应跟随稳凳转翘一两圈待凳停稳后,方可离手着地。

四、高脚竞速

（一）高脚竞速运动概述

高脚竞速运动在过去一直被称为"高脚马"。高脚竞速运动在我国湘、鄂、渝、黔四省边境各县市广大土家、苗寨中非常流行。最初高脚马是土家族、苗族人民在雨天或穿越浅滩溪流时的代步工具,使用的"马"通常是用竹子、木或其他硬质材料制作而成。随着社会不断发展,各族人民生活水平得到不断提高,高脚马也逐渐弱化了其作为交通工具的功能,转而向更加运动性和娱乐化的方向发展。

1986 年湖南省有关民族体育工作者开始对高脚马活动进行挖掘、整理、改进工作,并制定了竞赛规则,将"高脚竞速"列入本省竞赛项目,使其得到飞速的发展。同年,它首次在第 3 届全国少数民族传统体育运动会表演赛上亮相,得到了有关专家的肯定。在之后的 10 多年里,民族体育工作者从没停止过对高脚竞速项目的改进完善工作,对竞赛规则做过多次修改。在 2001 年,国家民委、国家体育总局正式将高脚竞速列为第 7 届全国少数民族传统体育运动会的首次竞赛项目。

高脚竞速运动是一项集竞技性、健身性、娱乐性、观赏性于一体的优秀民族传统体育活动,深受广大青少年喜爱。经常参加高脚竞速运动,能够使人体的力量、速度、耐力、协调性等得到进一步的提高,对于健康水平和意志品质的提高与培养也非常有帮助。

高脚竞速的竞赛规则为:由运动员双手各持一杆,同时脚踩杆上的脚踏蹬,在田径场上进行比赛,以在同等的距离内所用的时间多少决定名次,是队员在高脚马上进行速度比拼的比赛。规则规定:运动员在比赛过程中,如果出现脚触地,需在落地处重新上踏蹬继续比赛。

(二)高脚竞速的基本技术教学

高脚竞速技术主要包括上下马、走马、跑马、交接马 4 部分。

1. 上下马

上下马是指运动员上高脚踏蹬和下高脚踏蹬的方法。

(1)上马动作

两脚开立,将高脚杆立于体前,两杆左右距离比肩稍窄,两手虎口朝上,拇指分开,其余四指并拢,两手紧握高脚杆上端。然后提左(右)脚踏上踏蹬,紧接着右(左)脚快速蹬离地面、踏上踏蹬。上马后双手紧握高脚杆,身体保持平衡并稍前倾。

(2)下马动作

下马时仍握紧高脚杆上端,两脚依次下踏蹬,两腿撑地后身体保持平衡。

2. 走马

走马是指运动员上高脚竞速行走的方法,是高脚竞速运动的最基本技术。

双手紧握高脚杆上端,不能使脚杆产生旋转或晃动,保持身体平衡直立或稍前倾,两眼向前平视,双腿轮换抬起前迈和支撑,双臂配合上提、下放,同侧腿的上抬和臂的提拉协调一致。在练习大步走时,要注意摆动腿尽量向前上方高抬,小腿自然前伸,支撑腿用力向后下方蹬直,加大步幅,上身不要左右摆动。

3. 跑马

跑马是指运动员高脚竞速快速奔跑(竞速)的方法。完整的高脚竞速技术可分为起跑、起跑后的加速跑、途中跑和终点冲刺 4 个部分。

(1)起跑

起跑的目的在于使身体迅速摆脱静止状态,要求在最短时间内达到最快速度。高脚竞速的起跑技术包括"各就位""预备""跑"(鸣枪)3个技术环节。

①各就位。运动员听到"各就位"口令后,手持高脚轻快地走到起跑线,两脚距起跑线40厘米左右。将两高脚杆的底端放到起跑线,两脚杆间距离比肩稍窄。两手紧握高脚杆上端,身体自然直立,两眼向前平视,静听"预备"。

②预备。听到"预备"口令后,运动员要深吸一口气,从容地将一只脚踏上踏蹬,踩稳后身体稍前倾,重心前移,体重主要放在这条腿上。另一腿仍立在地面,集中注意力听枪声。

③跑。听到枪声后,立在地面的脚迅速蹬离地面,踏上踏蹬,并向前上方提起前迈,同侧臂协同配合用力向上提拉,向前跑出。

(2)起跑后的加速跑

起跑后的加速跑是指起跑后到进入途中跑前这一段距离。其任务是在较短时间内尽快发挥较快速度,迅速转入途中跑。

起跑后向前迈出的第一步不宜过大,否则会造成身体重心靠后,不利于第二步的前迈。加速时两腿交替用力后蹬和前摆,同时两臂协同配合用力向前上提拉,两支高脚杆的落地点由比肩稍窄至逐渐合拢在一条直线上。逐步加快步频,加大步长,当加速到较高速度时即转入途中跑。

(3)途中跑

途中跑是高脚竞速全程跑中距离最长、跑速最快的一段。其任务是发挥速度并保持高速度跑。在这个过程中,要注意两腿、两臂动作和身体的姿势。

因为高脚竞速中抬腿后蹬动作和同侧臂的提拉下压动作是一致的,所以一定要注意腿、臂的协调配合。摆动腿尽量高抬,同时同侧臂尽量上提高脚杆,支撑腿要用力后蹬,尽量减少高脚杆与地面的夹角,缩短腾空时间,减小身体的上下起伏,同侧臂要同时配合用力后蹬、下压。跑时要注意两手抓紧高脚杆,防止脚杆的旋转晃动,保持身体稳定。上身要正直或稍前倾,不要弓背、不要低头,眼睛要向前平视。跑弯道时,由于身体在离地40厘米的踏蹬上,重心较高、离心力较大,所以要控制好高脚杆和身体向内的倾斜程度,以获得合适的向心力和稳定的跑动速度。

(4)终点冲刺

终点冲刺,是指全程跑最后20米左右的一段距离。它的任务是保持途中跑的正确技术,发挥全部力量,以最快速度冲过终点。

终点跑的技术与途中跑基本相同,但由于体力关系,快到终点的这段距离运动员一般都会减速,要想尽力保持途中跑的速度,必须要加强两腿抬腿蹬地和两臂的提拉下压力量,并适当加大身体的前倾程度,并保持最快速度跑过终点线。过线后缓冲跑速,以防跌倒。

4. 交接马

交接马,是指两名运动员在接力区完成高脚马交接的技术。接马运动员两手臂自然向侧后伸出,手臂与躯干成 40°~45° 角,掌心向后,拇指与其他四指自然张开,虎口朝下;交马运动员在接力区内下马之后,双手沿高脚马主杆下滑约 40 厘米,将高脚马由下向前上方送入接马运动员手中,完成高脚马交接。

参考文献

[1]王亚琼,等.民族传统体育学[M].北京:北京师范大学出版社,2013.

[2]邱丕相.武术文化传承与教育研究[M].北京:高等教育出版社,2011.

[3]佟贵锋,杨树叶.民族传统体育与文化[M].大连:大连理工大学出版社,2015.

[4]张国栋.中华武术现代传承困境[M].重庆:重庆大学出版社,2013.

[5]李武绪.民族传统体育文化创新研究[M].北京:光明日报出版社,2015.

[6]刘少英.民族传统体育学[M].北京:民族出版社,2011.

[7]王洪珅.中国传统体育文化的生态适应论[M].北京:中国商务出版社,2018.

[8]周道平.西部民族地区体育旅游开发研究[M].北京:北京体育大学出版社,2006.

[9]赵福祥,李德全.云南少数民族传统体育旅游资源研究[M].昆明:云南大学出版社,2009.

[10]李繁荣.民族传统体育文化及其传承研究[M].济南:山东大学出版社,2014.

[11]李荣芝,虞重干.体育全球化与中国民族传统体育传承研究[J].体育文化导刊,2007(4).

[12]王海军.民族传统体育文化的传承发展与保护研究[M].长春:东北师范大学出版社,2017.

[13]黄海燕.体育赛事与城市旅游业互动发展研究[M].北京:社会科学文献出版社,2018.

[14]王智慧.社会变迁下的民族传统体育文化记忆与传承研究:沧州武术文化的变迁与启示[J].中国体育科技,2015(1).

[15]张纳新.民族传统体育文化传播模式的研究[M].北京:中国商务出版社,2012.

[16]钟海平.发展与困惑:西部文明进程中的民族传统体育产业研究[M].北京:民族出版社,2010.

[17]葛鸿,魏丽辉,王帅.民族传统体育在高校体育教学中的发展研究[J].当代体育科技,2014(9).

[18]马睿.传统武术文化阐释与训练实用指导[M].北京:中国水利水电出版社,2017.

[19]袁新国.中国传统武术的健身理论与项目实践探究[M].北京:中国纺织出版社,2018.

[20]方哲红.民族传统体育教学与训练[M].北京:北京体育大学出版社,2010.

[21]国家体育总局健身气功管理中心.健身气功:易筋经 五禽戏 六字诀 八段锦[M].北京:人民体育出版社,2005.

[22]王智慧.散打技术与实战训练[M].北京:人民体育出版社,2012.

[23]朱建亮.现代搏击入门丛书:中国式摔跤运动入门[M].北京:人们体育出版社,2013.

[24]赵大元.实用擒拿学[M].北京:人民体育出版社,2018.

[25]田祖国,郭氏彬.民族传统体育[M].长沙:湖南大学出版社,2018.